电商营销与运营实战系列

微信公众营销与运营

完全攻略

（案例实战版）

海天电商金融研究中心 编著

U0657149

清华大学出版社

北京

内 容 简 介

本书以微信营销的实战操作为主，通过108家平台和企业的108个实战案例，深层讲解微信营销，由浅入深，一步步地诠释微信营销的奥秘，从两条线专业地帮助读者从入门到精通微信营销，从新手到成为微信营销的高手。

一条是横向案例线，通过软文营销做得最好的20个行业(餐饮、房产、住宿、航空、旅游、新闻、影视、家政、家居、社区、数码、服装、医疗、教育、美容、婚庆、汽车、母婴、金融、自媒体)，对微信营销的成功案例进行展示。

另一条是纵向技巧线，通过108个成功案例中应用的微信营销技巧(推广、盘点、情感、解读、攻略、报价、时评、公告、促销、说明、分享等)，对微信营销案例进行详细分析与说明。

本书适合准备从事微信营销的人员或者企业、从事微信营销有一段时间却没有获得预期效果的人员或者企业、专业的微信营销公司、各大企业负责微信营销的人员或者部门、想了解微信营销并且利用微信赢利的个人或者企业阅读。

图书在版编目(CIP)数据

微信公众营销与运营完全攻略(案例实战版)/海天电商金融研究中心编著. --北京：清华大学出版社，2016

(电商营销与运营实战系列)

ISBN 978-7-302-43865-6

Ⅰ.①微… Ⅱ.①海… Ⅲ.①网络营销 Ⅳ.①F713.36

中国版本图书馆CIP数据核字(2016)第110567号

责任编辑：杨作梅
封面设计：杨玉兰
责任校对：王　晖
责任印制：宋　林

出版发行：清华大学出版社
　　　　　网　　　址：http://www.tup.com.cn, http://www.wqbook.com
　　　　　地　　　址：北京清华大学学研大厦A座　　邮　　编：100084
　　　　　社 总 机：010-62770175　　　　　　　　邮　　购：010-62786544
　　　　　投稿与读者服务：010-62776969, c-service@tup.tsinghua.edu.cn
　　　　　质量反馈：010-62772015, zhiliang@tup.tsinghua.edu.cn

印 装 者：北京亿浓世纪彩色印刷有限公司
经　　销：全国新华书店
开　　本：170mm×240mm　　　印　　张：19.5　字　　数：316千字
版　　次：2016年7月第1版　　　印　　次：2016年7月第1次印刷
印　　数：1~3000
定　　价：69.80元

产品编号：068117-01

前言

■ 写作驱动

随着互联网的发展，营销方式也越来越多样化，当下最热门的还要数微信营销。企业通过微信营销能迅速、低成本地提高企业和产品的形象，提升企业和产品的知名度和公信力，可以说微信营销是一种既节约经济成本又节省时间成本的营销方式。本书基于微信营销的特点，结合 20 个热门行业的 108 条实战案例，给读者提供最全面的微信营销实战技巧。

本书紧扣"微信营销案例实战"，从横向案例线，系统地分析 20 个行业中具有代表性的 108 个软文实战案例；从纵向技巧线，深入讲解 60 多种类型的微信营销技巧与营销手段，对 100 多家平台进行介绍以及功能解析，以便让读者更切实地理解微信营销的概念和实战方法，帮助读者从中获得更为有用的实战经验，如下图所示。

餐饮	房产		推广	服务	
住宿	航空	旅游	体验	盘点	攻略
新闻	影视	家政	时评	促销	教学
家居	社区	数码	说明	公告	故事
服装	医疗	教育	解读	分享	情感
美容	婚庆	汽车		报价	攻略
母婴	金融	自媒体		受众	定位
	案例线			技巧线	

■ 本书特色

本书有以下 4 大特色。

(1) 实践性强，渗透 20 个行业领域：内容涉及衣、食、住、行、游、购、娱等人们生活与工作的各个领域！

(2) 案例丰富，列举 108 个案例分析：对 20 大行业中具有代表性的 108 个软文案例进行透彻的讲解和分析，让您一本书通晓整个行业产业的微信营销！

(3) 便于理解，构建 108 个分析图解：对微信营销案例进行专业剖析，从推广、服务等方面明确分析微信营销。

(4) 渠道众多，展示 108 个平台及企业：对众多的微信营销案例进行介绍及功能解析，极大地展示了微信营销的必要性。

■ 作者介绍

本书由海天电商金融研究中心编著，参加编写的人员有余慧、谭贤、柏松、谭俊杰、徐茜、苏高、曾杰、张瑶、刘嫔、罗磊、罗林、蒋鹏、田潘、李四华、刘琴、周旭阳、袁淑敏、谭中阳、杨端阳、卢博、徐婷、余小芳、蒋珍珍、吴金蓉、陈国嘉、曾慧、向彬珊、李龙禹、徐旺等人，在此表示感谢。由于作者知识水平有限，书中难免有错误和疏漏之处，恳请广大读者批评、指正，联系邮箱：itsir@qq.com。

本书在编写时，以各企业当时的微信公众号截图为主，因此书中内容仅供抛砖引玉，帮助读者学习企业原来公众号是如何运营的，但因各企业在公众号的使用过程中，会进行公众号的信息更新与修改，最后本书出版时，难免与公众号的图片和信息会有区别，请大家一并分析，进行学习。

目 录

第1章

餐饮微信：
一号在手，美食我有

餐饮微信：一号在手，美食我有

网络平台

【案例001】美食工场：几十万吃货为你挑选极品美食
——活动策划有新意

【案例002】口袋优惠：微信上的优惠券
——实用功能符合需求

线下商家

【案例003】星巴克中国："早安闹钟"让你"自然醒"
——创意完善微信功能

【案例004】肯德基宅急送：微信订餐让宅急送更快速
——巧用LBS定位

【案例005】周黑鸭：微信购买新体验
——吸引眼球的账号域名

1.1　网络平台

在过去的 20 年里，餐饮业每年都以两位数的增速保持着平稳快速增长的态势，是消费品市场的一大亮点。然而最近几年，我国的餐饮业发展却出现了各种让人始料未及的转变。

经过 20 多年粗放式发展的餐饮业已经走到阵痛转型的十字路口，餐饮业转型升级主要是从粗放式、经验式向集约化、精细化、产业化方向转变，产业发展以往偏重于追求数量，将来要偏重于提高发展质量和效益。

因此，利用低碳科技大力节能减排、利用信息化加强流程管理不仅是未来餐饮业新的利润增长点，而且还是企业做强做大的关键。

【案例 001】美食工场：几十万吃货为你挑选极品美食
——活动策划有新意

【平台简介】

"美食工场"是一个集结"手把手系列""多种做法"以及"吃货特权"等内容的公众平台。其特点是发布一些简单易学的美食教程，从西式的马卡龙到中式的红烧猪蹄，从港式甜品到街边小吃。

【功能解析】

"美食工场"微信公众平台的功能如图 1-1 所示。

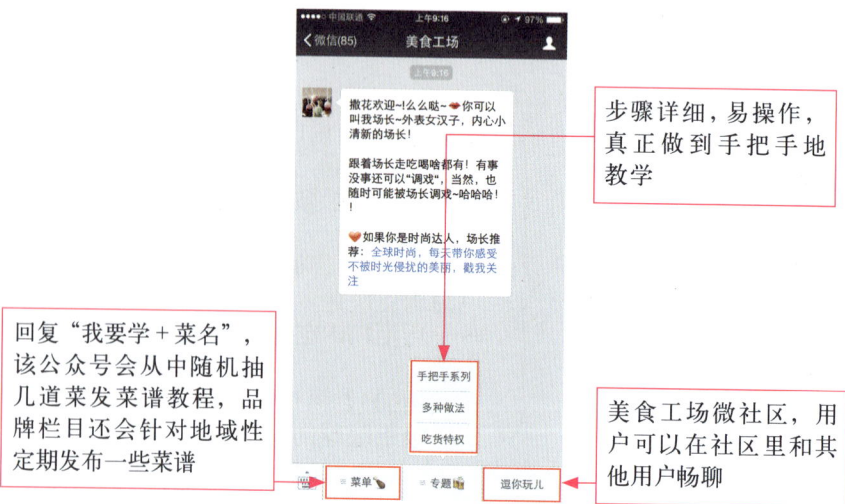

步骤详细，易操作，真正做到手把手地教学

回复"我要学＋菜名"，该公众号会从中随机抽几道菜发菜谱教程，品牌栏目还会针对地域性定期发布一些菜谱

美食工场微社区，用户可以在社区里和其他用户畅聊

图 1-1　"美食工场"微信

【实施分析】

1. 权威排名

"美食工场"是2015年美食类微信公众号权威排行榜中排名第6位的公众号。通过添加微信公众号 meishicc 即可进入该公众号。

2. 私人定制

粉丝可以向"美食工场"微信号发送消息"我要学＋菜名"，该公众号会定期从收到的消息中随机抽取几道菜发菜谱教程。在推送教程的同时，取得一定的关注量，并以这种定期抽取的方式与粉丝互动，解决粉丝想学习而苦于没有好教程的烦恼，如图 1-2 所示。

图 1-2　微信用户反馈

说起微信粉丝的重要性，下面就来谈谈近几年出现的一种新的经济现象——粉丝经济。所谓粉丝经济，泛指架构在粉丝和被关注者关系之上的经营性创收行为，被关注者多为明星、偶像和行业名人等。

不管是做微信营销还是微博营销，粉丝都是很重要的一个方面，尤其是在微信营销的初期，足够的粉丝数量不仅方便公众账号的认证 (500 人以上)，而且如果微信账号上没有一个粉丝的话，就算出了新的公众账号，再好的应用也没有意义。此外，大量的粉丝也是企业或个人身价的体现。

"美食工场"微信公众平台就很好地利用粉丝经济策划了有新意的活动，如图1-3所示。

"美食工场"里不仅有不同类别的菜谱制作，同时还会分享当季合适的食疗与养生。粉丝在接收推送消息的同时还可以将自己想要学的菜反馈给公众号，而公众号也会将这些菜的菜谱回馈给粉丝

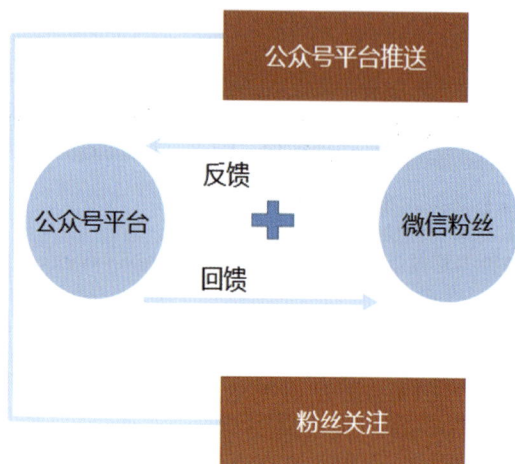

在美食公众号满天飞的时代，"美食工场"依然保持在年度美食排行榜单的前列，可见几十万吃货粉丝的选择是没有错的

图1-3　"美食工场"营销解析

【案例002】口袋优惠：微信上的优惠券
——实用功能符合需求

【平台简介】

"口袋优惠"是一个分享生活优惠资讯的微信公众平台。该微信公众平台每日分享美食、购物、休闲娱乐等精品优惠资讯。用户只需回复关键字，即可获取最新优惠资讯。微信公众号：koudaikfc。

【功能解说】

"口袋优惠"微信公众平台的功能如图 1-4 所示。

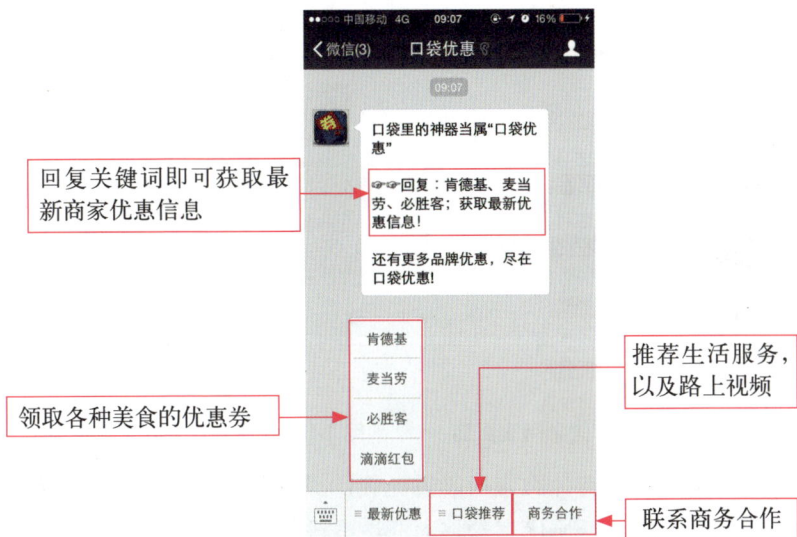

回复关键词即可获取最新商家优惠信息

领取各种美食的优惠券

推荐生活服务，以及路上视频

联系商务合作

图 1-4　"口袋优惠"微信

【实施分析】

"口袋优惠"微信公众号为优惠券大集合，集肯德基、麦当劳、必胜客、德克士、永和大王、真功夫、吉野家、棒约翰等知名连锁品牌优惠活动于一体，旨在为用户真正地省钱。

1. 领取优惠券

电子优惠券不需要购买，只需要将自己选择的优惠券展示给前台点餐的服务员即可。关注"口袋优惠"微信公众号后，在"口袋优惠"界面中点击自己想要吃的品牌，如肯德基，就会进入"肯德基优惠券"信息列表页面，如图 1-5 所示。

2. 管理优惠券

想对自己保存的优惠券进行管理时，只需要点击"我的券"就可以进入肯德基优惠券管理页面，如图 1-6 所示。在该页面中，用户不仅可以通过"保存至手机"按钮将优惠券保存到手机里，而且可以通过"移除"按钮删除所保存的优惠券。

图1-5 "肯德基优惠券"信息列表页面 图1-6 肯德基优惠券管理页面

对于就餐用户来说，没有什么东西能够比餐厅或饭店的优惠券更吸引人。随着移动互联网的发展，传统纸质优惠券将逐渐被电子优惠券取代。

对于微信用户来说，只要获得了电子优惠券，在餐厅里就不需要排队去选购或咨询，非常快捷、方便；对于肯德基来说，不仅降低了运营成本，而且提高了店内的下单速度，同时能够维护客流量，如图1-7所示。

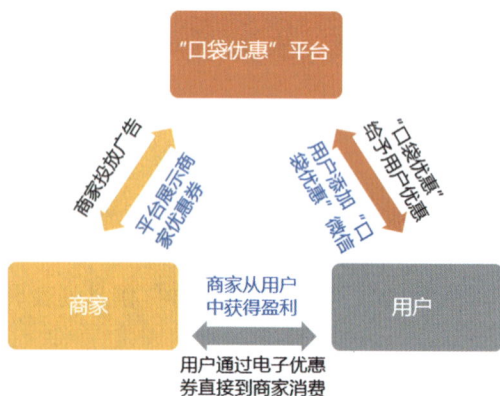

图1-7 "口袋优惠"平台解析

1.2 线下商家

对于餐饮企业来说，随着消费者的选择越来越多，餐饮商家之间的竞争也变得越来越激烈。商圈能容纳的消费人数有限，别人的客户多了，自己的客户就少了。所以，如何采用更有创意的营销方式来吸引消费者，成为餐饮商家的当务之急。

微信公众平台的出现，将彻底改变餐饮行业的管理和营销方式，不仅促进餐饮商家服务的改进，使其创造更多的价值，而且会带来消费者体验的升级。同时微信的出现，也掀起了餐饮信息化建设的又一高潮。

【案例 003】星巴克中国："早安闹钟"让你"自然醒"
——创意完善微信功能

【平台简介】

爱喝咖啡的人大概都听说过星巴克 (Starbucks)。"星巴克"是 100 多年前美国一个家喻户晓的小说主人公，20 世纪 70 年代，3 个美国人把它变成一家咖啡店的招牌来推广美国精神。自那以后，一杯一杯的星巴克咖啡使整个世界为之着迷，成为当下青年男女热衷的咖啡品牌。

【功能解析】

"星巴克中国"微信公众平台的功能如图 1-8 所示。

图 1-8　"星巴克中国"微信

【实施分析】

星巴克曾经富有创意地推出了"星巴克早安闹钟"活动，以配合早餐系列新品上市。粉丝只需下载或更新"星巴克中国"手机应用，每天早上 7 点至 9 点，在闹钟响起后的 1 小时内到达星巴克门店，就有机会在购买纯正咖啡饮品的同时，享受半价购买早餐新品的优惠。

1. 音乐声推送

通过搜索"星巴克中国"微信账号(xingbakezhongguo)或者扫二维码加关注后，用户可以发送表情图片来表达此时的心情，无论是兴奋、沮丧或忧伤的。"星巴克中国"会根据不同的表情图片，选择"自然醒"专辑中的相关音乐作为闹钟铃声。如图 1-9 所示为星巴克早安闹钟。

图 1-9　星巴克早安闹钟

2. 表情回复

星巴克别出心裁地选用个性化表情，既顺利地和粉丝完成了互动，又在营销的同时，更好地树立了企业的特色形象。设置自动回复并不是新颖的办法，在星巴克之前，很多商家也采用关键词自动回复，和它们不同的是，星巴克将眼光瞄准了表情，开辟了新的领域。

每一个企业的微信公众号都是这个企业的全能 APP，能维护客户，能培养客户，能展示品牌，能促进销售，能市场调研，能做所有想在移动互联网端做的事情。所以企业要在微信上实现营销的最大价值化，除了要内容上丰富多彩，功能上更要全面。

对于一个大品牌企业而言，其在功能上的选择非常广，唯一要做的就是个性化定制。星巴克的"自然醒"就是针对自己企业和目标人群的特点出发所做的，如图 1-10 所示。

星巴克：
"早安闹钟"让你"自然醒"

星巴克营销模式	用音乐声推送微信，让微信变得有创意，有生命力
星巴克营销方式	搜索星巴克微信账号或扫描二维码来添加星巴克微信账号
星巴克营销特点	用户可以根据自己的心情发送表情，而星巴克微信会根据不同的表情给予相关音乐回应

图 1-10　"星巴克中国"活动解析

【案例 004】肯德基宅急送：微信订餐让宅急送更快速
——巧用 LBS 定位

【平台简介】

肯德基是全球大型跨国连锁餐厅，1940 年创立于美国，在世界上大约拥有 4 万多家分店。肯德基主要售卖汉堡包，以及薯条、炸鸡、汽水、冰品、沙拉、水果等快餐食品。2009 年，肯德基开始提供 24 小时送餐服务——宅急送服务。微信公众号为：KFC_Delivery。

【功能解说】

"肯德基宅急送"微信公众平台的功能如图 1-11 所示。

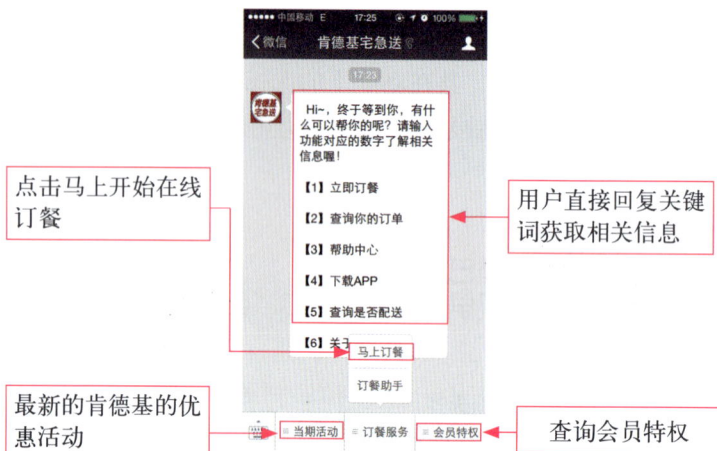

点击马上开始在线订餐

用户直接回复关键词获取相关信息

最新的肯德基的优惠活动

查询会员特权

图 1-11   "肯德基宅急送"微信

【实施分析】

1. 智能查询送餐范围

为了保证品质，肯德基宅急送门店有送餐范围限制，如果用户的送餐地址不在送餐范围内，就不能使用订餐服务。因此，订餐之前首先需要确认用户地址是否在送餐范围内。关注"肯德基宅急送"微信公众号后，点击"订餐助手"，再回复"5"，就能智能查询送餐范围，如图 1-12 所示。

图 1-12   智能查询送餐范围

2.微信菜单

肯德基忠实粉丝通过微信不仅能够查询当前位置是否在送餐范围内，而且可以查看肯德基所提供的外卖菜单。菜单中各食品的价格以确认送餐地址后的价格为准。因此了解送餐地址后，才能查看菜单，如图 1-13 所示。

图 1-13　肯德基宅急送微信菜单

3.微信预订

点击"马上订餐"后，就会进入"登录"页面，具体步骤如图 1-14 所示。

(1) 在"登录"页面输入手机或电子邮箱。

(2) 在"送餐信息"页面完善"联系电话"和"送餐地址和时间"。

(3) 在微信菜单页面选餐，点击"订购"进入"结算中心"。

(4) 在"结算中心"页面确认预订信息，点击"提交订单"按钮生成订单。

图 1-14　肯德基宅急送预订步骤

"肯德基宅急送"微信公众号的"送餐范围"功能非常智能，只需要通过 LBS 快速定位，获取微信用户的地理位置，就能自动判断出该位置是否属于送餐范围。

LBS 是指基于位置的服务，它是通过电信移动运营商的无线电通信网络（如 GSM 网、CDMA 网）或外部定位方式（如 GPS) 获取移动终端用户的位置信息，在地理信息系统 (Geographic Information System，GIS) 平台的支持下，为用户提供相应服务的一种增值业务。而肯德基宅急送就很巧妙地利用了 LBS 这一技术特点，如图 1-15 所示。

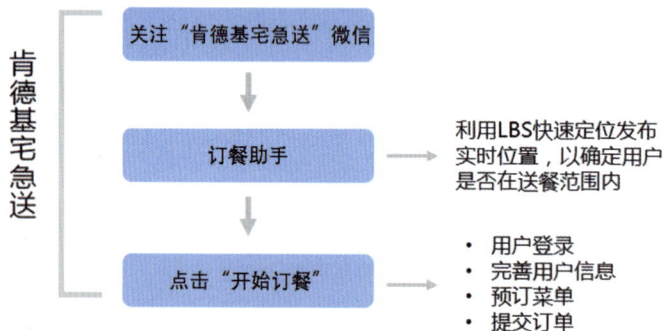

图 1-15　"肯德基宅急送"微信解析

【案例 005】周黑鸭：微信购买新体验
——吸引眼球的账号域名

【平台简介】

周黑鸭食品有限公司成立于 1997 年，是一家专业从事鸭类、鹅类、鸭副产品和素食产品等熟卤制品生产的品牌企业，其前身为"武汉世纪周黑鸭食品有限公司"。历经多年的发展，"周黑鸭"成功地成为适合年轻消费群体的鸭类卤制休闲食品系列。微信公众号：zhy4001717917，如图 1-16 所示。

"周黑鸭"微信公众号的头像为其公司的卡通人物形象

周黑鸭
微信号：zhy4001717917

"周黑鸭"微信公众号的名称，其中"zhy"为"周黑鸭"三个字拼音的首字母，"4001717917"为该品牌客户电话

图 1-16　"周黑鸭"微信公众号

【 功能解说 】

"周黑鸭"微信公众平台的功能如图 1-17 所示。

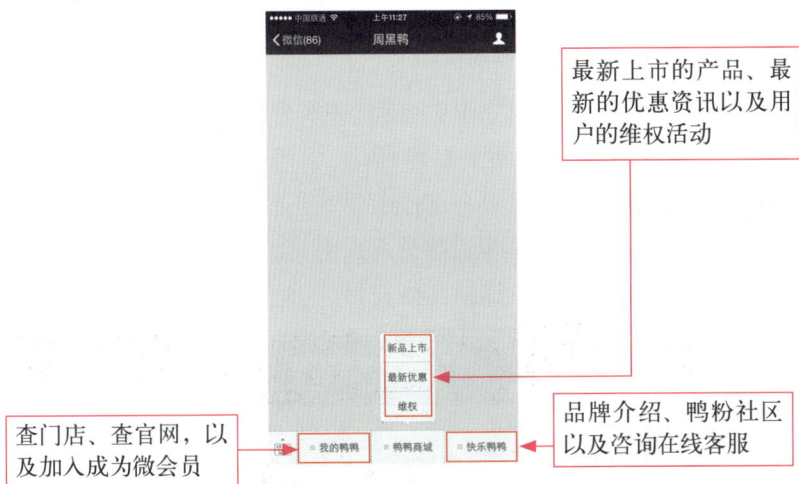

最新上市的产品、最新的优惠资讯以及用户的维权活动

品牌介绍、鸭粉社区以及咨询在线客服

查门店、查官网，以及加入成为微会员

图 1-17　"周黑鸭"微信

【 实施分析 】

1. 微官网

为了扩大"周黑鸭"的品牌宣传，其微信公众号整合了"微官网"。"微官网"跟在线官方网站非常类似，不仅可以对公司品牌进行大力宣传，而且不需要通过计算机，只需要一部智能手机就可以访问，非常方便，如图 1-18 所示。

"产品展示""门店查询"和"企业宣传"模块

点击"我的鸭鸭"|"微官网"菜单

图 1-18　"周黑鸭"微官网页面

"周黑鸭"微信公众号之所以采用微官网宣传公司品牌、内容，是因为其页面完全适合手机、平板电脑，同时能够自动识别客户屏幕大小，不仅内容精简，而且页面资源丰富。

2. 微商城

"周黑鸭"不仅支持直营店销售，而且还实现了微商城。如果要通过微信购买，需要经过以下几个步骤，如图 1-19 所示。

(1) 在"周黑鸭"微商城首页，选择所要购买的商品。

(2) 在商品展示页面，设置购买数量，点击"我想要"按钮购买商品。

(3) 点击"微信安全支付"按钮在线支付。

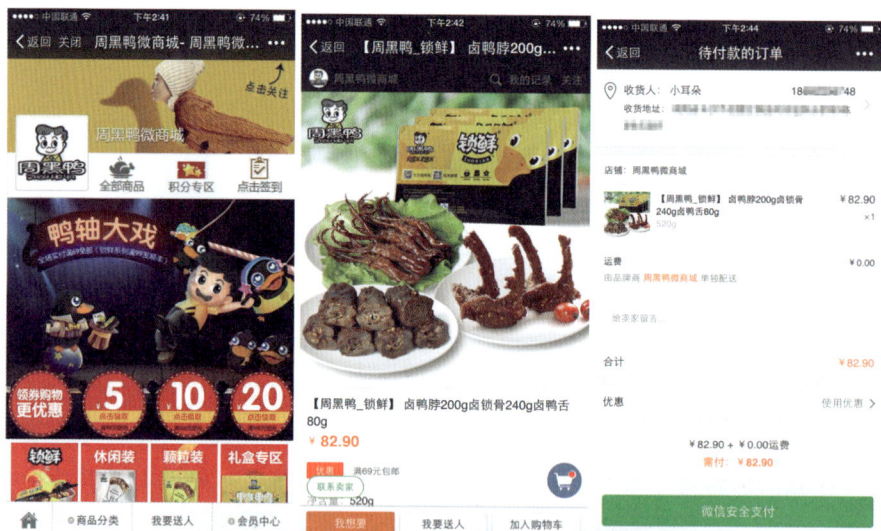

图 1-19 "周黑鸭微商城"购买步骤

3. 维权活动

为了提高"周黑鸭"的服务质量，用户的每个建议和问题都值得重视，于是"周黑鸭"微信公众平台推出了丰富的后续服务和保障，帮助客户进行维权，如图 1-20 所示。同时还提供了让购买用户畅所欲言的地方——鸭粉社区，如图 1-21 所示。

"周黑鸭"公众号中的维权活动和鸭粉社区，极大地提升了用户的被尊重感，拉近了"周黑鸭"与用户之间的距离，避免了用户的流失。

在微信营销中，账号域名是非常重要的，在给自己的微信公众平台取名的时候一定要从目标人群输入的环节出发，也就是说企业的微信公众账号域名要好记、好看，更要好输入，才便于传播。

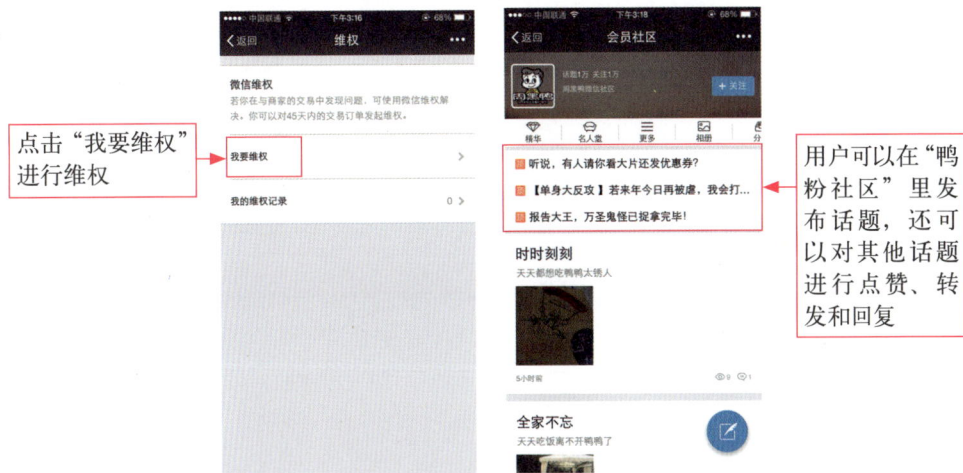

点击"我要维权"进行维权

用户可以在"鸭粉社区"里发布话题，还可以对其他话题进行点赞、转发和回复

图 1-20　"维权"页面　　图 1-21　"会员社区"页面

对于现在的年轻人来说，一个有个性的名称往往能够第一时间吸引眼光，就像"周黑鸭"的公众号名称"zhy4001717917"一样的微信账号名称，就非常有特色，如图 1-22 所示。

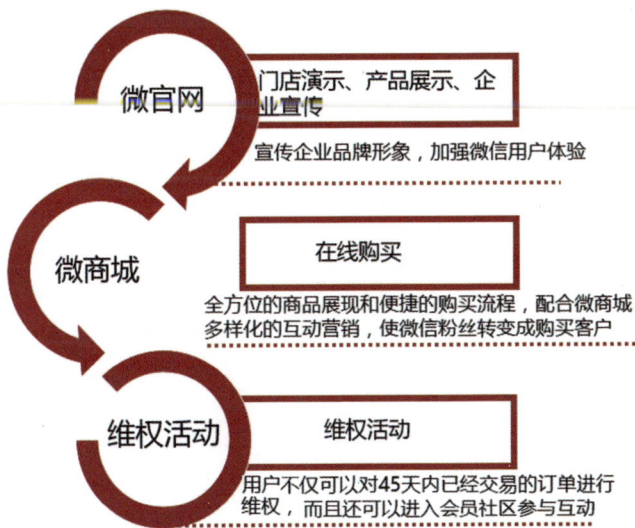

微官网　门店演示、产品展示、企业宣传

宣传企业品牌形象，加强微信用户体验

微商城　在线购买

全方位的商品展现和便捷的购买流程，配合微商城多样化的互动营销，使微信粉丝转变成购买客户

维权活动　维权活动

用户不仅可以对45天内已经交易的订单进行维权，而且还可以进入会员社区参与互动

图 1-22　"周黑鸭"微信购买新体验解析

第 2 章

房产微信：
足不出户，货比三家

房产微信：足不出户，货比三家

房地产商

【案例006】深圳万科：微信使服务
更有质量
——服务引导新要求

【案例007】紫薇地产：互动式推送
服务
——微信内容丰富有趣

【案例008】万通上园国际_微房产：
全面组团去看房
——有计划地运营微信账号

【案例009】富力盈通大厦："扫一扫"
的营销
——独特的二维码

房地产咨询平台

【案例010】搜狐焦点：用微信整合
营销
——诱导用户购买

【案例011】中国房地产报：深入了解
楼盘信息
——关注需求

2.1 房地产商

对于房产行业，传统营销里最关注的是渠道营销推广效果、怎样更好地吸引买家，还有就是如何做团购把房卖出去。但是现实的情况是，用传统方式在房产门户网站做通告栏广告、软文等吸引买家的营销效果差，而且新的问题层出不穷，如图 2-1 所示。

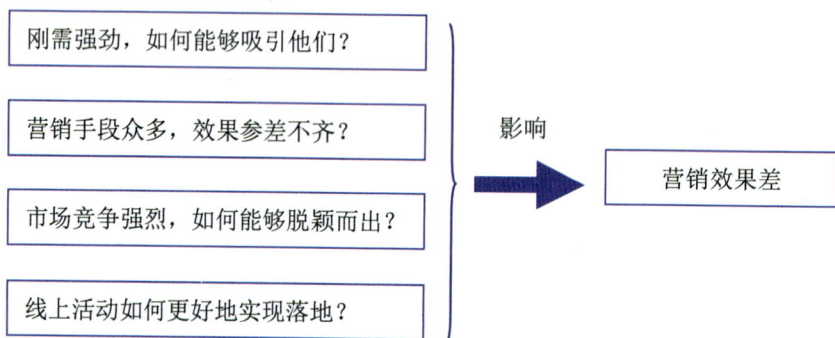

图 2-1　房产行业传统营销方式的问题

微信虽然不能为房产营销解决所有问题，但它是该行业传统营销整合当中的一个重要补充，能够很好地解决如下问题。

- 信息精准传播，帮助开发商更快速、更经济地找到并汇聚客户。
- 高效客户服务，创新营销，关注客户需求，低成本运营提升业绩与利润。

【案例 006】深圳万科：微信使服务更有质量
——服务引导新要求

【平台简介】

万科企业股份有限公司成立于 1984 年，1988 年进入房地产行业，1991 年成为深圳证券交易所第二家上市公司。经过 20 多年的发展，2012 年销售额超过 1400 亿元，销售规模持续居全球同行业首位。

【功能解析】

"深圳万科"微信公众平台的功能如图 2-2 所示。

会员认证、查看最新活动和在售项目、在线选房

加入深圳万科同享会

参与深圳万科的微信活动以及业主报修房屋

图 2-2 "深圳万科"微信

【实施分析】

"深圳万科"微信公众平台开发购房客户认证模块，只要购买了万科楼盘，不仅可以参与其每月所组织的活动，而且可以在微信上联系物业进行各种房屋维修。

1. 入会和认证

用户可以通过添加"深圳万科"微信公众号(vanke_shenzhen)来入会和认证。点击"我要买房"|"入会/认证"菜单，如图 2-3 所示，就会打开"会员认证"页面，如图 2-4 所示，输入相应的内容，则可以实现入会。

2. 业主活动

业主入会后就可以参加深圳万科所推出的活动。点击"我要买房"|"最新活动"菜单，就会弹出如图 2-5 所示的"最新活动"信息列表。点击列表中的项目（爱家行动），即可查看具体内容，如图 2-6 所示。

图 2-3　"入会 / 认证"页面

图 2-4　"会员认证"页面

点击"阅读全文"进入"深圳万科爱家行动"页面

图 2-5　"最新活动"信息列表

图2-6 "爱家行动"活动介绍

3. 房屋报修

关注"深圳万科"微信公众号后，就可以进行房屋报修。点击"我是业主"|"房屋报修"菜单，就会弹出"房屋报修"页面。不过在具体报修之前，需要先进行用户认证，即需要绑定所购买的万科房产。

"深圳万科"微信公众平台的这一系列功能，充分利用了微信信息的准确传播特性，使微信关注者不会错过任何一期活动。同时，现在的选房者都越来越懒，总想用最简单、最容易的方式与企业进行沟通，如投诉、反馈意见等。因此，微信保修使得深圳万科的物业服务更具有人性化，如图2-7所示。

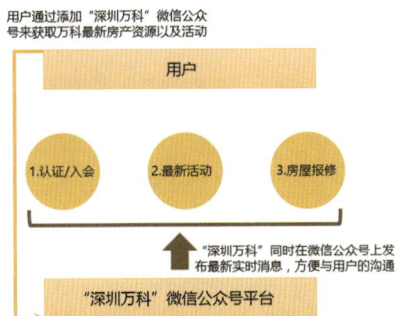

图2-7 "深圳万科"服务解析

【案例007】紫薇地产：互动式推送服务
——微信内容丰富有趣

【平台简介】

紫薇地产创立于1996年，是西安高科（集团）公司全资子公司，中国房地产"综合开发""责任地产"双百强企业，2012年、2013年度"中国蓝筹地产"西部领军企业。

【功能解析】

"紫薇地产"微信公众平台的功能如图2-8所示。

图 2-8　"紫薇地产"微信

【实施分析】

1. 图文结合展示楼盘

"紫薇地产"微信平台（公众号：Ziwidichan-XIAN）专门提供了"5优好宅"菜单，以图文的形式展示该房地产所开发的楼盘。点击"5优好宅"|"精品楼盘"菜单，将会弹出"精品楼盘"页面，展示楼盘信息，如图2-9所示。

2. 楼盘详细介绍

如果要查看"紫薇·花园洲"楼盘的详细介绍，可以在"精品楼盘"页面中点击"紫薇·花园洲"图片左上角的"查看详情"链接，就会打开"紫薇·花园洲"页面，如图 2-10 所示。该页面包含"楼盘简介""基本信息""紫薇概况""楼盘动态""查看户型""地图导航""预约看房"和"电话咨询"几个内容模块。

图 2-9　"精品楼盘"页面

图 2-10　"紫薇花园洲"页面

3. 预约看房

如果想预约看"紫薇·花园洲"楼盘，可以点击"预约看房"进行提前预约，如图 2-11 所示。输入相应的内容，点击"预约看房"按钮即可以实现在线预约看房功能。

"紫薇地产"微信营销公众平台利用微信基本绘画功能，让楼盘不动产"动"起来，实现楼盘信息的灵活展示。对于购房者来说，无论去哪个楼盘肯定是先了解该楼盘的开发商和该楼盘的户型、实景等。

紫薇房地产商对正在销售的楼盘进行规划，购房者可通过"S 优好宅"菜单查看楼盘信息，在具体查看楼盘信息时，又设置了必要的关键字，加深了与购房者之间的互动。

图 2-11 "预约看房"页面

当许多开发商绞尽脑汁想尽各种办法来宣传自己的楼盘时，紫薇地产的上述微信营销方式不仅实现了信息的准确推送，而且大大降低了宣传成本，真正实现了低投入、高产出的效果，如图 2-12 所示。

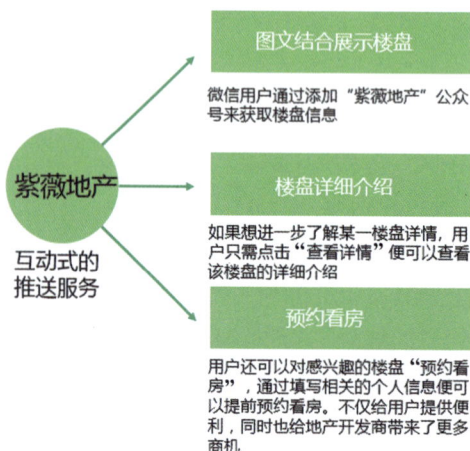

图 2-12 "紫薇地产"服务解析

【案例008】万通上园国际 _ 微房产：全民组团去看房
——有计划地运营微信账号

【平台简介】

中国万通国际集团全称为"中国万通国际集团股份有限公司"，成立于2012年6月18日，由旗下6个全资公司共同成立并且在香港注册，注册资金1亿元，现已成为一家标准的国际化企业。

【功能解析】

"万通上园国际 _ 微房产"微信公众平台的功能如图2-13所示。

楼盘点评、报名看房、咨询、查看周边楼盘以及同价位楼盘

周边楼盘信息

了解楼盘相关资讯，包括微信楼书、楼盘户型、楼盘位置以及周边配套等

购买、管理91乐居卡

图2-13　"万通上园国际 _ 微房产"微信

【实施分析】

关注"万通上园国际 _ 微房产"微信公众号 (leju-hzwtshygj)，点击"在线看房"|"报名看房"菜单，如图2-14所示。可以在"报名看房"页面中看到的信息有楼盘详情、周边楼盘、同价位楼盘，以及看房团免费班车报名等模块。点击《本城市免费看房　独享优惠》推送文章，进入"报名看房"界面，在图2-15所示页面中输入个人信息后点击"提交"按钮就可以报名看房。

图 2-14　"万通上园国际_微房产"公众号界面　　　　图 2-15　提交个人信息

在房地产销售渠道中，团购营销手段是一个不可缺少的手段。但是现阶段，很少能够出现房地产初期，单位公司同事间集体团购、作为投资的整栋购买现象。

而对于购买者来说，作为一个集体购买总要比个人购买所享受到的折扣要大、服务质量要好。因此，将具有刚性需求的零散购买者组成一个团队去参观、购买房产，是一种不可忽视的方式。"万通上园国际_微房产"微信营销专门提供了组团看房活动，如图 2-16 所示。

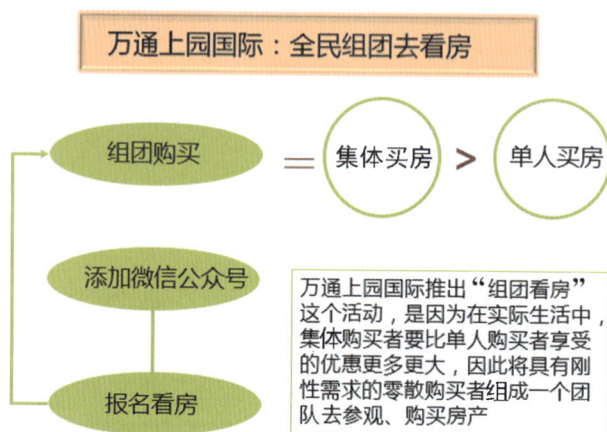

图 2-16　"万通上园国际_微房产"服务解析

【案例009】富力盈通大厦："扫一扫"的营销
——独特的二维码

【平台简介】

富力盈通大厦位于珠江新城华夏路，地处 CBD 中轴线核心区位，毗邻城市交通动脉黄埔大道，北邻成熟商业和生活区，地理位置得天独厚。

【功能解析】

"富力盈通大厦"微信公众平台的功能如图 2-17 所示。

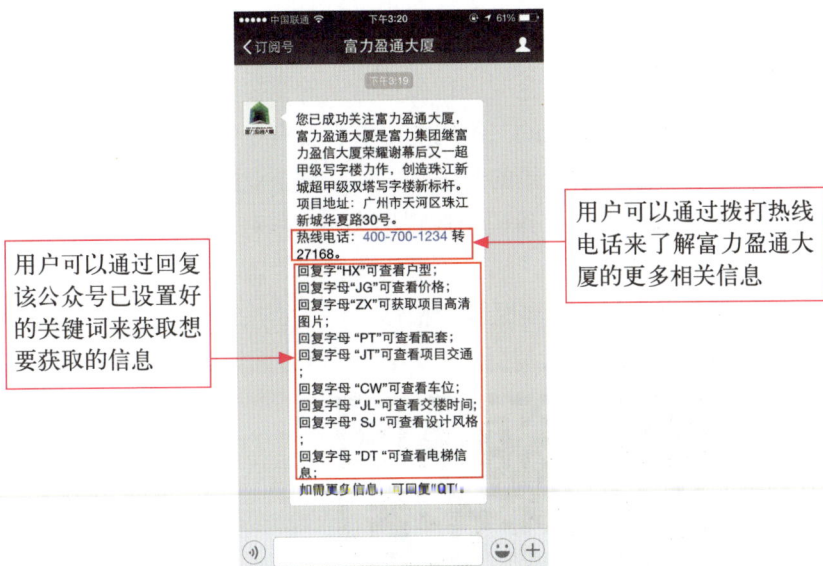

用户可以通过回复该公众号已设置好的关键词来获取想要获取的信息

用户可以通过拨打热线电话来了解富力盈通大厦的更多相关信息

图 2-17 "富力盈通大厦"微信

【实施分析】

2013 年，"富力盈通大厦全国最大写字楼二维码发布会"在广州富力盈通大厦销售中心举办，如图 2-18 所示。发布会上，各大媒体及贵宾客户到场，对富力盈通大厦引领的二维码新型营销模式进行分析与分享。

微信的使用已慢慢普及，二维码也作为一种新鲜的事物应运而生。但目前运用二维码的楼盘屈指可数。富力盈通大厦率先制作了"全国最大写字楼二维码"，如图 2-19 所示。

图 2-18 "富力盈通二维码"发布会现场

图 2-19 富力盈通大厦全国最大写字楼二维码

在微信营销中存在一种线下参与营销方式，该方式主要通过扫描二维码来实现。"扫一扫"小小的二维码就可以关注主页、链接到网站，读取信息，这种方式非常方便快捷。二维码是企业进行微信营销的重要环节，尤其是在线下推广方面。企业应该力求做到自己的二维码要好看，要有个性，要能诱惑人拿出手机去扫一扫。在进行企业微信营销的时候，应尽量把企业的名称、主打产品的名称、企业 LOGO 等企业信息在二维码上体现出来，这样对于传播有积极的帮助作用。

因此，很多商家把目光"瞄"向微信营销这片新领域，在微信二维码上做起文章；对于消费者来说，随着时间的推移，也开始热衷于通过扫二维码，了解商品的最新动态。"富力盈通大厦"微信公众号在这方面做到了极致，如图 2-20 所示。

"富力盈通大厦"通过"扫一扫"的方式让更多的人参与关注，而通过扫二维码就可以关注主页、链接到网站，读取信息。这种方式非常便捷。消费者可以通过扫描二维码，了解商品的最新动态

图 2-20 富力盈通巨型

2.2 房地产咨询平台

在掌握房产微信营销前，首先要了解房产行业在传统营销当中所遇到的问题，这样才可以更好地在房产行业实施微信营销。房地产咨询平台的推送信息就给微

信用户在买房前做好了预习功课。

【案例 010】搜狐焦点：用微信整合营销
——诱导用户购买

【平台简介】

"搜狐焦点"的前身为诞生于 1999 年中国互联网第一代浪潮中的焦点房地产网，是国务院新闻办批准的具有新闻登载资格的七大商业网站之一。2003 年 11 月，焦点房地产网加入搜狐公司，成为搜狐门户矩阵的重要成员。

【功能解析】

"搜狐焦点"微信公众平台的功能如图 2-21 所示。

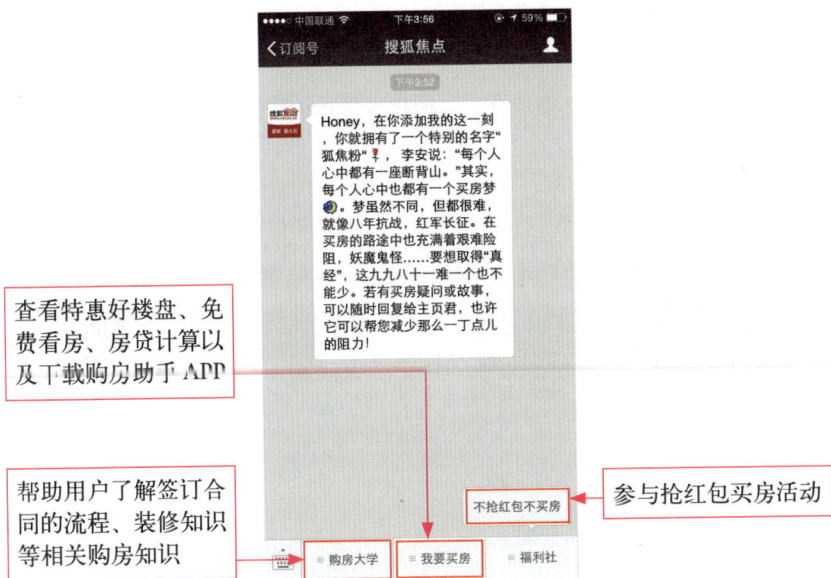

图 2-21　"搜狐焦点"微信

【实施分析】

1. 购房知识详解

用户在关注"搜狐焦点"微信公众号 (focus1999) 后，可以通过"购房大学"里的信息列表学习相关流程，包括签订合同流程、购房贷款攻略、选房户型知识、购房注意事项以及装修知识科普等内容，如图 2-22 所示。

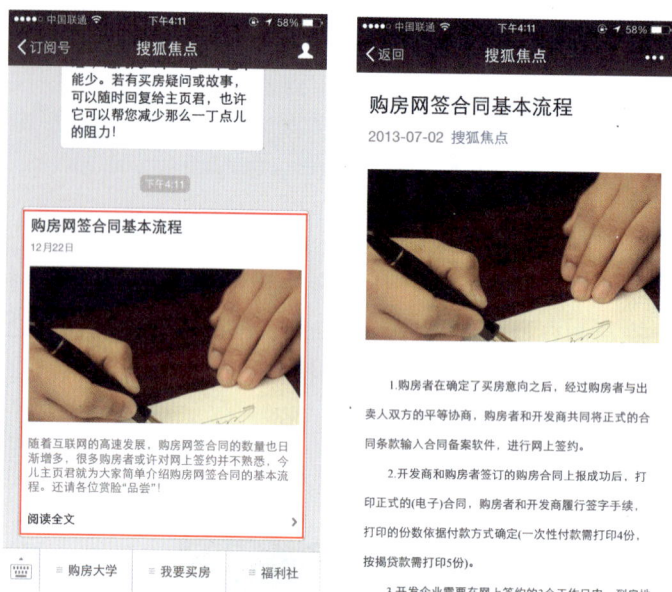

图 2-22　"购房大学"页面

2. 查看房产信息

用户可以通过"购房助手"查询所在城市的房产信息，如图 2-23 所示，便是"我要买房"|"特惠好盘"或者点击"我要买房"|"免费看房团"如图 2-24 所示。

图 2-23　搜狐焦点 WAP 站页面

图 2-24　搜狐焦点看房团页面

"搜狐焦点"微信公众号里集成了"搜狐焦点"的在线网上平台和手机客户端 APP，这种营销方式不仅快速扩大了搜狐焦点的口碑传播，而且促进了微信粉丝数量的增加，实现了在线网上平台用户的导入，如图 2-25 所示。

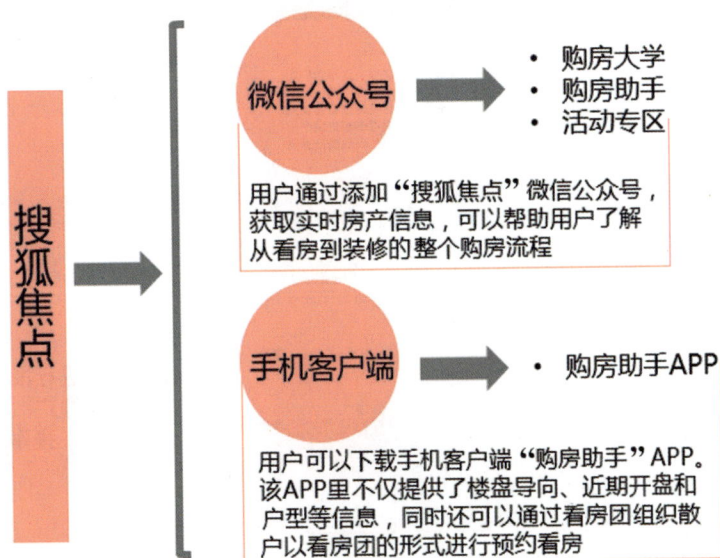

图 2-25　"搜狐焦点"服务解析

"搜狐焦点"的营销特点在于挖掘微信随时、随身和随地分享的特性。通过智能手机可以直接访问"搜狐焦点"的在线网上平台，同时还提供了获取"搜狐焦点"信息的其他方式，如手机客户端 APP。

【案例 011】中国房地产报：深入了解楼盘信息
————关注需求

【平台简介】

《中国房地产报》是国家住房和城乡建设部主管的地产首席财经人文新闻报。1993 年创刊以来，一直以地产公共意见领袖身份，影响着中国房地产业官方、行业、开发商三股力量，成为我国报道住房保障、人居建设、城乡统筹的最大新闻平台。

【功能解析】

"中国房地产报"微信公众平台的功能如图 2-26 所示。

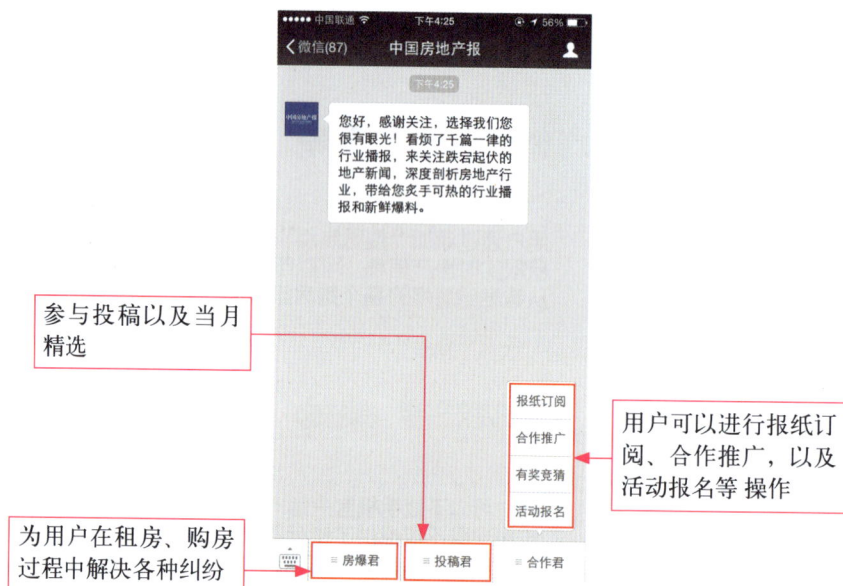

图 2-26 "中国房地产报"微信

【实施分析】

1. 查阅地产新闻

"中国房地产报"微信公众号 (china-crb) 每日都会不定时为微信关注者推送一些关于房地产的资讯，这为购房用户提供了方便，手指轻轻一点就可以查看相关信息。

点击"精华报道"|"新闻爆料"菜单，就会弹出重点信息列表，点击"阅读全文"就可以查看详情介绍，如图 2-27 所示。

2. 头条新闻

而在"合作平台"菜单里，包含了"今日头条""网易新闻""搜狐新闻"以及"百万召集"二级菜单，以供微信关注者自由选择。例如，点击"合作平台"|"今日头条"菜单，就会转入"今日头条"页面，如图 2-28 所示。

图 2-27 "新闻爆料"页面

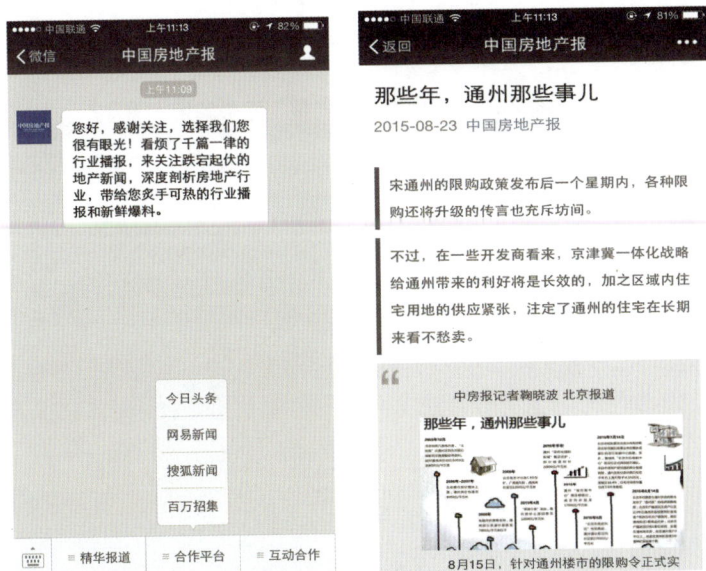

图 2-28 "今日头条"页面

中国房地产报对微信公众平台的营销模式做了创新性的改革，使购房用户摆脱乏味单一式的信息推送服务，它注重服务的实用性及用户体验的便捷、轻松。

"中国房地产报"微信公众号在展示楼盘资讯时，利用微信的社交属性、微信用户之间的强关联度，将资讯内容分享给好友。利用好友口碑黏性，实现了"中国房地产报"品牌的快速推广，如图 2-29 所示。

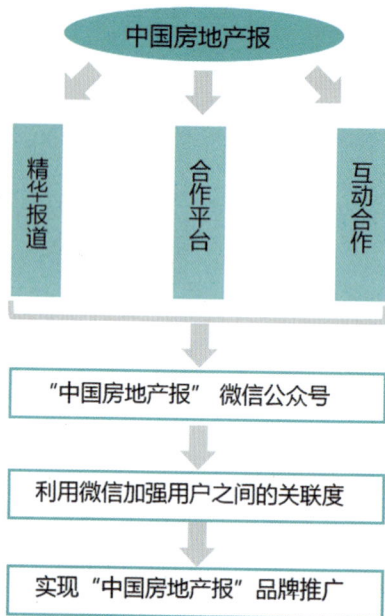

图 2-29　"中国房地产报"服务解析

第 3 章

住宿微信：
真实信息，最新优惠

住宿微信：真实信息，最新优惠

酒店预订

【案例012】维也纳酒店：十佳企业微信公众平台
——平台定位准确

【案例013】布丁酒店：不一样的售后服务
栏目设置贴心

【案例014】速8酒店：狂吸粉丝的诀窍
——全民娱乐活动

【案例015】铂涛会：微信"签到"赚粉丝
——关注用户利益

网络预订平台

【案例016】周末酒店：轻松度假不是问题
——打造独立APP

【案例017】蚂蜂窝：领先的自由行服务平台
——资讯服务

3.1 酒店预订

酒店行业尤其是经济连锁酒店，作为一个传统而富有活力的行业，近十几年取得了突飞猛进的发展。随着各种酒店品牌的出现和酒店数量的增多，竞争越来越激烈，传统的营销方式渐渐满足不了需求。于是，考虑如何拓展酒店的营销思路，针对市场制定酒店营销政策已成为酒店生存和发展的必要条件。

对于酒店来说，提高营销额的关键点在于：对内做好各种服务；对外提高新客户入住率，管理好老客户，提高其忠诚度。微信营销就能很好地解决上述问题。

【案例 012】维也纳酒店：十佳企业微信公众平台 ——平台定位准确

【平台简介】

维也纳酒店创立于 1993 年，以"舒适典雅、顶尖美食、品质豪华、安全环保、音乐艺术、引领健康"为产品核心价值。旗下有维纳斯皇家、维也纳国际、维也纳和三好酒店四大品牌。维也纳酒店微信公众号：wyn88v。

【功能解析】

"维也纳酒店"微信公众平台的功能如图 3-1 所示。

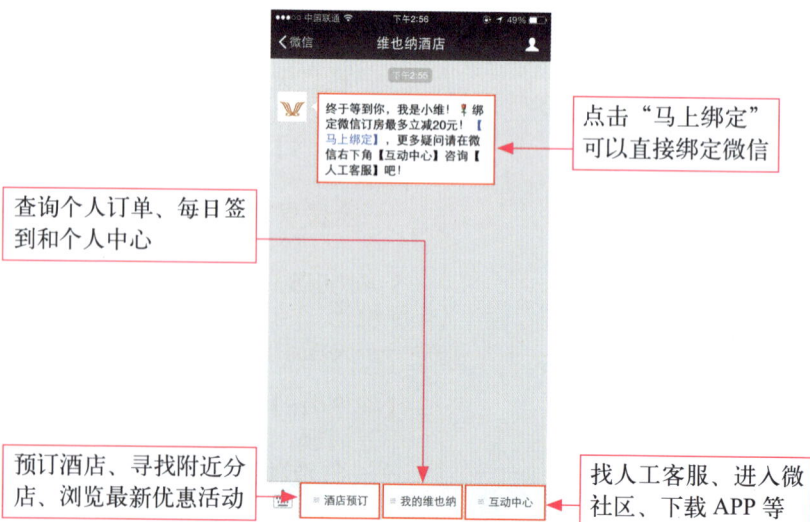

图 3-1 "维也纳酒店"微信

【实施分析】

1. 营销方向

"维也纳酒店"充分展示微信订房系统功能齐全的优势，微信订房系统与官网订房系统打通，多渠道，高效率。

2. 营销模式

用户在关注"维也纳酒店"微信公众号后，通过微信订房，"维也纳酒店"微信公众平台通过与用户的互动来达成订单。

3. 营销方式

通过"维也纳酒店"微信平台，除了可以直接进行酒店房间预订外，客人还可以通过此微信平台进行积分、订单、酒店优惠信息的查询。预订完成后，手机会立即收到订房通知信息，让订房多了一个可移动又便捷的方式。

4. 营销特色

通过微信订购，做到了移动便捷，图3-1向用户展示了在微信上点击"酒店参订"即可，向酒店订房，操作方便。

维也纳连锁酒店通过微信公众平台，上线仅1个多月便吸引消费者转化粉丝达10万人，微信日预订量也超过200单，且在持续稳步上升；该系统还获得了"2013年度十佳企业微信公众平台"殊荣。

只要关注"维也纳酒店"的微信账号，用户就能得到及时而方便的服务。对出门在外的用户而言，这种方式既省去了找酒店的时间，又避免了烦琐的登记手续，无疑是订房的首要选择，如图3-2所示。

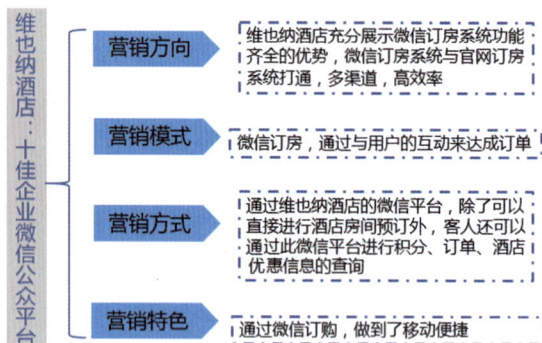

图 3-2　"维也纳酒店"服务解析

【案例 013】布丁酒店：不一样的售后服务
　　　　　　　——栏目设置贴心

【平台简介】

布丁酒店，属于杭州住友酒店管理有限公司旗下，创立于 2007 年 12 月。该酒店是中国第一家时尚、新概念酒店连锁，酒店致力于为顾客创造快乐、自由、时尚的休息体验。微信公众号：podinnskf。

【功能解析】

"布丁酒店"微信公众平台的功能如图 3-3 所示。

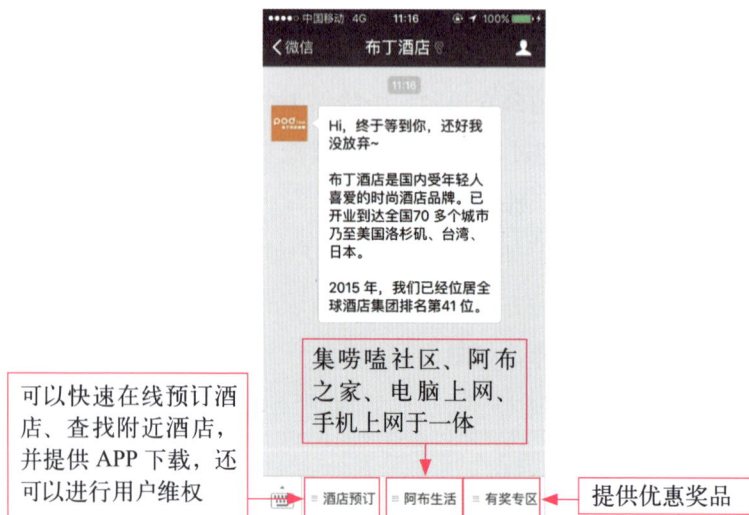

图 3-3　"布丁酒店"微信

【实施分析】

"布丁酒店"的微信营销，在于注册成为该酒店的微会员后，除了每次预订入住酒店享受折扣外，还可以参加一些该酒店针对微会员的特殊活动。同时，为了方便用户查询酒店，找到地理位置偏僻或者附近实体酒店众多的布丁酒店，专门提供了"查询酒店"功能。

由于布丁酒店倡导的是快乐、自由、时尚的理念，因此当顾客通过微信方式入住布丁酒店后，如果感到任何不适，都可以无条件快速退房。

点击"酒店预订"|"零秒退房"菜单，就会进入"零秒退房"页面，点击"点我退房"按钮后就会自助退房成功，只要在离开之前把房卡留给前台就可以。再也不会存在退房时遇到前台服务员的刁难等情形。

维权和社区活动

为了提高酒店内部服务，顾客的每个建议和意见都值得重视。于是，布丁酒店推出了"维权"和"布丁社区"功能，使客户可以畅所欲言。

点击"酒店预订"|"维权"菜单，将进入"维权"页面，如图3-4所示。该页面中，点击"我要维权"就可以对45天内已经交易的订单进行维权。点击"布丁社区"|"唠嗑社区"菜单，将进入"布丁社区"页面，如图3-5所示，可以查看其他人发布的提问和信息，同时也可以将自己入住过程中发生的事情以话题的形式发布。

图 3-4　"维权"页面　　　　图 3-5　"布丁社区"页面

在微信营销中，不仅可以发送各种形式的内容，而且还可以发送服务信息。对于服务性质的行业来说，更应注重服务信息的发送。在设计服务功能时，不要人云亦云，而应该根据自己的实际情况发送带有自己企业标签的服务，同时还应多发送一些关注服务细节的服务。在这方面，"布丁酒店"的微信公众平台所发送的服务信息是值得借鉴的。"布丁酒店"微信服务解析如图3-6所示。

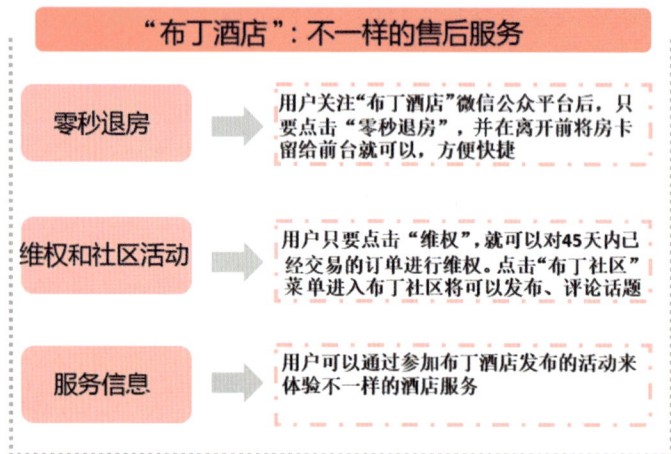

图3-6 "布丁酒店"服务解析

无论是企业商家，还是个人，想玩转微信公众平台的时候一定要考虑"栏目"的问题，其实就是考虑自己的目标人群希望看到什么样的问题，要便于粉丝阅读和选择，用户体验要好。

以"布丁酒店"为例，用户可以点击页面栏目中的"维权"按钮，进入维权。一般来说，企业在设置栏目的时候都会从产品、资质、获奖、联系方式等多个方面进行设置，这就不用多说了。

【案例014】速8酒店：狂吸粉丝的诀窍
——全民娱乐活动

【平台简介】

速8酒店是世界知名的经济型连锁酒店品牌，隶属于全球酒店数量最多的酒店集团——温德姆酒店集团。温德姆酒店集团（NYSE：WYN）是全球著名的酒店及休闲服务业集团，目前在中国的品牌有温德姆、华美达、戴斯、豪森和速8酒店。微信公众号：Super_8_Hotel。

【功能解析】

"速8酒店"微信公众平台的功能如图 3-7 所示。

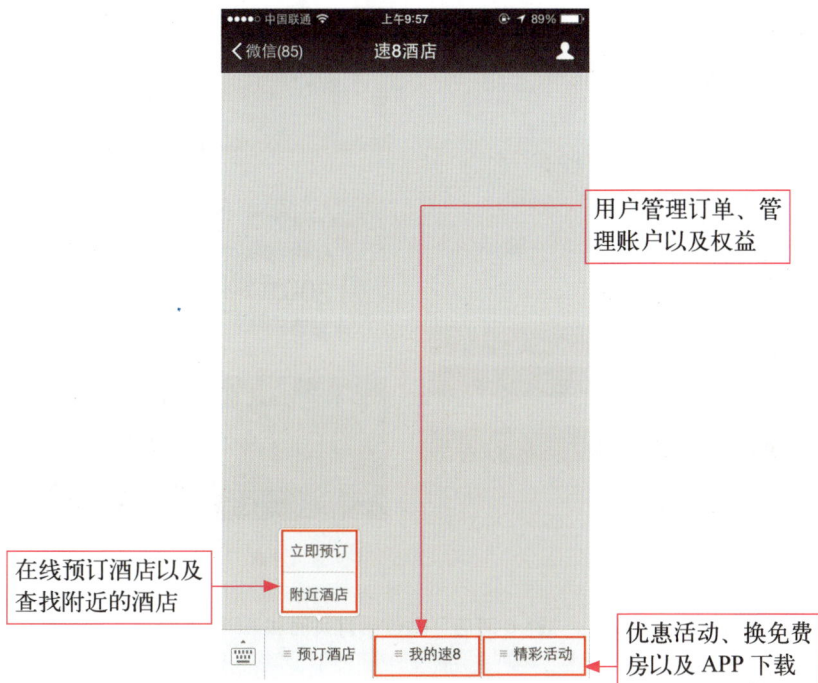

用户管理订单、管理账户以及权益

在线预订酒店以及查找附近的酒店

优惠活动、换免费房以及 APP 下载

图 3-7 "速 8 酒店"微信

【实施分析】

1. 网络会员

通过速 8 酒店的会员注册模块成为网络会员后，只要通过"官网／微信／APP/400 电话"预订入住，就可以享受 9.5 折优惠。只要入住 3 次，就可以享受 8.8 折优惠。

速 8 酒店的网络会员优惠折扣，使得酒店顾客非常关注网络会员特权，在关注的同时无形中就会吸引大量的客户。

2. 多重方式预订酒店

对于客户来说，不仅可以通过登录速 8 酒店官网、拨打速 8 酒店（中国）预订热线预订酒店，而且还可以通过微信公众号以及手机客户端 APP 来预订酒店。众多酒店预订方式的叠加，不仅方便了顾客，而且降低了人员成本。其微信预订页面和手机客户端 APP 页面如图 3-8 所示。

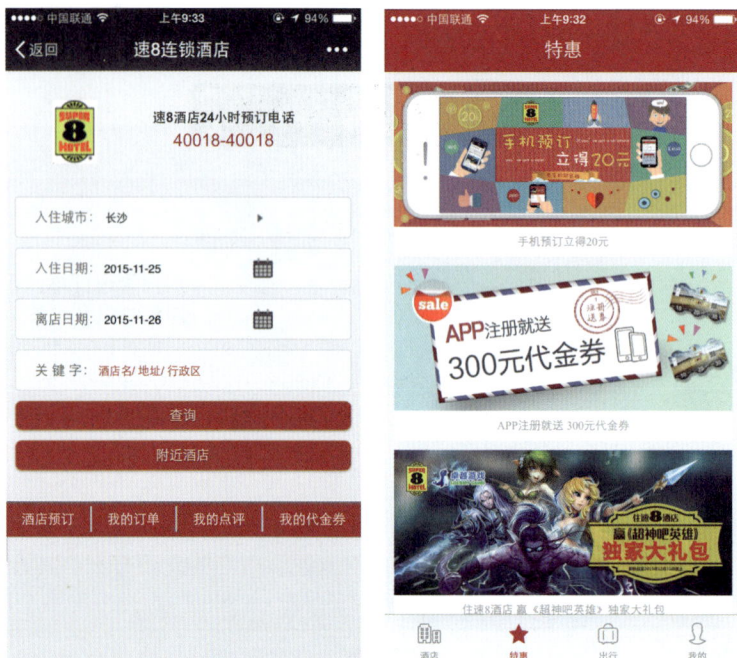

图 3-8 "速 8 酒店"微信预订页面和 APP 页面

3. 活动刺激消费

为了方便维护和管理客户，速 8 酒店专门提供了会员卡。在入店消费时，提供该卡可以享受非常优惠的折扣。该卡的优惠尺度，不仅使得速 8 酒店客户享受到实际优惠，而且还在一定程度上维护和管理客户，避免了老客户的流失。为了鼓励速 8 酒店新客户进行第一次消费，只要是在手机上预订"速 8 酒店"并入住就可以获得 20 元红包返现。

人类已经步入了全球娱乐化的时代，任何娱乐化的、多元化的形式都会被人们轻易捕捉、关注，因此，对于企业来说，制造娱乐化的趣味信息，也是吸引大众眼球的方式之一。

娱乐化都带有趣味性，也有的比较八卦或者带有幽默性，企业要将推送的内容转化为用户喜闻乐见的形式，而"速 8 酒店"的活动已经让用户在感受趣味性的同时，不知不觉地融入品牌的信息中，接受产品的广告宣传，其具体吸粉丝的诀窍如图 3-9 所示。

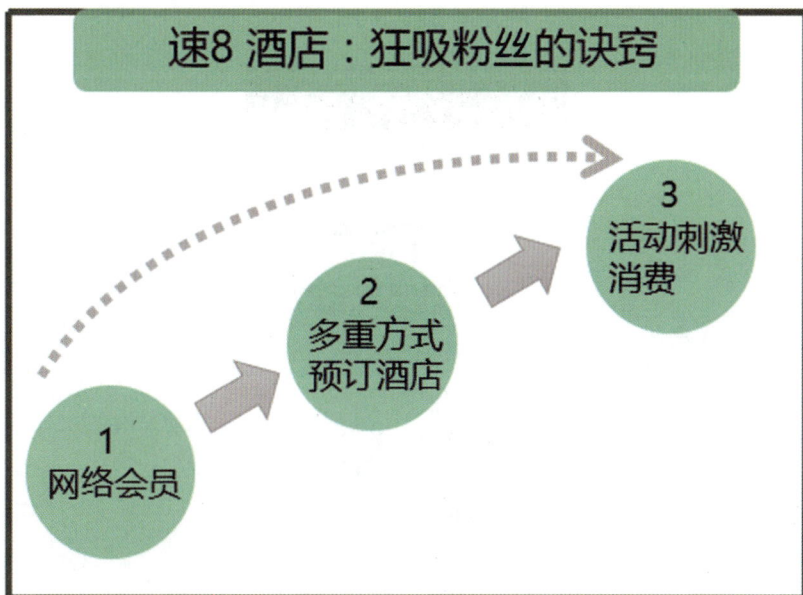

速8酒店：狂吸粉丝的诀窍

1 网络会员

2 多重方式预订酒店

3 活动刺激消费

用户通过添加"速8酒店"公众微信或下载手机客户端APP在线预订速8酒店并入住，就可以获得首单返现红包20元。速8酒店的这一活动跟线下营销方式中的派发会员卡非常类似，不过线上活动降低了人力成本，不需要一个员工就吸引了全国各地的消费者。同时这也是速8酒店狂吸粉丝的诀窍

图 3-9   "速8酒店"营销解析

【案例 015】铂涛会：微信"签到"赚粉丝
——关注用户利益

【平台简介】

7天酒店连锁集团(7 Days Group Holding Limited)创立于2005年，2009年11月在美国上市，2013年6月退市；同年9月，7天连锁酒店被铂涛酒店集团收购，成为铂涛酒店旗下的品牌之一。微信公众号：club_7daysinn。

【功能解析】

"铂涛会"微信公众平台的功能如图 3-10 所示。

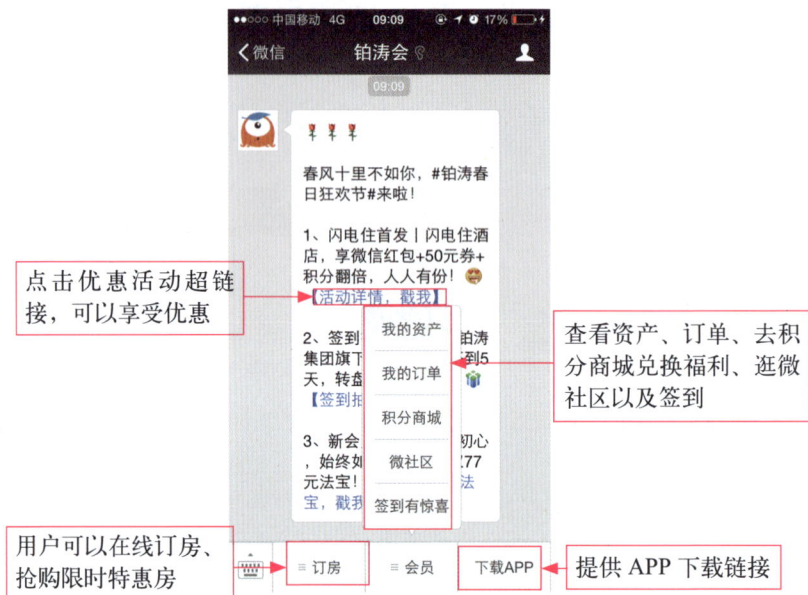

图 3-10　"铂涛会"微信

【实施分析】

1. 微信签到

每天登录"铂涛会"微信公众号并签到，可以凭借签到记录和日期领取不同的礼包。

2. 积分换房

铂涛会会员在累积到一定积分后可以用积分兑换免费房。

3. 后台服务

后台的客服人员每天针对 100 多万粉丝的咨询进行一对一的解答，使得粉丝的忠诚度大幅度提升，也促进了消费者的二次消费，减少了退房率。

铂涛酒店的策略很简单，它很明确自己身为酒店的使命是服务，而且铂涛酒店将这个使命很好地付诸自己的平台中，包括现已开发出来的手机客户端 APP。其微信营销解析如图 3-11 所示。

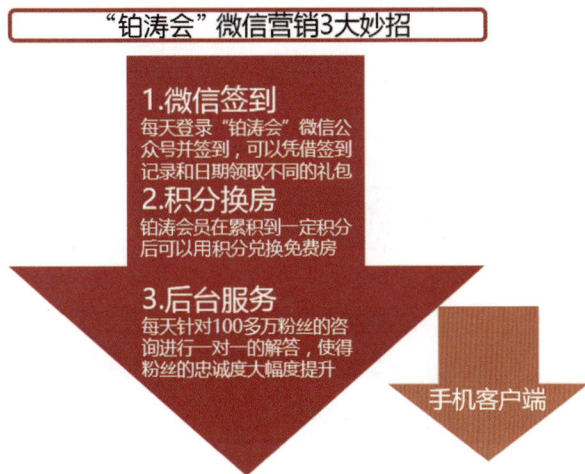

"铂涛会"微信营销3大妙招

1. 微信签到
每天登录"铂涛会"微信公众号并签到，可以凭借签到记录和日期领取不同的礼包

2. 积分换房
铂涛会员在累积到一定积分后可以用积分兑换免费房

3. 后台服务
每天针对100多万粉丝的咨询进行一对一的解答，使得粉丝的忠诚度大幅度提升

手机客户端

图 3-11　"铂涛会"营销解析

　　商家所发布的内容应具有一定的实用性，能够向用户提供一定的帮助，既可以是提供信息服务、传授生活常识、利用视频课程帮助用户解决困难，也可以是向用户提供促销信息或者折扣凭证、发放奖品等。

　　而铂涛酒店利用微信公众平台"签到"为用户提供了一定的优惠，这也是一种利益关系。总之，要使用户能够从微信中获取某种形式的利益，他才会成为企业的追随者。

3.2　网络预订平台

　　众所周知，酒店直销就是通过酒店打造出直接面对用户的销售平台进行营销，由于不存在中介代理费，同时酒店为了吸引人气并增加会员的关注度，在预订价格上就会更加优惠。更重要的是，酒店会在不同的季节和淡旺季做相应的促销推广活动，这些就成为微信的巨大优势。

【案例 016】周末酒店：轻松度假不是问题
——打造独立 APP

【平台简介】

　　"周末酒店"是上海尚旅网络科技有限公司旗下网站，公司成立于2013年11月，创始成员均来自知名旅游及互联网公司。现阶段该公司整合在线网站平台、微信公众号及手机客户端 APP 等资源进行营销。微信公众号：zmjiudian。

【功能解析】

"周末酒店"微信公众平台的功能如图 3-12 所示。

图 3-12 "周末酒店"微信

【实施分析】

大部分的酒店与服务商主要是面向商旅用户，休闲度假用户想要找到合适的酒店很不方便。"周末酒店"面向的正是这样的休闲度假需求，可以帮助人们便捷地发现和预订周边有特色、好口碑、价格优惠的酒店。

"周末酒店"微信公众号提供了城市周边的有特色、好口碑、价格优惠的酒店预订服务，这些都是通过与微信关注者进行信息推送来实现的。

1. 便捷发现特色酒店

无论是亲子、赏花、避暑还是温泉、玩水、滑雪，总有一款适合用户。

2. 推荐口碑好的酒店

源自千万条真实用户的点评，经过独特的算法过滤及筛选而产生。

3. 全面的吃住玩信息

度假顾问精心采集整理的攻略和行程，好住、好吃、好玩，不容错过。

4. 特价优惠套餐

系统采集全网信息，专业挑选和采购最优惠的价格和优惠的套餐。

"周末酒店"微信公众平台不仅提供城市附近的酒店信息，而且还整理这些酒店附近好吃的、好玩的信息。同时，为了扩展营销渠道，该微信公众平台中还整合了手机客户端APP的下载和"一对一"客服方式。具体案例分析如图3-13所示。

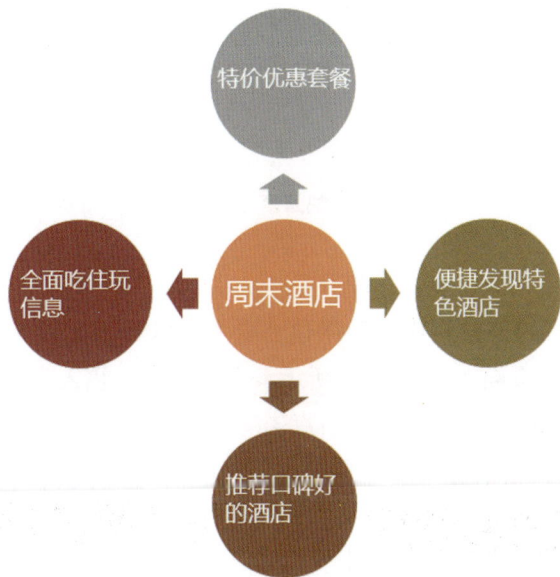

图 3-13　"周末酒店"服务解析

【案例 017】蚂蜂窝：领先的自由行服务平台
——资讯服务

【平台简介】

蚂蜂窝旅行网是中国领先的自由行服务平台。以"自由行"为核心，蚂蜂窝提供全球60 000个旅游目的地的旅游攻略、旅游问答、旅游点评等资讯，以及酒店、交通、当地游等自由行产品及服务。

【功能解析】

"蚂蜂窝自由行"微信公众平台的功能如图 3-14 所示。

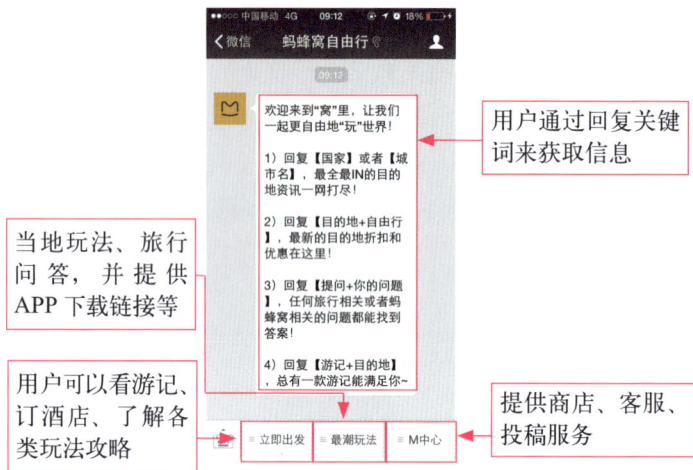

图 3-14 "蚂蜂窝自由行"微信

【实施分析】

用户在关注"蚂蜂窝自由行"微信公众号（mafengwo2006）后，点击"立即出发"|"订酒店"页面，如图 3-15 所示。在该页面，输入入住地址后点击"查找酒店"即可。如输入"鼓浪屿"后点击"查找酒店"就会出现如图 3-16 所示的页面，在该页面里，用户可以根据其他用户的评价选择酒店。

图 3-15 "酒店预订"页面

图 3-16 "查找酒店"页面

第4章

航空微信：
政策先知，信息尽览

航空微信：政策先知，信息尽览

航空公司
- 【案例018】中国南方航空：不做营销做服务
  ——做好服务让用户依赖
- 【案例019】海南航空：多重智能服务
  ——特色定位的智能服务
- 【案例020】亚洲航空：更多购买机票资讯
  ——坚持营销路程

网络航班管理助手
- 【案例021】航班管家：制定完美旅程
  ——营销要抓住亮点
- 【案例022】我要飞机票：专业做机票
  ——注重线上宣传
- 【案例023】一起飞国际机票网：线上活动
  ——游戏不可少

4.1　航空公司

随着微信用户的日益增多，越来越多的企业开始在微信中开辟新战场。对社交营销非常敏锐的航空公司，自然不会错过这一新的、有力的营销利器，或利用微信进行旅客服务，或利用微信进行机票促销。

如今微信已经成为航空公司提高服务水平的利器。

2013年春秋航空于微信公众账号"春秋航空"推出了1000张0元机票秒杀活动，引起了航空界轰动。同年11月底，首都航空推出微信自动实时查询航班动态服务，成为国内首家实现微信自动营销的航空公司。

在春节期间，中国南方航空推出微信办理值机服务，成为国内首家提供值机服务的航空公司。综上所述，微信营销的出现给航空行业注入一剂兴奋剂。

【案例018】中国南方航空：不做营销做服务
——做好服务让用户依赖

【平台简介】

中国南方航空股份有限公司(China Southern Airlines，简称南航)，总部设在广州，以蓝色垂直尾翼镶红色木棉花为公司标志，是中国运输飞机最多、航线网络最发达、年客运量最大的航空公司。

【功能解析】

"中国南方航空"微信公众平台的功能如图4-1所示。

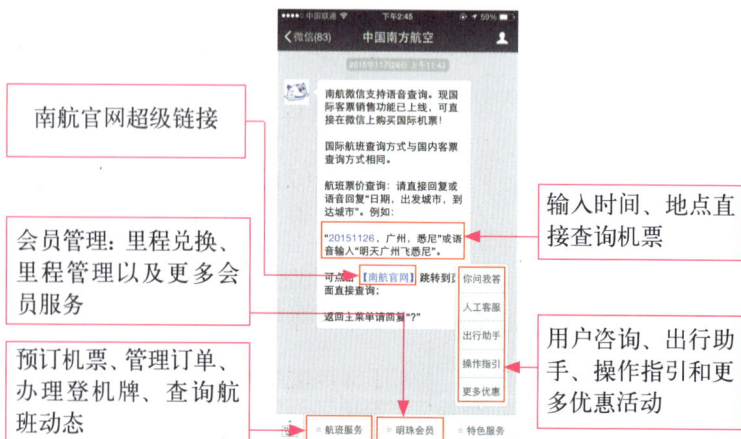

图4-1　"中国南方航空"微信

【实施分析】

"中国南方航空"微信公众号推出"文字与语音查询平台"和"微信值机服务"，乘客按提示完成系列操作，便可以在手机上语音查询航班、办理乘机手续、选订座位等。

1. 语音票务查询

"中国南方航空"微信支持语音输入，比如，对着手机说"北京飞广州"，就能够收到航班、票价等信息；当然，通过在输入框内输入文字来进行查询也是可行的，如图4-2所示。伴随着未来的发展，中国南方航空公司将会把现有的呼叫中心与微信进行整合，推进自助服务。

2. 办理登机牌

用户可以通过点击"航班服务"|"办登机牌"菜单进行微信办理登机牌服务，如图4-3所示。用户可以按提示回复相关数字办理相关服务。

图4-2 南方航空机票查询服务　　图4-3 办理登机牌服务

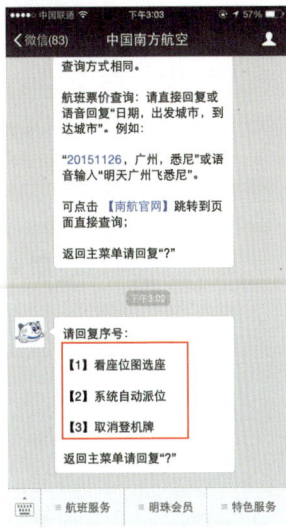

中国南方航空公司现有的呼叫中心虽然也提供一对一的服务，但人工和呼入成本都非常高。

推进自助服务后，不仅可以提高服务质量、优化用户体验，还能够带来经济效益。至少目前来看，呼叫中心不用再增加人工投入，呼叫投入也可以大幅降低。而且，彼时的呼叫服务将是人工回复某些系统无法自动回答的问题。

中国南方航空公司这种不看重营销，只做沟通和服务的做法，从根本上体现了微信营销的价值核心，即提供服务。虽然中国南方航空公司并不做营销，但是，相信在提供服务的同时，它的品牌营销已经完成了，如图4-4所示。

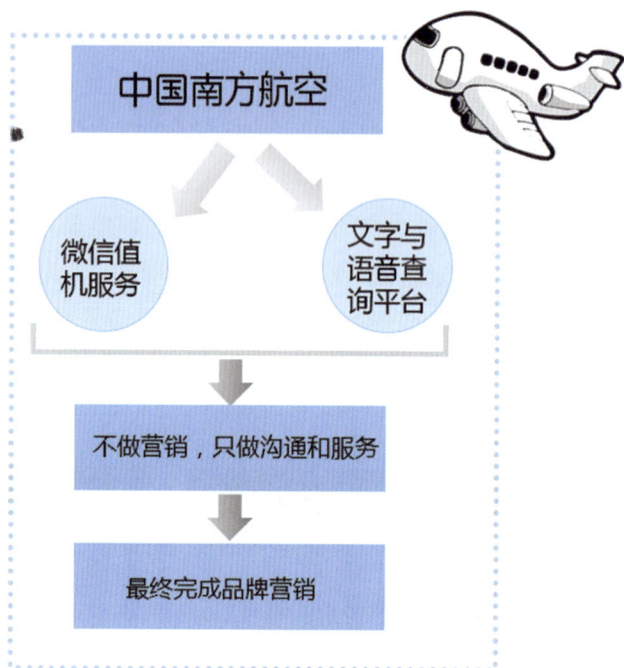

图4-4   "中国南方航空公司"服务解析

【案例019】海南航空：多重智能服务
——特色定位的智能服务

【平台简介】

海南航空股份有限公司 (Hainan Airlines) 于1993年成立，是中国发展较快、充满活力的航空公司之一，致力于为旅客提供全方位无缝隙的航空服务。海南航空追求"热情、诚信、业绩、创新"的企业管理理念，凭借"内修中华传统文化精粹，外融西方先进科学技术"的中西合璧企业文化创造了一个新锐的航空公司。

【功能解析】

"海南航空"微信公众平台的功能如图4-5所示。

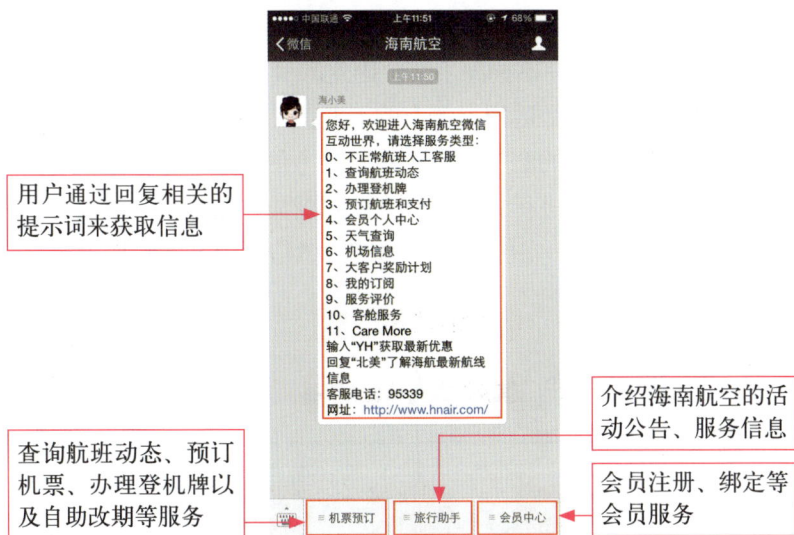

用户通过回复相关的提示词来获取信息

介绍海南航空的活动公告、服务信息

查询航班动态、预订机票、办理登机牌以及自助改期等服务

会员注册、绑定等会员服务

图4-5 "海南航空"微信

【实施分析】

随着"海南航空"正式入驻微信公众平台，海南航空与粉丝之间的互动和交往方式呈现出全新的面貌，并且海南航空在微信营销方面的策略，也是其他行业模仿学习的典范。那么，它的微信营销技巧有哪些呢？下面来学习一下。

1. 个性化的品牌杂志

"海南航空"的微信定位是"个性化定制的品牌杂志"，这个定位是建立在旅客对于个性化表达和互动交流的强烈意愿的基础上的。从"海南航空"微信中，可以看到海南航空十分注重个性化定制，努力为旅客提供更时尚、更轻松的服务。

2. 精准的内容推送

在正式入驻微信之后，海南航空致力于了解粉丝与旅客。在知晓了他们的个性化要求和期望后，再设置活动信息、市场促销、服务产品和招聘行程等板块。通过每日分类推送图文信息，实现精准推送，稳固自身的粉丝群体。

3. 活动营销才是王道

在海南航空首架波音787梦想飞机抵达海口之后，为了让广大粉丝充分了解海南航空787的独特之处，"海南航空"官方微信专门设计并推出了"有奖竞答"互动活动，希望通过该互动形式帮助大家了解更多有关海南航空的差异化服务及执飞航线的信息，同时还准备了丰厚的奖品来回馈广大粉丝对海南航空的支持。

企业微信要精准定位，并不拘泥于某个固定的套路，服务式营销固然人性化，更受用户青睐，但它也并不是适用于所有的行业。

对于广大投身微信营销的商家而言，最好的方法就是深入了解自己的产业特色、产品特色，有针对性地进行定位。航空公司就应该根据自己的特点，锁住不同年龄层的用户，进行一对一宣传。"海南航空"微信营销案例解析如图4-6所示。

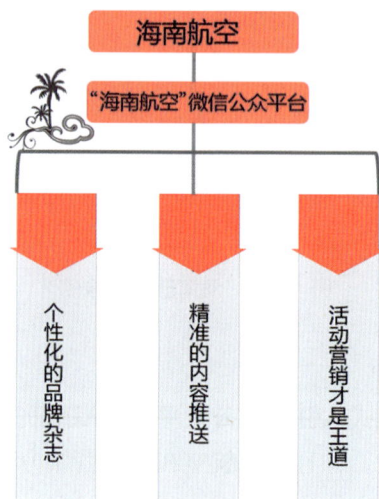

图4-6　"海南航空"营销解析

【案例020】亚洲航空：更多购买机票资讯
——坚持营销路程

【平台简介】

亚洲航空公司(AirAsia)，简称亚航，成立于2001年，是马来西亚第二家国际航空公司，也是亚洲地区首家低成本航空。截至目前，亚航一共有192条国内及国际航线，覆盖20多个国家。亚航一直致力于将低成本飞行带到新的高度，使"现在人人都能飞"的信念成为现实，并连续6年获得"世界最佳低成本航空"称号。

【功能解析】

"亚洲航空"微信公众平台的功能如图4-7所示。

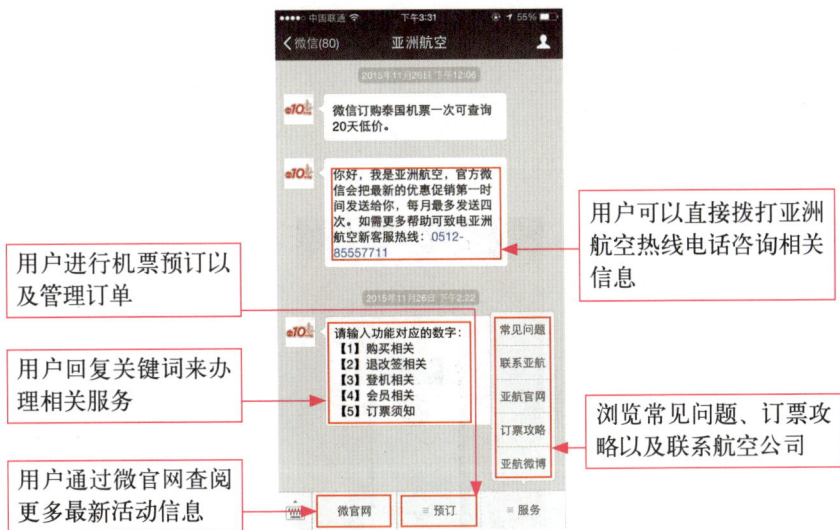

用户进行机票预订以及管理订单

用户回复关键词来办理相关服务

用户通过微官网查阅更多最新活动信息

用户可以直接拨打亚洲航空热线电话咨询相关信息

浏览常见问题、订票攻略以及联系航空公司

图 4-7 "亚洲航空"微信

【实施分析】

1. 登机常见问题

对于乘客来说，乘坐飞机的机会远远少于其他交通工具，因此普及乘坐飞机的常识也是非常重要的。因此，亚洲航空公司整理订票知识、购票知识、退改签机票知识、登机知识等于自定义菜单"服务"|"常见问题"里，如图 4-8 所示。

图 4-8 "常见问题"菜单

2. 订票攻略

"亚洲航空"微信公众平台还专门组织专业人士编写了各种订票攻略，以供微信用户参考。点击"服务"|"订票攻略"菜单，就会弹出"订票攻略"相关信息。点击"查看全文"就会进入"订票攻略"页面，如图4-9所示。

图4-9　"订票攻略"页面

在微信营销中，可以充分发送各种信息，其可以展现在关注后的自动回复里，也可以设置在关键词自动回复里，还可以设置在自定义菜单里，等等。"亚洲航空"微信公众平台主要采用了后两种方式。

亚洲航空公司收集乘客可能会关心的内容，同时交给专业人员整理制作到自定义菜单。为了方便乘客查看，在具体展示时又设置关键词，即在与乘客的互动中引导其有选择地查询，极大地提高了用户体验性，如图4-10所示。

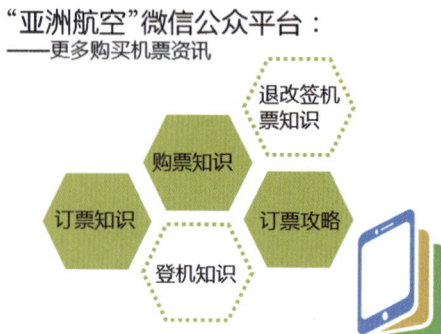

图4-10　"亚洲航空"服务解析

4.2　网络航班管理助手

随着航空运输的全球化、产品销售市场化，航空业之间的竞争也日趋激烈。研究和制定航空企业适用的旅客运输服务品牌战略，能够及时准确处理短期利益与长期利益的关系，实现经济效益的稳定提高，使企业获得竞争优势。

目前，航空运输业的竞争已进入少数大的航空公司、全球性或区域性航空公司联盟瓜分、垄断航空公司市场的新阶段。

应对竞争，国内航空公司不仅需要深层次地优化资源配置，而且还需要进一步增强自己的综合实力和国际竞争力。但与一流的航空公司相比，在经营管理水平和服务水平方面仍然存在不小的差距。

【案例 021】航班管家：制定完美旅程
——营销要抓住亮点

【平台简介】

深圳市活力天汇科技有限公司是目前国内领先的移动互联网创新企业，致力于为移动互联网用户的联系交流以及各种实用需求提供最佳的解决方案，目前已经向超过 5000 万的商旅用户提供"一站式"的旅行搜索及服务。

【功能解析】

"航班管家"微信公众平台的功能如图 4-11 所示。

图 4-11　"航班管家"微信

【实施分析】

1. 关注航班信息

对于送机、接机或者出行的用户来说，必须提前到达飞机场。但是，太早到达飞机场，也没有必要。"航班管家"专门针对用户这个需求提供了航班动态信息。

用户只需输入航班号或起降地，就可以全程关注该航班的最新信息，如图 4-12 所示，再也不会出现由于航班延迟，而提前好几个小时到达机场的情况。

图 4-12　航班详情页面

2. 查询航班信息

点击"航班"菜单，就会进入航班信息列表页面，如图 4-13 所示。如果是接机或者送机，只需要回复航班号或起降地，就可以找到想要关注的具体航班，如图 4-14 所示。

图 4-13　航班信息列表页面　　图 4-14　航班动态页面

在微信营销中，与其他内容相比，一个作用强大、操作简单的功能更能体现出公司的实力。在具体推送信息时，绝对不能跟风，应该细致地调查用户需求，推送能够帮助用户解决实际问题的信息。"航班管家"微信公众平台所发送推送的信息就符合上述要求。

"航空管家"所提供的服务非常注重细节，不仅提供了预订飞机票的功能，而且从乘客的角度出发，提供了关注航班信息等功能，如图 4-15 所示。

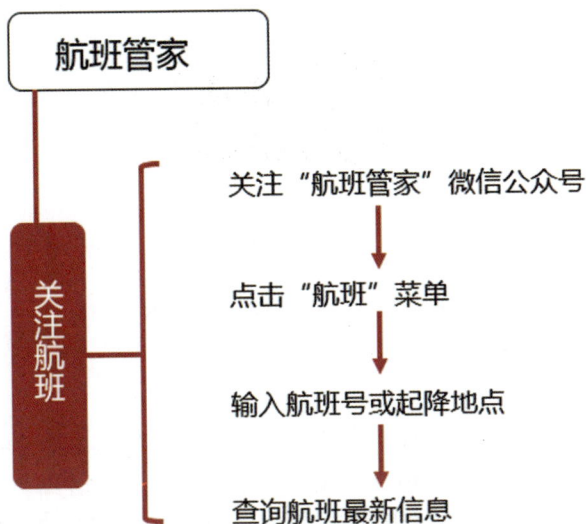

图 4-15 "航班管家"服务解析

【案例 022】我要飞机票：专业做机票
——注重线上宣传

【平台简介】

莆田我要飞商务有限公司是国际航空运输协会和中国航空运输协会核定批准的合法代理机构，专业从事国内、国际航空机票代理业务。2006 年，该公司打造出了全国第一个电子客票净价系统，现阶段该平台的现金日流量为 1000 万元，出票成交量为 13 000 张，树立了航空代理行业的新标杆，打破了传统的代理模式，加速了电子商务在代理行业的应用。

【功能解析】

"我要飞机票"微信公众平台的功能如图 4-16 所示。

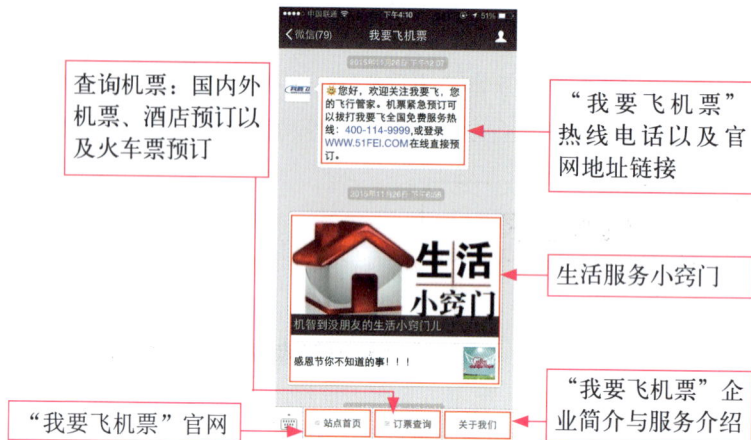

查询机票：国内外机票、酒店预订以及火车票预订

"我要飞机票"热线电话以及官网地址链接

生活服务小窍门

"我要飞机票"官网

"我要飞机票"企业简介与服务介绍

图 4-16 "我要飞机票"微信

【实施分析】

作为航空代理行业的新标杆，"我要飞机票"网打破了传统的代理模式，加速了电子商务在代理行业的应用。关注"我要飞机票"微信公众号后，在关注后的自动回复里，点击"我要飞机票"的网址就可以直接打开在线售票平台，如图 4-17 所示。

图 4-17 "我要飞机票"网首页

"我要飞机票"微信公众平台的开通，使莆田我要飞商务有限公司"为用户提供最轻松便捷的贴身服务"的目标成为现实。"我要飞机票"微信公众平台与"我要飞机票"网整合，不仅减少了预算，而且展示的内容一点都不少。

"我要飞机票"微信公众号的出现，使得"我要飞机票"在线平台摆脱了计算机的限制，即通过手机也可以随时随地访问该平台，真正做到为用户提供贴身服务，如图 4-18 所示。

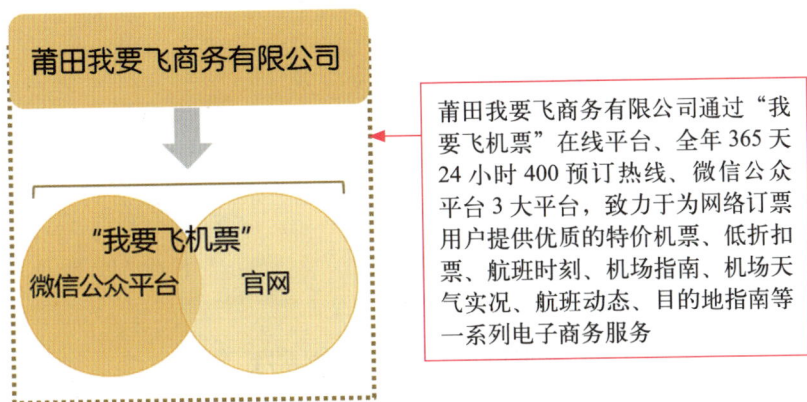

莆田我要飞商务有限公司

"我要飞机票"
微信公众平台 官网

莆田我要飞商务有限公司通过"我要飞机票"在线平台、全年 365 天 24 小时 400 预订热线、微信公众平台 3 大平台，致力于为网络订票用户提供优质的特价机票、低折扣票、航班时刻、机场指南、机场天气实况、航班动态、目的地指南等一系列电子商务服务

图 4-18 "我要飞机票"服务解析

对于微信公众平台的线上推广，第一步要把能展示自己微信公众平台的地方都要用上，包括企业的官方网站、官方微博、论坛和博客等。但是一定不要迷信导航网，因为企业做微信营销的目的是自身的产品和品牌。"未来企业的广告宣传端口，一定都会把自己的微信公众平台放到最显要的位置"，这句话也适用于线上的推广。

【案例 023】一起飞国际机票网：线上活动
——游戏不可少

【平台简介】

一起飞国际机票网隶属于广州一起飞国际旅行社有限公司，专注国际机票业务，通过整合全球近 300 家航空公司的航班资源，提供约 192 个国家 4088 个城市的最佳票价。广州一起飞国际旅行社有限公司于 2014 年被工商局认定为著名商标，同年被《广州日报》评为年度电子商旅专家。

【功能解析】

　　"一起飞国际机票网"微信公众平台的功能如图4-19所示。

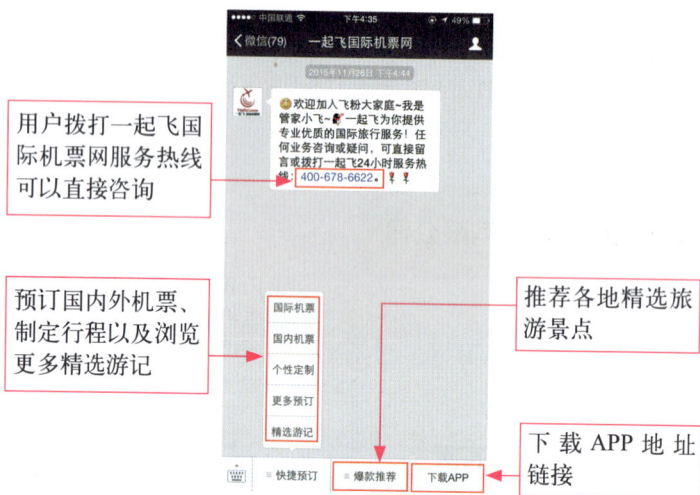

用户拨打一起飞国际机票网服务热线可以直接咨询

预订国内外机票、制定行程以及浏览更多精选游记

推荐各地精选旅游景点

下载APP地址链接

图4-19　"一起飞国际机票网"微信

【实施分析】

　　为了吸引更多用户一起加入"一起飞国际机票网"，该微信平台提供了"摇一摇，送流量"活动。只要用户在关注"一起飞国际机票网"微信公众平台后，点击"飞粉福利"|"摇一摇，送流量"菜单，就会进入"摇一摇，送流量"的页面，如图4-20所示。

图4-20　"摇一摇，送流量"页面

微信营销中的线上活动往往能取得不错的效果，特别是那些微信公众平台创新营销玩法力量无穷，能瞬间引爆朋友圈。因此，"一起飞国际机票网"微信公众平台设计了许多线上活动。

"一起飞国际机票网"微信公众平台的操作非常简单，只要输入手机号就可以订机票，同时也正是因为它简单，因此获得了广大微信用户的认同。在营销过程中，简单不是指功能、服务简单，而是简洁、高效的一种体现。具体案例解析如图 4-21 所示。

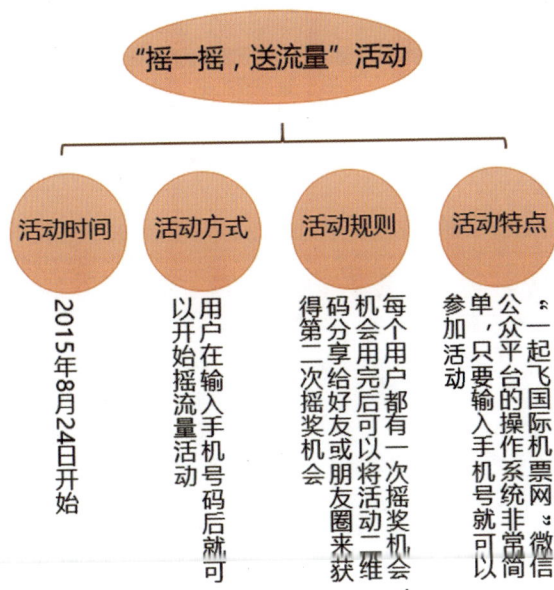

"摇一摇，送流量"活动

| 活动时间 | 活动方式 | 活动规则 | 活动特点 |

活动时间：2015年8月24日开始

活动方式：用户在输入手机号码后就可以开始摇流量活动

活动规则：每个用户都有一次摇奖机会，机会用完后可以将活动二维码分享给好友或朋友圈来获得第二次摇奖机会

活动特点："一起飞国际机票网"微信公众平台的操作系统非常简单，只要输入手机号就可以参加活动

图 4-21　"一起飞国际机票网"服务解析

第5章

旅游微信：
动有攻略，静有美图

5.1 旅游网站

与其他行业相比，旅游产业不是一个单一产业，而是一个产业群，由多种产业组合而成，具有多样性和分散性。旅游业包括景点经营、旅行社和旅馆服务业，交通业，餐饮服务业，娱乐业和其他许多的经营行业。

作为旅游产业大国，中国拥有丰富的国内旅游市场、入境旅游市场、出境旅游市场，市场上的旅游人次、总收入、人均旅游消费支出都呈上升的趋势，旅游产业市场跻身世界前列。

世界旅游组织对我国旅游产业的发展给出了非常高的预期，其预测，到2015年，在世界旅游目的地中，我国将位列第一；在世界旅游客源国中，我国将位列第四；而我国旅游产业的增长速度也明显快于世界上其他主要国家的旅游产业增长速度。

为了扩大营销渠道，旅游行业专门引入了微信营销方式。旅游行业做微信营销的优势在于如下几个方面。

- 旅游爱好者特别多，因此拥有庞大的用户基础。
- 与其他行业的顾客相比，旅游爱好者的素养较高，都很热衷和能熟练操作微信、微博等社交软件。
- 游客对旅行社的依赖性较强，特别是境外游。
- 与其他行业相比，旅行社行业中的口碑效应更加明显。

【案例024】途牛旅游网：牛人专线
——活动刺激消费

【平台简介】

途牛旅游网于2006年10月创立于南京，以"让旅游更简单"为使命，为消费者提供由北京、上海、广州、深圳、南京等64个城市出发的旅游产品预订服务，产品全面，价格透明，全年365天24小时400电话预订，并提供丰富的后续服务和保障。

【功能解析】

"途牛旅游网"微信公众平台的功能如图 5-1 所示。

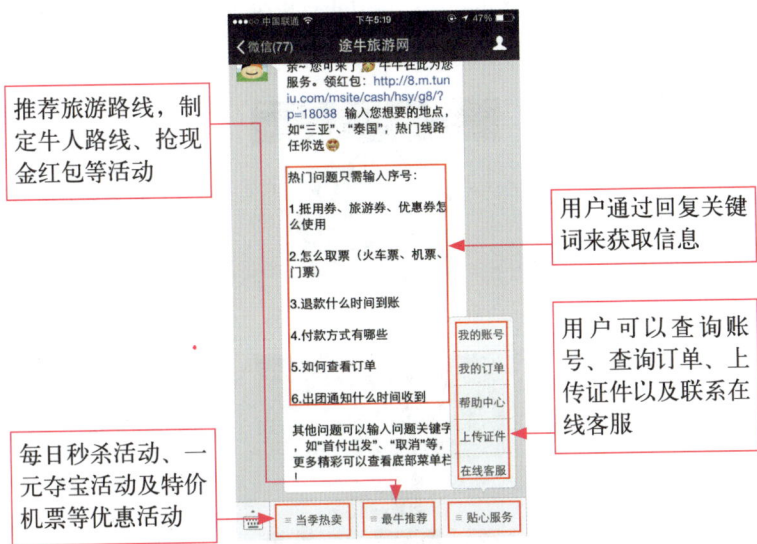

推荐旅游路线，制定牛人路线、抢现金红包等活动

用户通过回复关键词来获取信息

用户可以查询账号、查询订单、上传证件以及联系在线客服

每日秒杀活动、一元夺宝活动及特价机票等优惠活动

图 5-1　"途牛旅游网"微信

【实施分析】

1. 限时秒杀

对于游客来说，没有什么比低价的景区门票更吸引人了。所谓限时秒杀，是指途牛网站每天都会寻找出几款品质高、价格低的热门路线，然后分别在每天的 10 点、14 点、16 点和 21 点供游客开抢，如图 5-2 所示。

点击"当季热卖"|"每日秒杀"菜单，将会进入"限时秒杀"页面。在该页面用户不仅可以浏览景点信息，还可以对参加活动的景点门票进行抢购（除开已售罄的景点以外）

图 5-2　"限时秒杀"页面

2. 牛人专线

"牛人专线"是"途牛旅游网"独家金牌设计的行程，性价比较高，而且"牛人专线"的出游者全是途牛网的会员，不同于非牛人专线的散客拼团。图 5-3 所示为途牛网"牛人专线"页面。

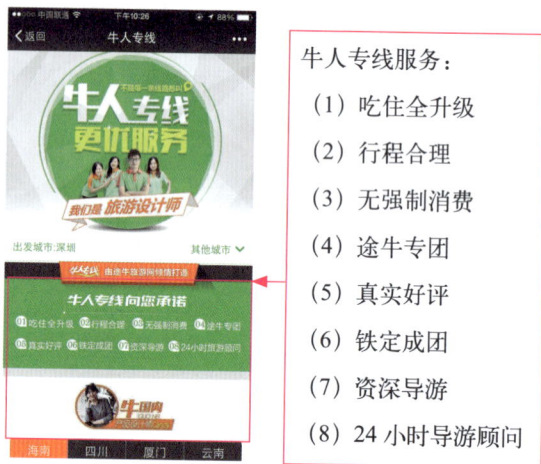

牛人专线服务：

(1) 吃住全升级

(2) 行程合理

(3) 无强制消费

(4) 途牛专团

(5) 真实好评

(6) 铁定成团

(7) 资深导游

(8) 24 小时导游顾问

图 5-3　"牛人专线"页面

3. 领红包活动

大量有奖活动是"途牛旅游网"微信公众号的一大特点。"途牛旅游网"微信公众号为游客专门提供了"领红包"活动。点击"最牛推荐"|"领红包"菜单，只要是新会员注册都有机会领红包，如图 5-4 所示。

图 5-4　"领红包"活动页面

规划微信活动前需要先了解微信订阅用户的属性，进行市场调研后策划并进行全方位预热推广，通过微博、线下广告、官网等多渠道宣传微信活动的情况。"途牛旅游网"微信公众平台的微信活动就很成功，如图 5-5 所示。

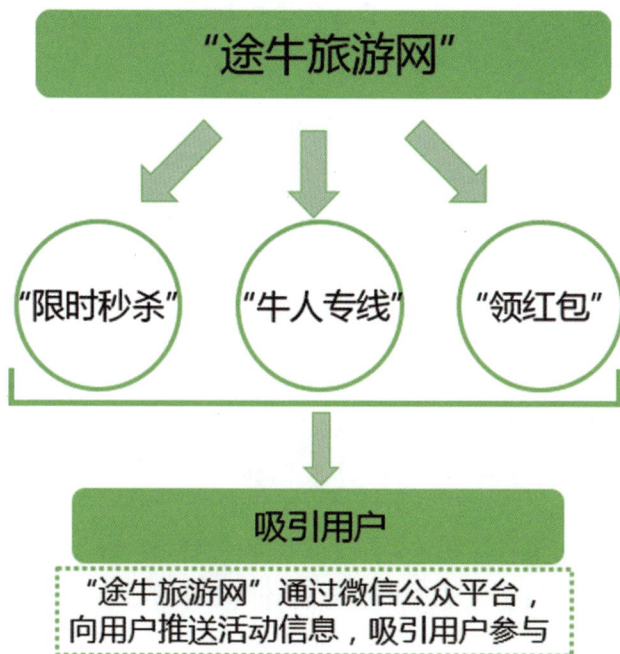

图 5-5　"途牛旅游网"营销活动解析

【案例 025】去哪儿网：个性化定制
——定位消费人群

【平台简介】

去哪儿网是中国领先的旅游搜索引擎，全球最大的中文在线旅行网站，致力于为中国旅游消费者提供全面、准确的旅游信息服务，促进中国旅游行业在线化发展。去哪儿网凭借其便捷、先进的智能搜索技术对互联网上的旅行信息进行整合，为用户提供实时、可靠、全面的旅游产品查询和信息比较服务。

【功能解析】

"去哪儿"微信公众平台的功能如图 5-6 所示。

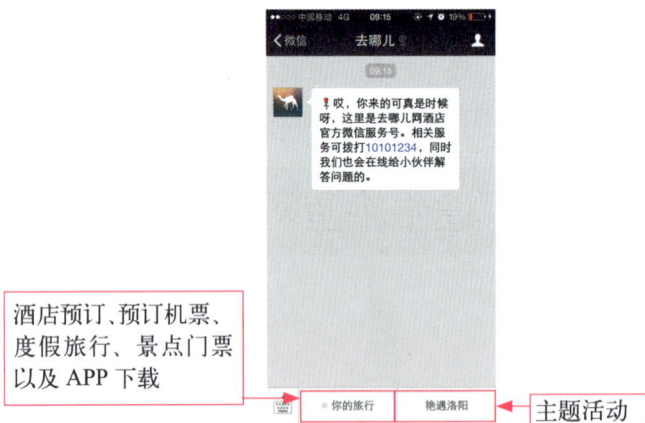

酒店预订、预订机票、度假旅行、景点门票以及 APP 下载

主题活动

图 5-6 "去哪儿"微信

【实施分析】

1. 分类推荐

"去哪儿"微信公众平台对微信用户按照城市、性别、年龄、咨询记录、消费记录、兴趣偏好等进行标签分类，根据不同用户标签进行不同旅游产品的精准推荐，来达到利用微信平台提高旅游产品销售额的目的。

2. 品牌定位

去哪儿网在微信上实践了一种小规模、高针对性、高投资回报率的社会化营销模式。去哪儿网举办过几次旅游产品抢购活动，设置权限为仅对微信好友开放。在促销活动前，去哪儿网通过多维度的标签（城市、性别、咨询记录、消费记录、偏好）筛选出目标用户做邀请。

3. 抓住用户消费心理

抓准用户的消费心理。去哪儿网市场负责人表示，公司非常看好微信营销前景，正在将绝大部分的客户服务功能移植到微信平台，构建起微信"呼叫"中心的全方位旅客服务平台。

"去哪儿"微信公众平台巧用微信的强关系交互和简便的第三方登录能力，开发出"一扫分享"和"优惠券云卡包"等非常方便旅游决策和旅游产品购买的创新服务，而且自定义菜单各项功能实用性强，定位精准。其微信营销解析如图 5-7 所示。

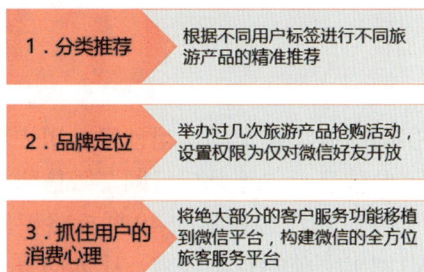

1. 分类推荐	根据不同用户标签进行不同旅游产品的精准推荐
2. 品牌定位	举办过几次旅游产品抢购活动，设置权限为仅对微信好友开放
3. 抓住用户的消费心理	将绝大部分的客户服务功能移植到微信平台，构建微信的全方位旅客服务平台

图 5-7　"去哪儿"营销解析

【案例 026】艺龙旅行网："一站到底"
　　　　　　　——服务与活动兼具

【平台简介】

　　艺龙旅行网是中国领先的在线旅行服务提供商之一，通过网站、24 小时预订热线以及手机艺龙网三大平台，为消费者提供酒店、机票和度假等全方位的旅行产品预订服务。艺龙旅行网通过提供强大的地图搜索、酒店 360 度全景、国内外热点目的地指南和用户真实点评等在线服务，使用户可以在获取广泛信息的基础上做出旅行决定。

【功能解析】

　　"艺龙旅行网"微信公众平台的功能如图 5-8 所示。

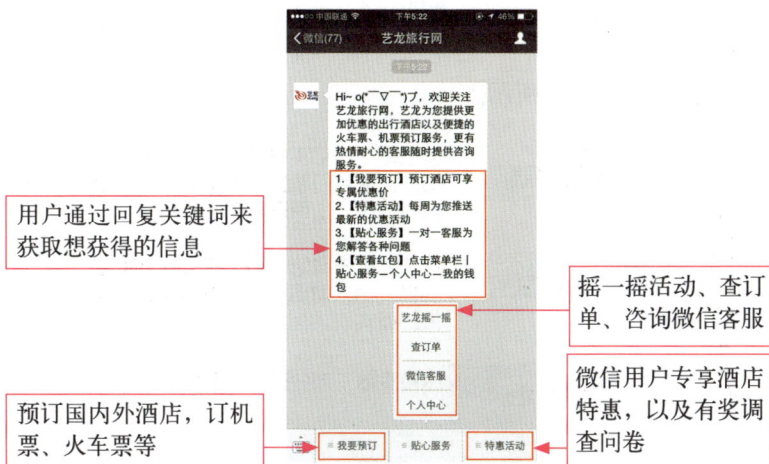

用户通过回复关键词来获取想获得的信息

摇一摇活动、查订单、咨询微信客服

预订国内外酒店，订机票、火车票等

微信用户专享酒店特惠，以及有奖调查问卷

图 5-8　"艺龙旅行网"微信

【实施分析】

1.服务贴士

"艺龙旅行网"提供的服务小贴士的实用性强，用户不仅不会感到厌烦，相反的，还会很喜欢收到这些信息。"艺龙旅行网"微信账号主打旅行攻略内容推荐，但该账号的聪明之处在于将已经积累的40期攻略积累到后台。用户只需要回复相关的地名，就可以调出之前的攻略内容，比如回复"三亚"，就可以收到该账号为用户贴心推荐的在三亚旅游小贴士。

2."与小艺一站到底"活动

"艺龙旅行网"开启了"与小艺一站到底"活动，题目设置为：与小艺一战到底，赢旅行梦想大奖。此种活动的好处在于：首先，成本低廉，可以凭借较少的资金和物质投入，获得极好的用户互动效果，增强粉丝的黏性；其次，此模式应用互动的形式来推送微信，根据艺龙以往的"一站到底"活动数据，每日参与的互动活跃度高达五六十万，微信的订阅用户也同步新增几万人。

3.积分累计

"艺龙旅行网"微信公众平台采取积分累计制度，通过积分的实时展现，达到对粉丝的刺激效果，进而产生强互动关系，获得回复活动激增的效果。通过公布用户排行榜的形式，调动粉丝的争先心理，进而刺激回复的产生数量。

作为国内领先的旅游网站平台，艺龙旅行网在微信领域的营销一直被外人津津乐道，在深入运营后获得了不菲的回报，订阅用户高达几十万。

微信公众平台已经成为各行业首选的平台渠道，其中对用户沟通需求旺盛的旅游行业，也积极地加入其中，"艺龙旅行网"就是其中出类拔萃的一个。"艺龙旅行网"营销解析如图5-9所示。

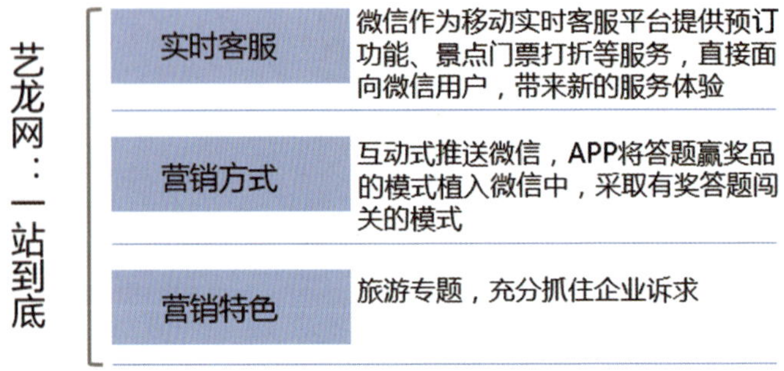

艺龙网：一站到底		
	实时客服	微信作为移动实时客服平台提供预订功能、景点门票打折等服务，直接面向微信用户，带来新的服务体验
	营销方式	互动式推送微信，APP将答题赢奖品的模式植入微信中，采取有奖答题闯关的模式
	营销特色	旅游专题，充分抓住企业诉求

图 5-9 "艺龙旅行网"营销解析

5.2　综合站点

微信强大的真实和陌生兼备的社交功能、真实关系链、口碑性传播等优势使得它成为旅游行业当前最为重要的营销工具。数量庞大的时尚用户基础、熟练使用微信软件的行业消费者、以口碑为主要吸引客户方式，也是旅游行业可以使用微信作为营销工具的天然行业基因。

【案例 027】景点打折门票：LBS 快速定位
——实时定位

【平台简介】

"一块去旅行网"微信公众号隶属于一块去旅行网，该网站创立于 2012 年，主要向用户推荐精选的周末旅行方案，定位于"轻旅行、自助游"，专注提供最有品质的精品度假产品，能为游客提供 6000 家景点门票、600 家精品度假酒店的特价预订，能挖掘和探索最具特色的旅游目的地。微信公众号：yikuaiqulx。

【功能解析】

"景点打折门票"微信公众平台的功能如图 5-10 所示。

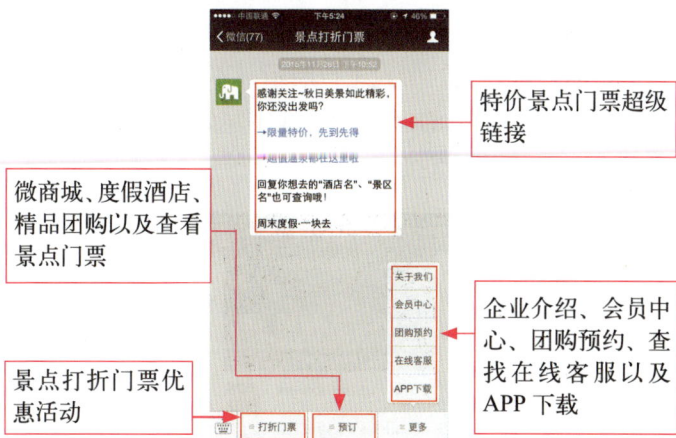

特价景点门票超级链接

微商城、度假酒店、精品团购以及查看景点门票

企业介绍、会员中心、团购预约、查找在线客服以及 APP 下载

景点打折门票优惠活动

图 5-10　"景点打折门票"微信

【实施分析】

1. 获取位置

在关注"景点打折门票"微信公众号后，该平台要求获取用户的地理位置，

如图 5-11 所示。点击微信右下角的"+"号按钮，在出现的面板中选择"位置"信息，微信将立即定位当前位置，如图 5-12 所示。当搜索到当前位置后，点击"发送"按钮就会将位置信息发送给"景点打折门票"微信公众号。

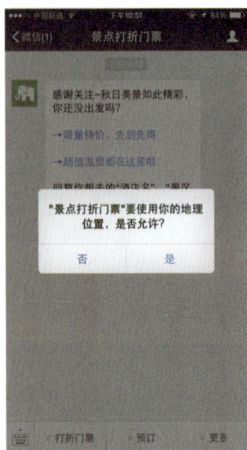

图 5-11　获取地理位置页面　　　图 5-12　发送当前位置

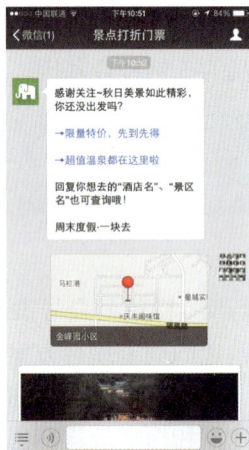

2. 图文推送

"景点打折门票"微信公众号获取位置信息后，会将查询到的景点信息发送给游客。景点信息内容以列表的形式进行展示，不仅包含了门票价格及与当前位置的距离，而且还可以按距离的远近进行排序，如图 5-13 所示。手指轻轻点击列表项，就可以进入预订页面直接预订。

图 5-13　景点信息列表

"景点打折门票"微信公众平台的特点在于添加关注后，游客只需要发送当前位置信息，只需要 10 秒就会收到周边 10 个旅游景点的折扣门票信息，同时还会按景点与游客的距离进行排序，实现了游客周边景区的快速查询和定位，充分体现出微信营销的快捷性和便利性。

在微信营销中，推送一个功能强大的工具，同样对微信关注者具有强大吸引力。"景点打折门票"微信公众号的关注者之所以会维持在较高的数量，与"LBS快速定位周边景区"功能是分不开的。

【案例 028】驴妈妈旅游网 ：微信订门票
——活动增加人气

【平台简介】

驴妈妈旅游网创立于 2008 年，是中国知名的新型 B2C 旅游电子商务网站、中国领先的自助游资讯及预订平台。该网站平台经过数年发展，形成了以打折门票、自由行、度假酒店为主体，同时兼顾跟团游、长途游、出境游、旅游团购等业务，为游客提供"一站式"旅游服务，最终打造成为以"自助游"为核心特色的综合型旅游网站。微信公众号：Joyu-lvmama。

【功能解析】

"驴妈妈旅游网"微信公众平台的功能如图 5-14 所示。

福利专区有旅行晒奖活动、特价活动以及历届获奖公布

下载 APP、抢购特价门票、玩转周边景点、查询签证进度，以及领红包

秒杀活动以及签到领奖活动

图 5-14　"驴妈妈旅游网"微信

【实施分析】

1. 微信预订

点击"小驴服务"|"抢购特价门票"菜单，就会进入"景点门票"页面，如图5-15所示。如果游客目的明确，可以直接在搜索框里输入所要参观的景区，就会直接进入该景区门票的信息页面。如果游客没有明确所要参观的景区，可以通过"热搜索词""附近景点"等功能来决定去哪个景区。

"热搜索词"功能会根据最近一段时间里游客的搜索量对景区进行排序，选择排序靠前的景区肯定不会错。"附近景点"功能会通过LBS快速定位获取游客的地理位置，然后查找到附近的景点，如图5-16所示。

图5-15　"景点门票"页面

图5-16　"附近景点"页面

2. 晒照赢大奖

"驴妈妈旅游网"为了吸引更多用户的目光，推出了"男神女神"晒照大赛，该活动不限年龄、性别，不限制拍照工具，不限制图片是否加工处理过，但要求必须是本人真实照片，如图5-17所示。

用户为了给自己的照片增加人气，可以将自己的照片分享到朋友圈，这对于增加"驴妈妈旅游网"的好友人数有很大的帮助。该活动获得了用户的关注和青睐，为"驴妈妈旅游网"微信公众号的微信营销做出了重大的贡献。

点击活动

图 5-17　活动参与方式以及获奖名单

　　驴妈妈旅游网还致力于将传统旅游线下运营和网络营销有机结合，提供了"驴妈妈"微信、"驴妈妈旅游网"微信公众平台和专门的手机客户端 APP，这标志着驴妈妈旅游网实现了传统地面连锁和网络联合发展模式的转变。具体案例解析如图 5-18 所示。

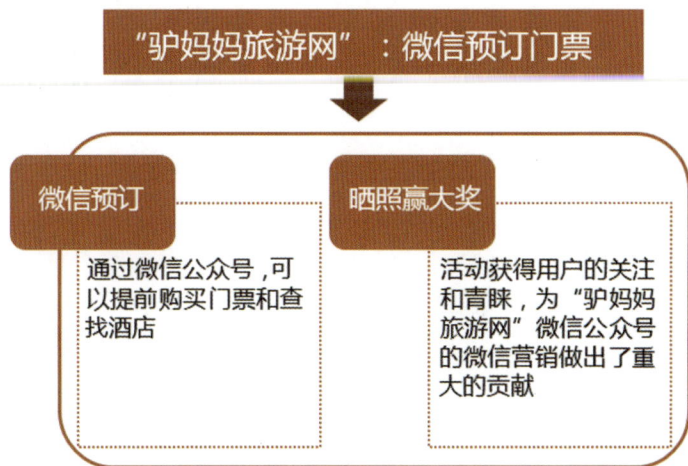

图 5-18　"驴妈妈旅游网"服务解析

第6章

新闻微信：
天下大事，尽收眼底

6.1　传统媒体

　　微信作为手机移动通信软件中的一匹"黑马"，席卷了亚洲市场。微信同时也是一个媒体平台，其新闻主要通过公众平台推送、朋友圈分享以及好友互通信息三种模式进行传播。

【案例 029】央视新闻：微信阅读的首选
###　　　　　　　　——权威品牌的营销

【平台简介】

　　中央电视台是中国重要的新闻舆论机构，是党、政府和人民的重要喉舌，是中国重要的思想文化阵地，是当今中国最具竞争力的主流媒体之一。中央电视台是全球唯一一个每天用 6 种联合国工作语言不间断对外传播的电视媒体，目前已在 171 个国家和地区落地，拥有 3.14 亿海外用户。

【功能解析】

　　"央视新闻"微信公众平台的功能如图 6-1 所示。

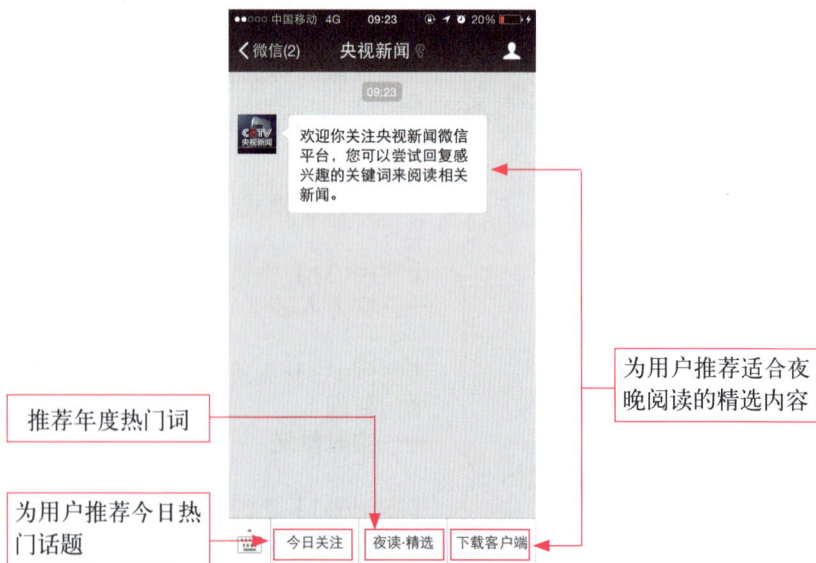

图 6-1　"央视新闻"微信

【实施分析】

1. 新闻资讯

2013 年 4 月 1 日，"央视新闻"官方微信正式上线，央视主持人欧阳夏丹在官方账号的首条微信中表示，今后将每天向网友推送一组图文消息，主持人将就热点话题与观众进行互动，为大家带来最新鲜的新闻资讯。

2. 频道丰富

"央视新闻"官方微信账号主要呈现央视新闻频道、西班牙语新闻频道、法语新闻频道、综合频道、中文国际频道的资讯，配以部分新闻性专栏节目以及英语新闻频道、西班牙语、法语等。每天会发布 5 条左右的微信，内容均为当天的热点新闻，微信用户点击标题，即可看到简要的图文内容，也可转到网络电视台直接观看视频新闻。

听众们在遇到突发新闻时也可以在第一时间通过文字、语音或者视频向"央视新闻"官方微信直播现场情况，发表对新闻的个人见解。具体案例解析如图 6-2 所示。

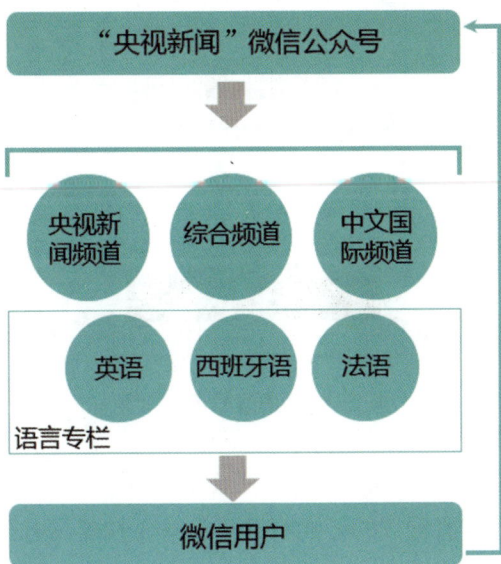

图 6-2 "央视新闻"服务解析

【案例 030】南方周末：在这里读懂中国
——阅读新模式

【平台简介】

由南方报业传媒集团主办的《南方周末》创办于 1984 年，一向以言论开放为特点，迄今影响深远。

《南方周末》是中国深具公信力和发行量最大的新闻周报，在全国 21 个城市有印点，发行覆盖全国各大中城市，每期发行量稳定在 160 万份以上，核心读者群为知识型读者。

【功能解析】

"南方周末"微信公众平台的功能如图 6-3 所示。

图 6-3　"南方周末"微信

【实施分析】

用户现在不用再等着每周的订购报纸了，只要扫描《南方周末》的二维码或者关注"南方周末"微信公众号 (nanfangzhoumo)，就能在线阅读《南方周末》的精品文章。

以"南瓜学堂"为例，微信用户可以通过点击"南周出品"|"南瓜出品"菜单，跳转至"南瓜学堂"页面，如图6-4所示。用户只要回复相关数字，就可以看到精彩的文章。

点击"南周出品""南瓜学堂"菜单

图 6-4　南瓜学堂

通过《南方周末》，读懂中国，《南方周末》的目标用户群是那些高端知识分子与专业报业人员，它致力于打造一份有良心的报纸，其文章文笔老练，观点独到，因此在全国，特别是在南方影响甚广，其公众服务号的解析如图6-5所示。

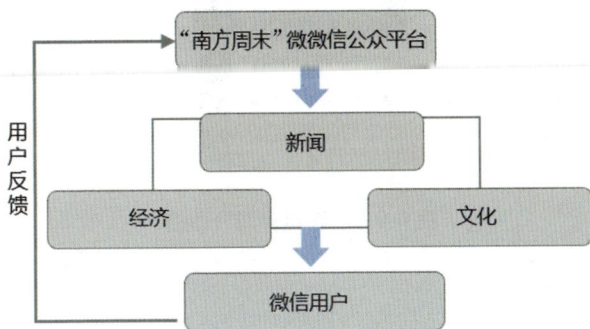

图 6-5　"南方周末"服务解析

6.2　网络媒体

短短几年时间，微信迅速占领了市场，根据2015年12月31日腾讯发布的财报显示，2015年底微信和We chat方面，其月活跃账户数达6.97亿，成为亚

洲地区用户群体最大的移动即时通信软件。用户的不断激增，让微信成为新闻行业激烈争夺的新媒体重地。

【案例 031】腾讯新闻：借力微信
——官方入驻

【平台简介】

腾讯新闻是腾讯团队用心打造的一款丰富、及时的新闻应用，本着精练、轻便的目标，为用户提供高效、优质的阅读体验。全球视野，聚焦中国，一朝在手，博览天下。

【功能解析】

"腾讯新闻"微信公众平台的功能如图 6-6 所示。

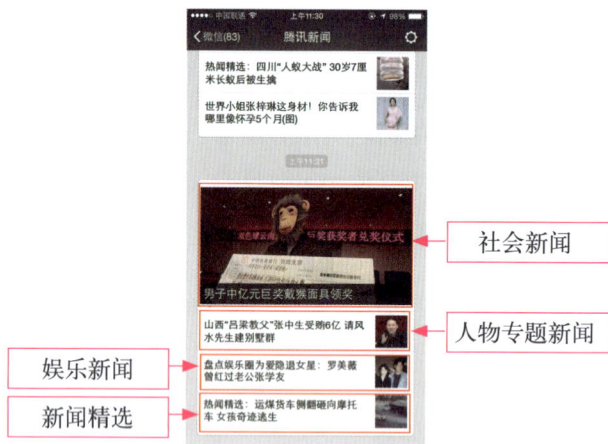

图 6-6　"腾讯新闻"微信

【实施分析】

当用户在微信开通腾讯新闻插件后，会不时收到腾讯新闻客户端推送的精编高质量资讯内容，打开后会发现页面简洁、图文并茂，而且热点和重点资讯会在第一时间及时发送，用户在体验微信便捷语言对话的同时，即可知晓天下事。

传统媒体，有高黏度的群众基础，在做内容方面有深厚的经验和人才储备，也有积淀已久的内容量可以重组输出。当传统媒体与微信结合时，可以实现"每小时、全天候"地与受众接触，这正好弥补了传统内容的一期与下一期之间的缝隙，让品牌在间隙中也有被提及、被曝光的机会。

腾讯新闻的主要特点如图 6-7 所示。

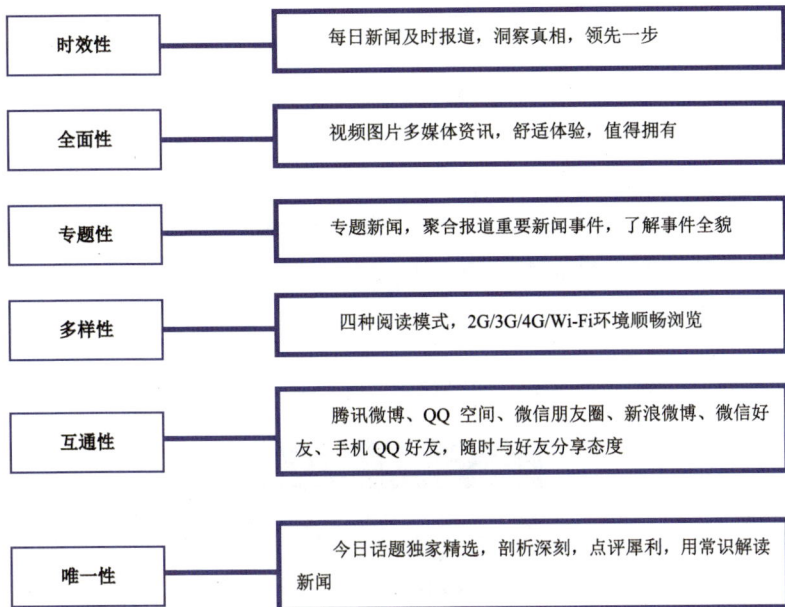

时效性	每日新闻及时报道，洞察真相，领先一步
全面性	视频图片多媒体资讯，舒适体验，值得拥有
专题性	专题新闻，聚合报道重要新闻事件，了解事件全貌
多样性	四种阅读模式，2G/3G/4G/Wi-Fi环境顺畅浏览
互通性	腾讯微博、QQ 空间、微信朋友圈、新浪微博、微信好友、手机 QQ 好友，随时与好友分享态度
唯一性	今日话题独家精选，剖析深刻，点评犀利，用常识解读新闻

图 6-7　腾讯新闻特点

媒体微信公众账号上的信息以订阅模式呈现，就意味着它的资讯与微博不一样。“订阅”这个动作，意味着用户希望在这里获得比自己更专业、更全面的视角、观点，原始事实要经过整合再输出。微博上的资讯是争取共鸣、披露真实，而微信上是给人以观点、想法。这就是微信的内容价值，也是媒体的优势所在，如图 6-8 所示。

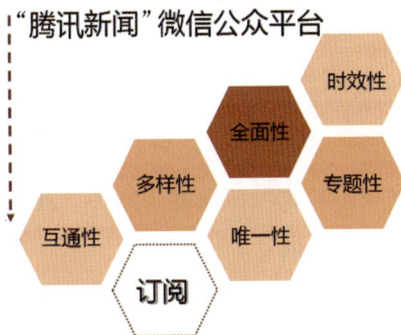

“腾讯新闻”微信公众平台

时效性　全面性　专题性　多样性　唯一性　互通性　订阅

图 6-8　“腾讯新闻”服务解析

【案例 032】头条新闻：第一时间发布热门新闻
　　　　　　——实时推送

【平台简介】

第一时间发布热门新闻，解密事件幕后，抓住您的眼球，让您尽知天下事。"头条新闻"是国内社交化的资讯阅读微信公众平台，能让用户便捷地了解最热门的资讯，并和朋友互动，发表对世界的看法；同时可收集用户关注的热门新闻和感兴趣的新闻，第一时间发现属于用户个人的头条。截至 2015 年 4 月，"头条新闻"微信公众平台的注册用户量已经突破 30 万。

【功能解析】

"头条新闻"微信公众平台的功能如图 6-9 所示。

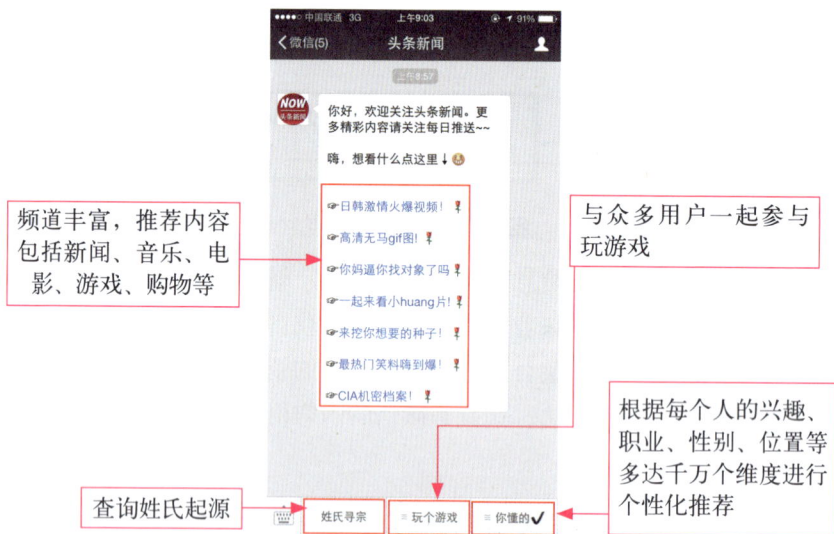

图 6-9　"头条新闻"微信

【实施分析】

作为新媒体，微信当然也有其媒体传播的特性，作为微信推广的又一个实例的"头条新闻"，最大的卖点是信息的即时推送。

用户通过添加微信公众号 heidangan 或扫描"头条新闻"二维码来关注"头条新闻"微信，直接知道近来发生的大事、新鲜事，不需要在海量的信息中"淘宝"，如图 6-10 所示。

图 6-10　"头条新闻"页面

"头条新闻"具体案例分析如图 6-11 所示。

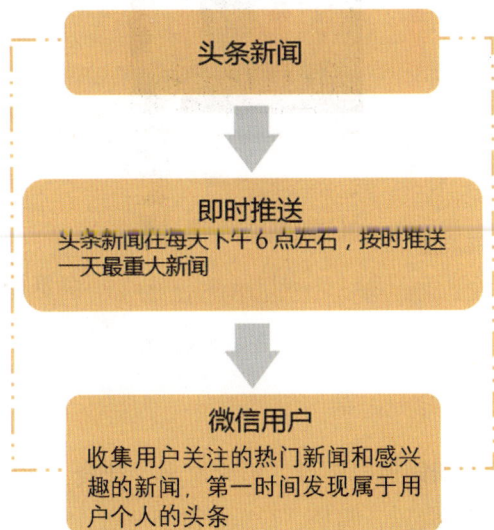

头条新闻

即时推送
头条新闻在每天下午 6 点左右，按时推送
一天最重大新闻

微信用户
收集用户关注的热门新闻和感兴
趣的新闻，第一时间发现属于用
户个人的头条

即时推送的时间挑选在下班时间，用户在回家的
路上看看当天的新闻也不失为一种调剂，既可以知道
当下的大事，又可以排解路上的无聊

图 6-11　"头条新闻"服务解析

【案例 033】新浪新闻：让新闻有力量
——微信微博两手抓

【平台简介】

新浪网新闻中心是新浪网最重要的频道之一，24 小时滚动报道国内、国际及社会新闻，每日编发新闻数以万计。新浪网为全球用户 24 小时提供全面及时的中文资讯，内容覆盖国内外突发新闻事件、体坛赛事、娱乐时尚、产业资讯、实用信息等，设有新闻、体育、娱乐、财经、科技、房产等板块。

【功能解析】

"新浪新闻"微信公众平台的功能如图 6-12 所示。

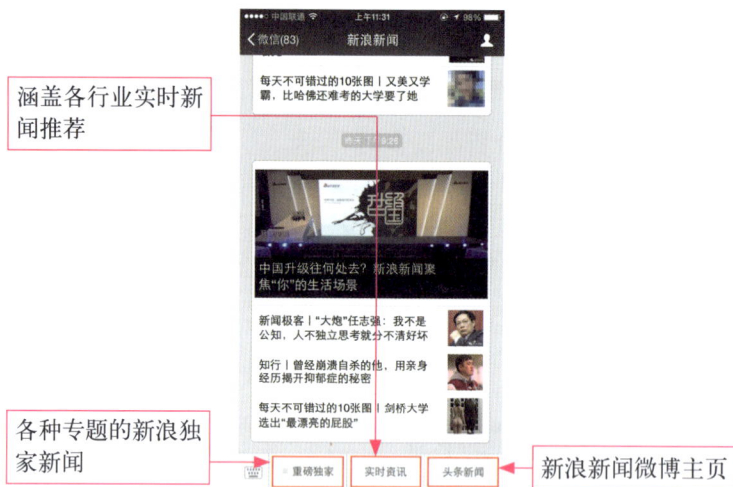

涵盖各行业实时新闻推荐

各种专题的新浪独家新闻

新浪新闻微博主页

图 6-12 "新浪新闻"微信

【实施分析】

新浪新闻每日编发新闻数以万计，包含军事、社会、财经、股票、基金、科技、手机、数码、体育、娱乐、明星、音乐、汽车等数十个频道，用户在关注"新浪新闻"微信公众号后点击"实时资讯"菜单即可进入，如图 6-13 所示。

"新浪新闻"微信公众号是新浪网最重要的频道之一。新浪新闻的内容除了在新浪网、微博、手机新浪网和新浪新闻客户端上传播以外，又多了一个传播渠道。对读者来说，可以检验新浪新闻的品质。

与新浪网 Web 版实时同步

图 6-13　"手机新浪网"页面

【案例 034】搜狐新闻客户端：传递新闻资讯 ——打通信息通道

【平台简介】

搜狐新闻客户端是搜狐公司出品的一款为智能手机用户量身打造的"订阅平台＋实时新闻"阅读应用，是全国首个提出个性化阅读服务的新闻客户端。通过将优质媒体资源聚合成适合方寸之间阅读的图文报纸并定时推送，让智能手机用户随时随地"搜狐新闻先知道"。

【功能解析】

"搜狐新闻客户端"微信公众平台的功能如图 6-14 所示。

观看视频新闻：实时政治、娱乐八卦、搞笑视频等视频集锦

精选新闻推荐

实时热点新闻：科技、娱乐八卦等新闻资讯

为用户提供微信活动以及 APP 下载链接

图 6-14　"搜狐新闻客户端"微信

【实时分析】

搜狐新闻通过以下 4 种形式打通信息通道，如图 6-15 所示。

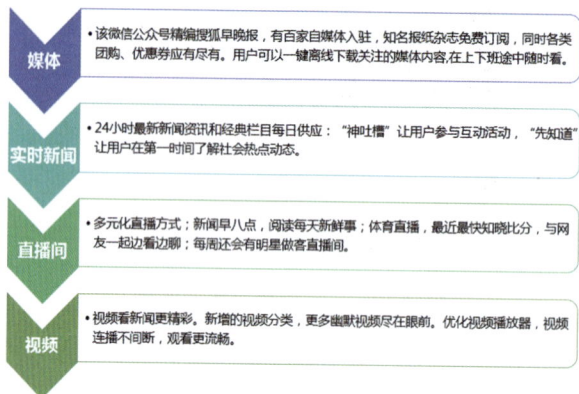

图 6-15　搜狐新闻 4 种打通信息通道

搜狐新闻客户端全媒体平台是搜狐公司在智能手机时代为国内外优质内容方提供的集手机媒体刊物出版、发行和广告服务于一体的移动新媒体产品。平台将依托于搜狐新闻客户端为中国数亿智能终端用户提供个性化"移动报刊亭"服务，并为媒体内容合作伙伴提供免费、卓越的内容输出渠道，海量优质的用户保证及移动广告模式的开放服务。

第7章

影视微信：
最新最全，优劣皆知

7.1 综合影视平台

营销是电影工业中重要的一环，电影营销的方式随着时代发展也在不断创新。中国的电影观众与互联网受众在人群结构上有着很高的重合度，因此电影选择互联网作为营销阵地成为一种必然，而微信无疑是当下营销阵地的不二选择。

微信惊人的发展速度，让四大门户网站为其展开激烈市场竞争的同时，大量的传统企业也无法忽视其光芒，将其作为互联网营销的新阵地和主阵地。因此，电影进驻微信行业势在必行。

【案例035】万达电影：中国电影第一终端品牌
——产品体验和服务最重要

【平台简介】

万达电影院线成立于2005年，隶属于万达集团。截至2014年6月30日，万达在全国80多个城市拥有已开业影院150家，1315块银幕，其中IMAX银幕94块。2014年万达院线拥有全国14.5%的票房份额。

【功能解析】

"万达电影"微信公众平台的功能如图7-1所示。

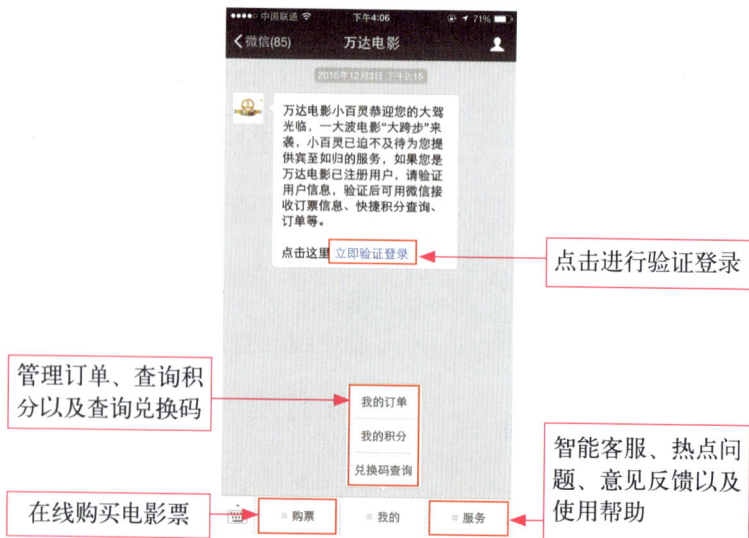

图7-1 "万达电影"微信

【实施分析】

1. 用户绑定

　　用户在关注"万达电影"后，"万达定影"会自动回复用户绑定信息，用户只要点击"立即验证登录"超链接，就会跳转至"绑定万达用户"页面，如图7-2所示。只要输入相应信息并登录后，再购买电影票即可使用查询订单、查询积分等功能。

图7-2　用户绑定页面

2. 在线购票

　　用户进行账号绑定后，就可以进行在线购票了，点击"购票"|"去购票"菜单，即可进入"快捷购票"页面，如图7-3所示。用户可以在该页面选定好自己想要购买的电影票后进行在线选座，如图7-4所示。

允许使用当前位置

在线选座

图7-3　"快捷购票"页面　　　图7-4　在线选座页面

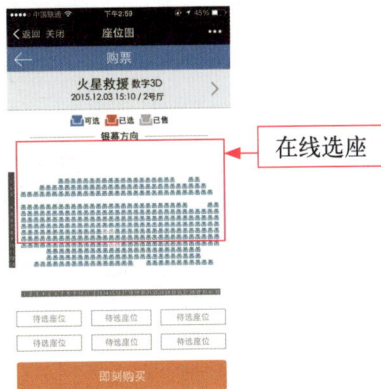

3. 在线购票

点击"服务"菜单，会弹出子菜单，如"万达电影人""智能客服""热点问题""意见反馈"以及"使用帮助"。用户如果想查看热点话题，即可点击"服务"|"热点问题"菜单，即弹出相关热点问题，如图7-5所示。用户只需根据提示在输入框内回复相关数字即可查看信息。

图 7-5　热点问题信息列表

在微信营销中，最好的营销不在于营销创意有多好，而在于产品和服务做得有多好，能吸引多少人参与其中，与之互动。最重要的是让消费者知道，你能够满足他们的哪些购物需求，不管是在实体店还是微信上销售，关键是要在消费者产生体验后，让其自愿继续选择你的品牌和服务，而万达影院就将这点做得很好，如图7-6所示。

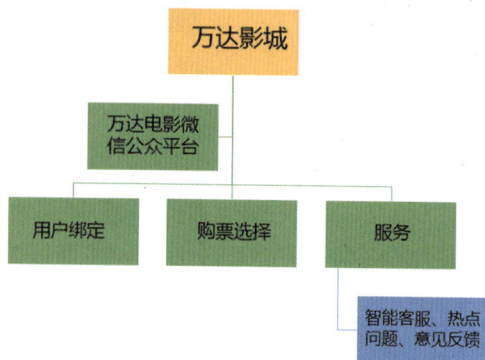

图 7-6　"万达电影"服务解析

　　万达电影也会为了吸引粉丝开展一些活动，例如关注微信可一分钱看电影（限场次）、送可乐爆米花等。对于影院而言，闲时会有很多空位，不如索性拿来回馈一下粉丝。这种回馈带来了非常可观的效果，现在万达影城微信渠道日均出票达 8000 余张。

【案例 036】电影头条：陪你聊电影
——微信 CRM 聊点不一样的

【平台简介】

　　"电影头条"是专注中国电影市场的微信公众号。其建立之初衷是为喜欢看电影的订阅者提供一个了解电影市场、了解最新电影介绍和电影相关信息的集中地。该公众账号于 2012 年年底创立，截至 2013 年 5 月，已有来自全国的接近 20 万用户成为该账号的订阅者。

【功能解析】

　　"电影头条"微信公众平台的功能如图 7-7 所示。

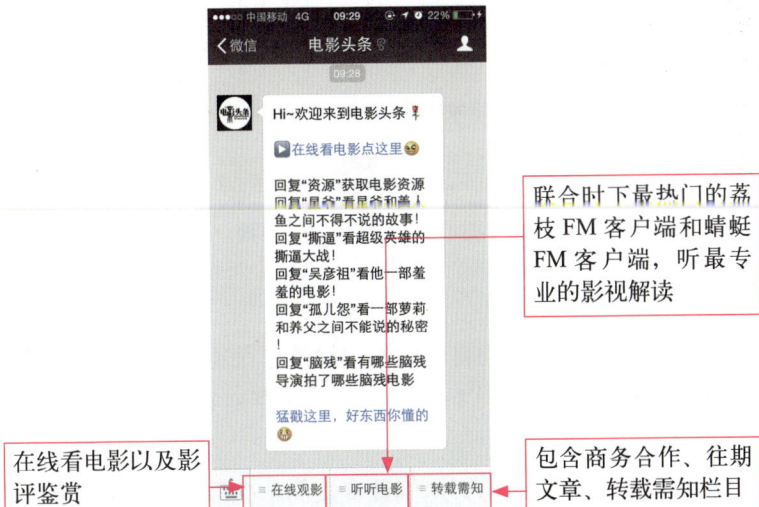

图 7-7　"电影头条"微信

【实施分析】

1. 精彩评论

　　微信用户通过添加微信公众号 movieiii 来关注"电影头条"微信公众平台。

点击"精彩影评"菜单，将会跳转至"精彩影评"页面，如图 7-8 所示。

用户可以通过滑动信息列表来查阅更多关于影视评论的历史消息。

2. 听电影

用户点击"听听电影"|"蜻蜓说"菜单或"听听电影"|"荔枝说"就会跳转至新页面，如图 7-9 和图 7-10 所示。而"蜻蜓说"和"荔枝说"就是时下年轻人比较热衷的 FM 收音机客户端 APP。在该页面中，不仅有推荐的列表信息，还推荐下载这两种客户端，只需手指点击"立即下载"便可以进行下载。

图 7-8　"精彩评论"页面　　　图 7-9　"蜻蜓说"页面　　　图 7-10　"荔枝说"页面

3. 聊电影

"电影头条"在其给出的自动回复里设置了关键字。如果用户想找关键字信息里的任意名单聊电影，可以直接在输入框中回复关键字，此时就会弹出相关信息。

"电影头条"希望能成为影迷们最直接简单获取与电影相关的任何信息和在线体验的入口，并借此建设一个最受影迷欢迎的交流俱乐部，最终实现影迷们从线上到线下的全流程体验，如图 7-11 所示。

图 7-11　"电影头条"服务解析

【案例 037】Mtime 时光网：权威电影信息
——传播企业文化

【平台简介】

Mtime 时光网，电影第一站，是中国最专业的电影电视剧及影人资料库。一群被电影召唤的人，会聚到了 Mtime，一边享受着电影赋予这个世界的美好时光，一边孜孜不倦地将电影的点点滴滴汇入到网络的海洋中。

【功能解析】

"Mtime 时光网"微信公众平台的功能如图 7-12 所示。

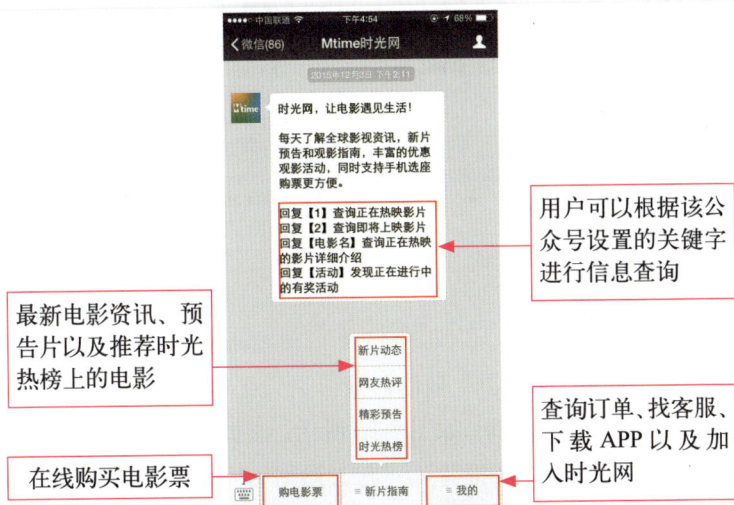

图 7-12　"Mtime 时光网"微信

【实施分析】

1. 快速查询

微信用户通过添加"Mtime 时光网"微信公众号 V_Mtime 来关注"Mtime 时光网"微信公众平台。用户在关注"Mtime 时光网"微信后，可以看到该公众号弹出的自动回复信息框中设有关键词，如"查询正在热映影片"等，如图 7-13 所示。用户只需要在输入框内回复关键词即可查询到自己想要查询的内容。

2. 时光热榜

用户在关注"Mtime 时光网"微信公众号后，点击"新片指南"|"时光热榜"菜单，就会进入如图 7-14 所示的页面。该页面包含了"时光 Top100""华语 Top100"以及"全球票房榜"等多个榜单信息，以及最新预告片和影评等。

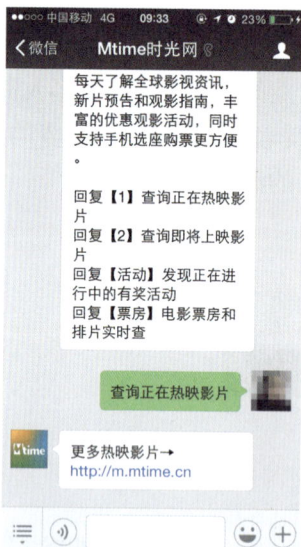

图 7-13　快速查询　　　　图 7-14　　"Mtime 时光网"页面

3. 时光热榜

用户在关注"Mtime 时光网"微信公众号后，点击"我的"|"加入我们"菜单，即跳转至"时光网_招聘"页面，如图 7-15 所示。该页面设置有"走进时光网""社会招聘""校园招聘""内部推荐""官方微博""回到时光网"等共 9 个栏目模块内容供选择。

图 7-15　"时光网 _ 招聘"页面

　　时光网面向广大网民提供电影信息资料的在线浏览和搜索服务，并提供个人主页、博客、网络相册的创建以及通过个人主页建立虚拟社交圈的在线网络服务，如图 7-16 所示。

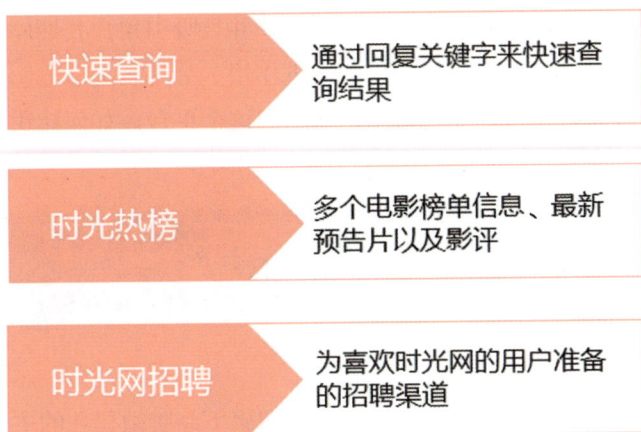

快速查询	通过回复关键字来快速查询结果
时光热榜	多个电影榜单信息、最新预告片以及影评
时光网招聘	为喜欢时光网的用户准备的招聘渠道

图 7-16　"Mtime 时光网"服务解析

7.2　购票平台

　　微信拉近了人与人之间的距离，而且让电影院线的服务范围更有针对性，因此在微信上建立自己的用户群体，并且针对用户群体进行服务是非常有利的一种方式。

电影微信营销具体操作方案如图 7-17 所示。

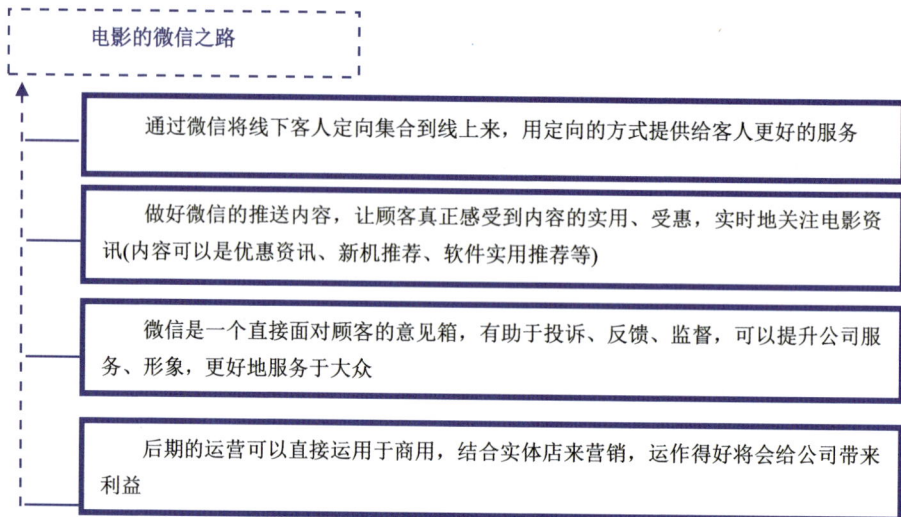

图 7-17　电影微信营销

通过对电影营销的简单介绍，可以了解到微信平台是沟通院线和顾客的一个非常好的平台，如果能够妥善利用这个平台，并且吸引用户长期停留在这个平台上的话，相信将对实体经济起到相应的促进作用。另外，关于电影微信营销还有两个问题需要我们去探索：如何将用户吸引到这个平台，如何让用户关注到这个平台。

【案例 038】微信电影票：微信的第三方服务
——看中线上整合

【平台简介】

微信电影票是北京微影时代科技有限公司旗下品牌微票儿的主要产品，基于微信钱包入口，主打优惠和方便两大特点，为用户提供最便捷的电影票、演出票、体育赛事票在线订座服务、衍生品售卖等，以及众筹、包场、团体采购、兑换券等新型售票服务，影评、评分、预告片、剧照等周边信息。

【功能解析】

微信电影票页面如图 7-18 所示。

图 7-18 微信电影票页面

【实施分析】

截至 2015 年 8 月，微信电影票已与万达、金逸、UME、保利、星美、大地、博纳、华谊等院线全线合作，合作影院达 4500 家，覆盖全国 500 个城市，实现了重点城市和重点影城全部覆盖，观影人群的覆盖率超过 90%。

1. 选择电影

首先，打开微信底部导航"我"，进入"钱包"，选择"电影票"选项。系统自动设定所在的城市。设定城市后，系统将自动呈现近期热映影片的列表及评分，大家可在该列表中选择想看的电影，如图 7-19 所示。

图 7-19 选择电影票页面

2. 在线选座

选好电影后，可以看到该影片的系统评分、影片简介、预告片等信息。微信电影票服务为大家直接提供了兑换券、在线选座两种选择，选择在线选座的用户可以直接在影厅示意图里点击选座。选定座位点击"选好了"按钮，系统将暂时锁定该席位10分钟，点击"立即购买"后即可通过微信支付安全购票，如图7-20所示。

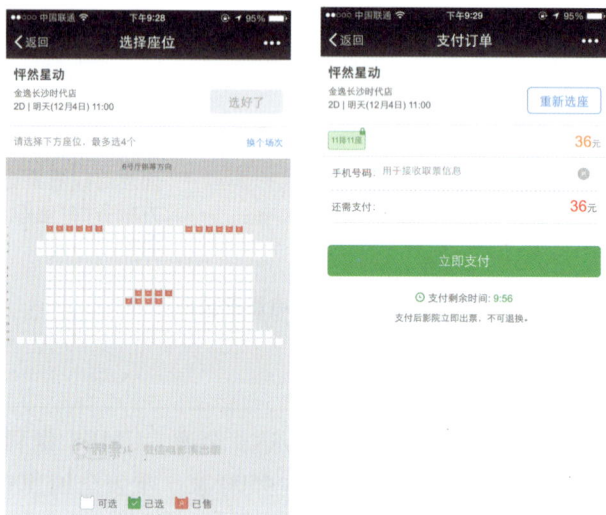

图 7-20　选座页面

与其他购票方式相比，微信电影票的社交电商属性更明显，微信购票具有明显的社交性，购票不仅仅是消费，也是社交的一个环节，通过微信未来可以约看、买赠、分享、传播等，如图7-21所示。

图 7-21　"微信电影票"服务解析

对于微信公众平台的线上推广，第一步应把能展示自己微信公众平台的地方都要用上，包括企业的官方网站、官方微博、论坛和博客等。但是一定不要迷信导航网，因为企业做微信营销的目的是自身的产品和品牌。"未来企业的广告宣传端口，一定都会把自己的微信公众平台放到最显要的位置"，这句话也适用于线上推广，微信电影票就很好地搭上了微信这条大船。

【案例 039】猫眼电影：国内最大电影在线购票平台
——推送紧跟动态

【平台简介】

"猫眼电影"是美团旗下的一家集媒体内容、在线购票、用户互动社交、电影衍生品销售等服务为一体的一站式电影互联网平台。2015 年 6 月，"猫眼电影"覆盖影院超过 4000 家，这些影院的票房贡献占比超过 90%。目前，"猫眼电影"占据网络购票 70% 的市场份额，每三张电影票就有一张出自"猫眼电影"，是影迷下载量较多、使用率较高的电影应用软件。

【功能解析】

"猫眼电影"微信公众平台的功能如图 7-22 所示。

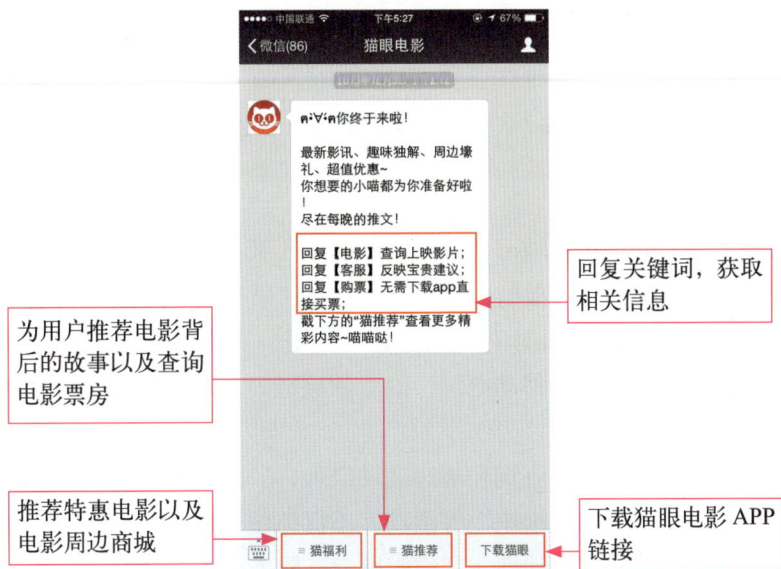

图 7-22 "猫眼电影"微信

【实施分析】

1. 实时票房

用户在关注"猫眼电影"微信公众平台(maoyanmovie)后，点击"猫推荐"|"实时票房"菜单，可查询票房分析，如图 7-23 所示。该页面不仅提供了实时票房查询，还有排片量以及上座率等分析数据。

图 7-23　　"猫眼票房分析"页面

2. 周边商城

"猫眼电影"的周边商城可谓是给粉丝提供了又一个跟电影近距离接触的方式。用户关注"猫眼电影"微信公众号后，点击"猫福利"|"周边商城"菜单，即可进入"商城"页面，如图 7-24 所示。"商城"页面里提供了很多最近热播电影的周边商品，如玩偶、移动电源、限量款项链等，这些都是"猫眼电影"的一大特色。

除了上面说的实时票房查询和周边商城以外，"猫眼电影"还经常有特惠的电影票，如"14.9 元起在线选座"等活动，不仅抓住了粉丝的眼球，还大大增强了"猫眼电影"与粉丝的互动性，"猫眼电影"服务如图 7-25 所示。

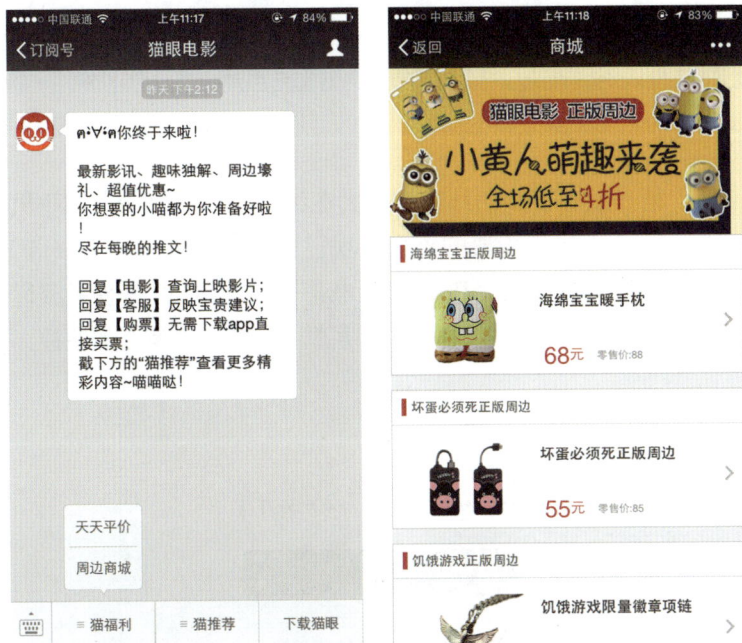

图 7-24   "商城"页面

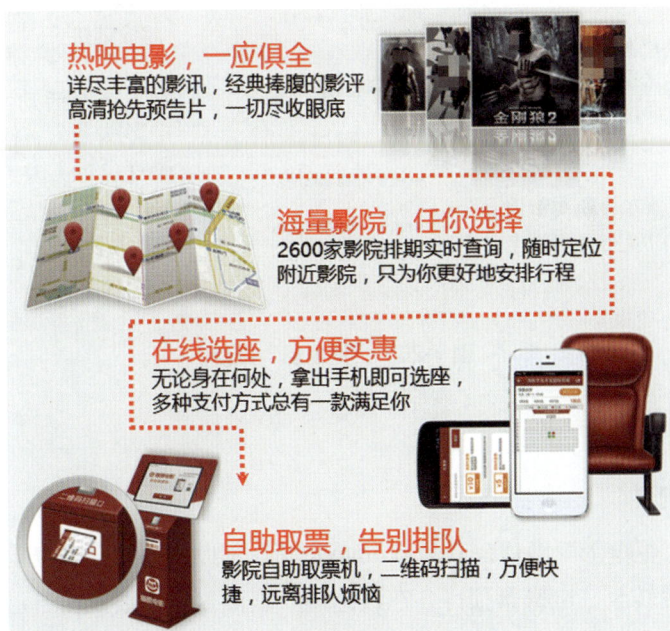

图 7-25   "猫眼电影"服务解析

【案例040】抠电影：低价看电影
——制造新体验

【平台简介】

"抠电影"是一款基于移动社交的电影在线选座超低价购票的手机应用。它是在线选座并且一站式快速购票的平台，现已覆盖全国近 100 个城市 1500 家影院。作为一款时尚潮流的手机 APP，"抠电影"4.0 版在契合时下流行元素的基础上新增了 KOTA、语言影评、SOS 三大功能，为用户带来更加便捷、时尚、贴心的体验。

【功能解析】

"抠电影"微信公众平台的功能如图 7-26 所示。

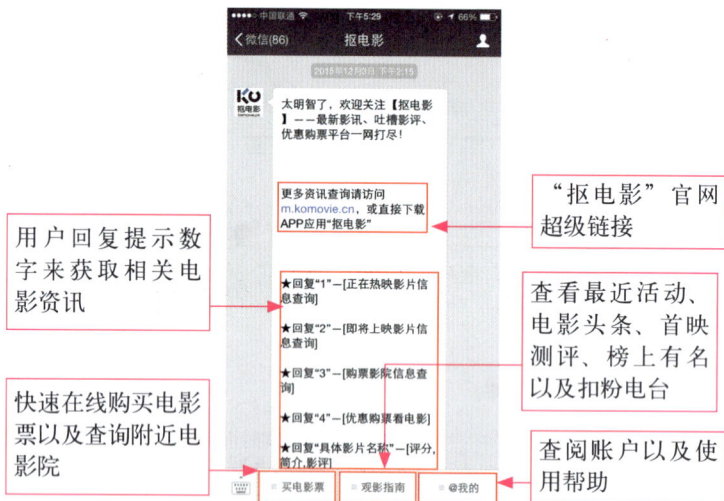

图 7-26 "抠电影"微信

【实施分析】

1. 快速购票

在关注"抠电影"微信公众号 (komovie) 后，点击"买电影票"|"快速购票"菜单，就会跳转至"电影票预订，在线选座"页面。只需要点击自己想看的电影信息，该微信公众号就会定位你所在的位置，搜索附近的电影院供用户选择，如图 7-27 所示。

图 7-27　"电影票预订，在线选座"页面

2. 电影测评

在"抠电影"微信公众平台，有一个栏目集齐了八方网友对电影的评价，其中不乏社会不同年龄、不同阶层的爱电影人士。点击"观影指南"|"首映测评"菜单，系统就会给出最新的网友影评，点击感兴趣的信息就可阅读影评，如图 7-28 所示。

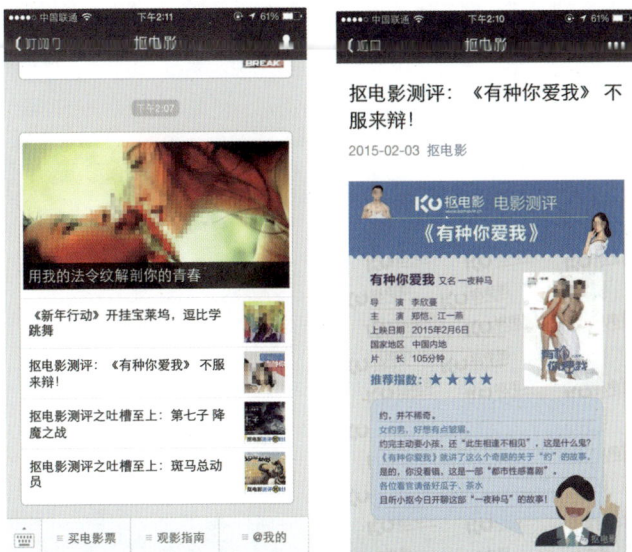

图 7-28　电影测评页面

当然，"抠电影"微信公众平台除了快速购票和阅读影评以外，在"观影指南"菜单里还有"抠电影"最新的活动，如"第二张票19.9元""今日头条，解读电影里的人物角色"等。具体案例解析如图7-29所示。

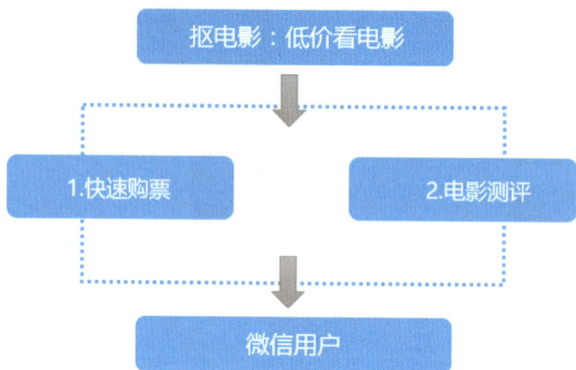

图7-29　"抠电影"服务解析

第8章

家政微信：
一屋难扫，微信解决

8.1 综合服务平台

随着老龄人口的快速增长和生活现代化的发展，人们对家政服务的需求也逐渐增加，但是目前家政行业面临着缺乏制度规范、人员流动性强、人员整体素质低、从业人员社会地位低等发展瓶颈，传统的营销模式已经无法适应时代的发展，因此家政行业 O2O 发展模式的出现就成了必然。

为了摒弃传统家政行业的弊端，一些家政公司也开始顺应时代的潮流，运用互联网思维，开启家政行业的新模式，不少家政公司都开展了 O2O 新模式。

【案例 041】云家政：安心的家政服务
——微信植入 APP

【平台简介】

"云家政"是国内领先的家政服务预订平台，有国内最多的实名认证家庭服务人员数据库，目标是帮助用户快速找到安心的家政服务。目前，平台上有超过200 000 名专业家政员，2000 多家政服务商，遍布北京、上海、广州、深圳各个社区。

【功能解析】

"云家政"微信公众平台的功能如图 8-1 所示。

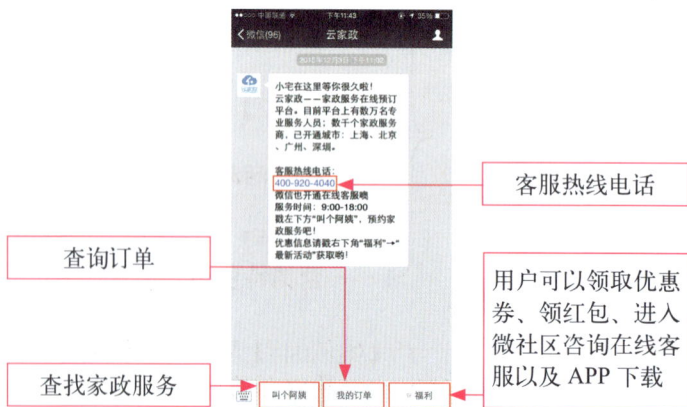

图 8-1 "云家政"微信

【实施分析】

1. 在线客服

用户在添加"云家政"微信公众号(iyunjiazheng)后，点击"福利"|"在线客服"

菜单，"云家政"微信公众号客服就会就会进行回复，如图8-2所示。用户可以根据自己想要问的问题来向"云家政"客服咨询，以更好地了解"云家政"的服务。

图8-2 在线客服

2.微社区

用户点击"福利"|"微社区"菜单，便可以进入"微社区"页面，如图8-3所示。该页面中有很多网友发布的信息，网友既可以在这里找工作(家政)，也可以在这里进行简单的招聘。可以说在"微社区"里，用户可以畅所欲言，可以"吐槽"服务，可以寻求帮助，等等。

图8-3 "微社区"页面

3. 叫个阿姨

用户可以点击页面左下方的"叫个阿姨"菜单，将会跳转至选择服务页面来选择家政服务。其中包括"临时保洁""长期钟点工""住家保姆""育儿嫂""看护老人""月嫂"几个内容模块，用户可以根据自己的需要来进行选择。如果要选择长期钟点工，只要点击"长期钟点工"选项，然后选择需要服务的内容即可，如图 8-4 所示。

图 8-4　选择服务页面

微信上每个公众账号都可以当作一个独立 APP，这让用户免去了下载安装 APP 应用的麻烦，省时省事。关注"云家政"微信公众账号，可以实现很多家政服务，如图 8-5 所示。

图 8-5　"云家政"服务解析

【案例042】e家洁：值得信任的家庭保洁服务
——微信活动是重点

【平台简介】

"e家洁"隶属于北京新车云信息技术有限公司，是一家移动互联网创业公司。"e家洁"区别于传统家政公司，创新出互联网架构下基于生活家政服务的全新商业模式。用户可通过"e家洁"APP与服务人员直接联系。"e家洁"拥有规模最大的服务人员团队，通过招募、筛选、培训及建立服务档案，保证服务质量，致力于提供专业、低价、高效、便捷、安全的家政服务。2015年11月7日，"e家洁"宣布正式上线收纳服务。

【功能解析】

"e家洁"微信公众平台的功能如图8-6所示。

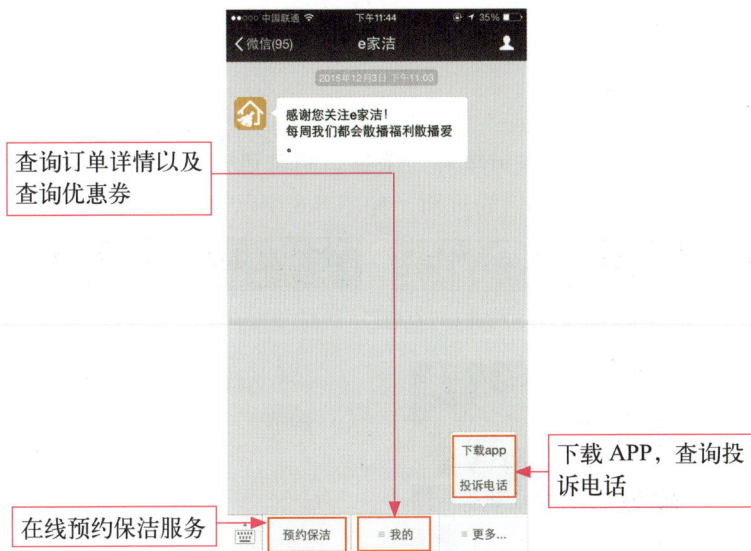

查询订单详情以及查询优惠券

下载APP，查询投诉电话

在线预约保洁服务

图8-6 "e家洁"微信

【实施分析】

1. 精彩评论

用户可以通过添加"e家洁"微信公众号(ejiajie)来关注"e家洁"微信公众平台。点击左下角的"预约保洁"菜单，按提示输入后即会跳转至"家庭保洁"

页面，如图 8-7 所示。只要按照提示输入相应的信息，就可以进行下一步操作。

图 8-7　"家庭保洁"页面

2. 会员优惠

用户点击"更多"|"会员优惠"菜单，将会进入会员登录页面，输入相应信息内容后，就会跳转至相应的页面，如图 8-8 所示。

图 8-8　会员优惠页面

在微信营销中，互动十分重要，无论是对大品牌企业还是小品牌企业，商家都需要做好优质内容，通过微信为老用户或者新用户提供更多有价值的服务，并且与他们互动。增加用户黏性是非常重要的，也是非常有必要的。

为了让活动更具有延续性和主动传播的动力，企业可以将"漂流瓶"打造成真心话分享站，让参与活动的受众用自己的故事为品牌传递影响力，当然，要随机赠送礼品以激发消费者的主动性。"e家洁"的家庭保洁服务主要有两方面，如图 8-9 所示。

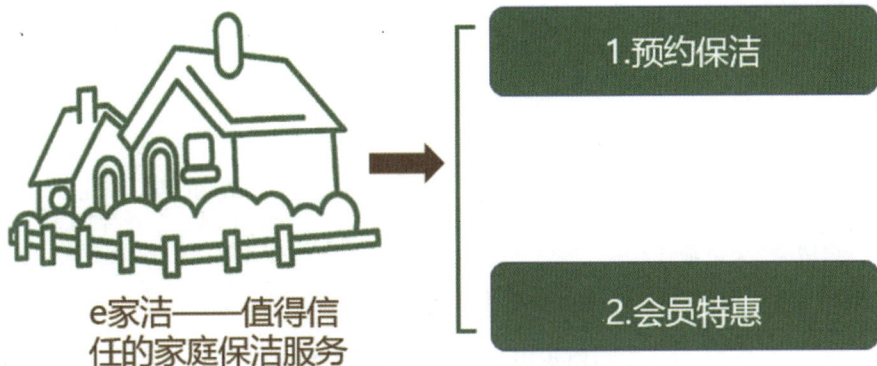

图 8-9　"e 家洁"服务解析

【案例 043】小区管家：智慧生活的开端 营销特色出其不意

【平台简介】

"小区管家"诞生于 2012 年，是一个智慧社区应用 APP，是深圳市齐家互联网科技股份有限公司旗下主要产品。目前，"小区管家"提供智慧社区、手机乐购和社区社交三大服务体系，产品服务包括社区管家、生活管家、健康管家、智能管家的四大管家，涵盖社区居民生活场景服务全领域。

【功能解析】

"小区管家"微信公众平台的功能如图 8-10 所示。

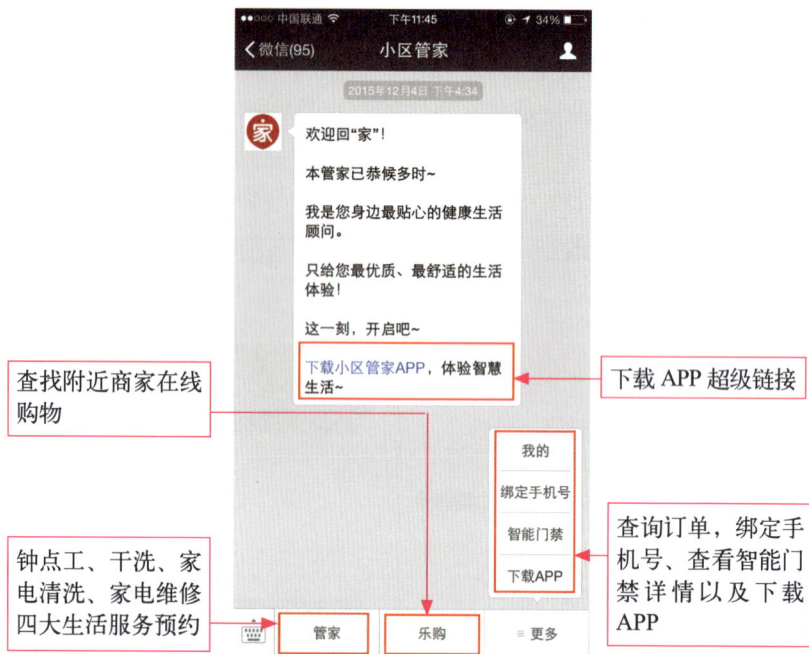

查找附近商家在线购物

钟点工、干洗、家电清洗、家电维修四大生活服务预约

下载 APP 超级链接

查询订单，绑定手机号、查看智能门禁详情以及下载APP

图 8-10 "小区管家"微信

【实施分析】

1. 在线客服

用户通过添加"小区管家"微信公众号(xquguanjia)来关注"小区管家"微信公众平台。点击屏幕左下方的"管家"菜单，添加小区后就会跳转至"四大生活服务在线预约"页面，如图 8-11 所示。该页面包含了"通知告示""联系物业""账单缴费""钟点工""干洗""家电清洗""家电维修""流量充值"等内容。用户可根据自己的需要进行选择。

2. 在线客服

用户可以通过点击"乐购"菜单进入"小区管家 - 乐购"页面，如图 8-12 所示。该页面主要以食品为主，其中"有机食品""南北特产"以及"进口商品"深受用户喜爱。用户可以在该页面购买自己所需要的东西，真正做到在家轻松购物。

图 8-11 "四大生活服务在线预约"页面 　图 8-12 "小区管家 - 乐购"页面

3. 智能门禁

"小区管家"微信公众号还有一项很受用户欢迎的功能，那就是智能门禁服务，如图 8-13 所示。用户可以通过下载手机客户端 APP，来实现这一服务。

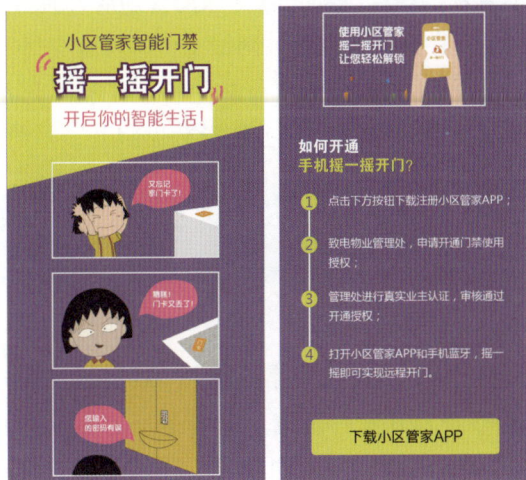

图 8-13 "小区管家智能门禁"详情

"小区管家"用户可以通过"小区管家"APP 在线购买所需的商品与服务，APP 中包括积分商城、附近商家、有机食品、进口商品、南北特产等栏目，同时还推出各种特色主题活动。"小区管家"还提供邻里圈的智能社交服务，用户通过"小区管家"可以浏览社区头条热点、生活精选、开心一刻，还可以查阅到同城或社交活动，如图 8-14 所示。

图 8-14　"小区管家"服务解析

8.2　O2O 家政模式

调查发现，O2O 模式开始之后，用户可以通过网站平台、电话热线、门店以及微信公众平台下单预约家居洗涤、物业保洁、新居开荒等服务，支付方式也非常多样，包括银联支付、第三方支付、网银支付、现金支付、预付费卡支付等。

除此之外，用户还可以根据个人喜好挑选心仪的保洁阿姨。家政服务开启O2O 模式，深受"懒人一族"喜爱，行业销量数据飙升，呈稳健发展趋势。

【案例 044】阿姨帮：懒人必备的公众号
　　　　　　　　——粉丝互动活动

【平台简介】

"阿姨帮"是一个预约、查找"家庭保洁小时工"的 O2O 平台，由北京智诚永拓信息技术有限公司开发并运营。公司是一家移动互联网创业公司，于2013 年 7 月创立于北京市海淀区。公司致力于提供给用户便捷、专业、安全的一站式家庭日常的保洁服务。

【功能解析】

"阿姨帮"微信公众平台的功能如图 8-15 所示。

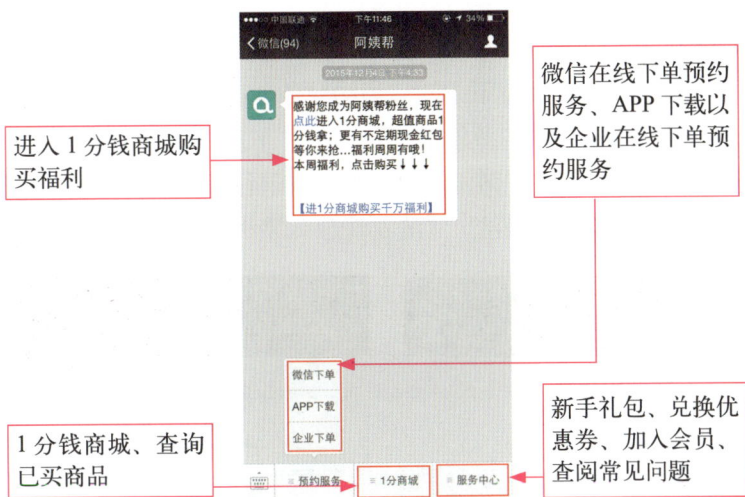

进入 1 分钱商城购买福利

微信在线下单预约服务、APP 下载以及企业在线下单预约服务

1 分钱商城、查询已买商品

新手礼包、兑换优惠券、加入会员、查阅常见问题

图 8-15　"阿姨帮"微信

【实施分析】

1. 粉丝福利

用户通过添加"阿姨帮"微信公众号(ayibang)来关注"阿姨帮"微信公众平台。在进入公众账号后会弹出"粉丝福利"信息列表，点击将跳转至阿姨帮福利页面，如图 8-16 所示。粉丝可以根据自己的需要进行选购。

图 8-16　粉丝福利

2. 预约服务

用户可以通过点击屏幕左下方的"预约服务"菜单来进行服务，在"预约服务"菜单里，有5个子菜单"微信下单""APP下载""企业服务""超值礼品片"及"福利专区"。点击"微信下单"菜单来进行服务预约，如图8-17所示。在该页面里，主要有"家庭保洁""洗衣洗鞋"等9个选项，用户自己选择即可。

图 8-17　预约服务

3. 新手大礼包

用户可以通过点击"服务中心"|"新手大礼包"菜单，进入"阿姨帮家政大礼包"页面，如图8-18所示，按提示输入手机号即可领取。

"阿姨帮"服务解析如图8-19所示。

图8-18 "阿姨帮200元新手大礼包"页面

图8-19 "阿姨帮"服务解析

【案例045】阿姨来了：统统帮你搞定
——聚集微信平台人气

【平台简介】

"阿姨来了"由北京嘉乐会家政服务有限公司运营，在北京、上海等地拥有十多家实体品牌连锁门店，面向全国雇主提供以月嫂、育儿嫂、家政员为主的经纪服务，累计为1万多人次提供过家政工作；其以为雇主找一个好阿姨为前提，匹配专属一对一有责任心、诚信的家政经纪人为品牌理念。

【功能解析】

"阿姨来了"微信公众平台的功能如图 8-20 所示。

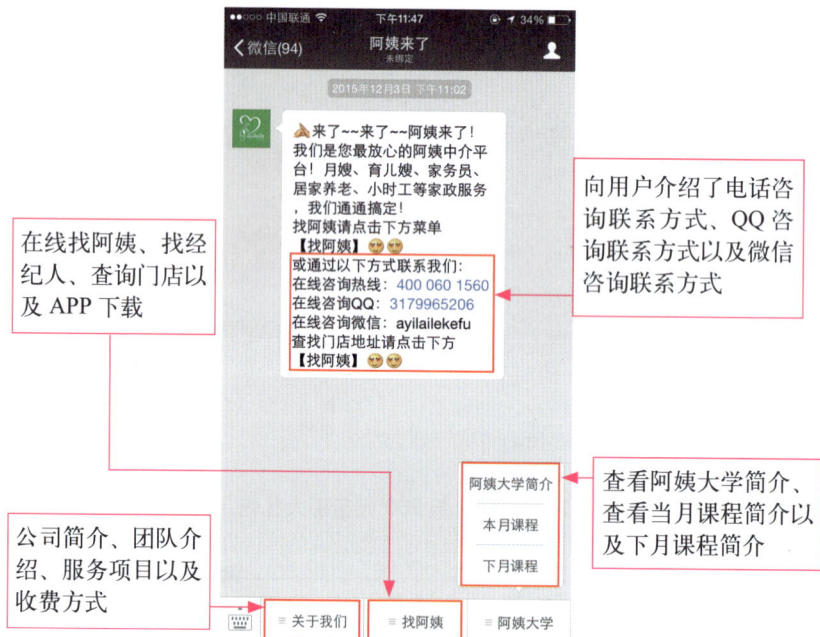

向用户介绍了电话咨询联系方式、QQ 咨询联系方式以及微信咨询联系方式

在线找阿姨、找经纪人、查询门店以及 APP 下载

查看阿姨大学简介、查看当月课程简介以及下月课程简介

公司简介、团队介绍、服务项目以及收费方式

图 8-20　"阿姨来了"微信

【实施分析】

1. 智能门禁

用户通过添加"阿姨来了"微信公众号(ayilaile)关注"阿姨来了"微信公众平台。点击"找阿姨"|"门店查询"菜单，可以查看全国各地的门店信息，如图 8-21 所示。

2. 阿姨大学

用户可以通过点击"精彩导读"|"阿姨大学"菜单来获取阿姨大学的信息，如图 8-22 所示。

在线预约阿姨的话，只要点击"找阿姨"|"在线预约"菜单进行预约即可。

图 8-21　门店列表

图 8-22　阿姨大学简介

"阿姨来了"服务解析如图 8-23 所示。

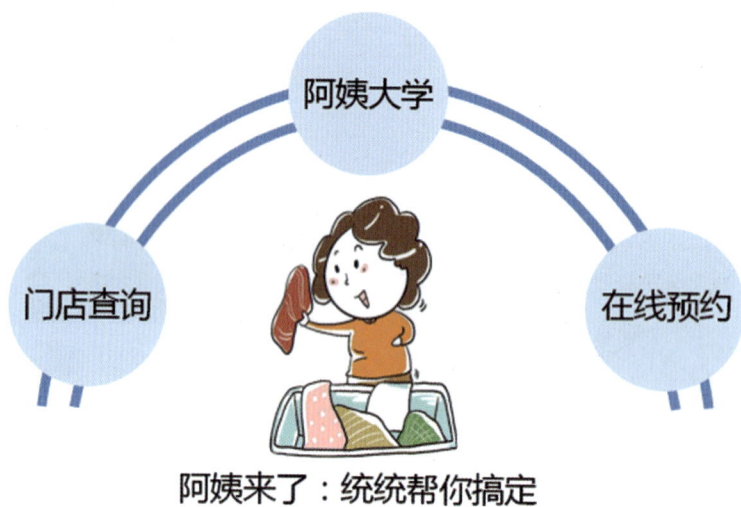

图 8-23　"阿姨来了"服务解析

第 9 章

家居微信：
最潮家居，选你所选

9.1　大家具

随着掌上消费的流行，微信支付开始成为电子商务领域最热门的关键词。随着曲美、法恩莎等品牌开始开设微信店铺试水微信支付，家具建材行业的电子商务进入微信时代，会否重演当年家居品牌大举进驻天猫的景象？对此，有很多企业表示，目前更热衷于微信营销，通过微信与消费者搭建朋友般的关系，从而能帮助企业稳固和抢占市场份额。

家居企业可以通过发布一些特别的、有趣味的活动，来吸引用户。单纯的促销信息已经不足以引起用户的强烈的关注，反而是一些形式多样、内容特别的活动，更能吸引用户，增加品牌的影响力和导入销售成单率。

【案例046】尚品宅配：全屋家具定制平台
——宣传要以实用为主

【平台简介】

广州尚品宅配家居用品股份有限公司是一家家具定制机构，经营多元化的全屋家具数码定制业务，提供卧室、客厅、厨房等室内空间的个性化家具设计及销售服务。

【功能解析】

"尚品宅配"微信公众平台功能如图 9-1 所示。

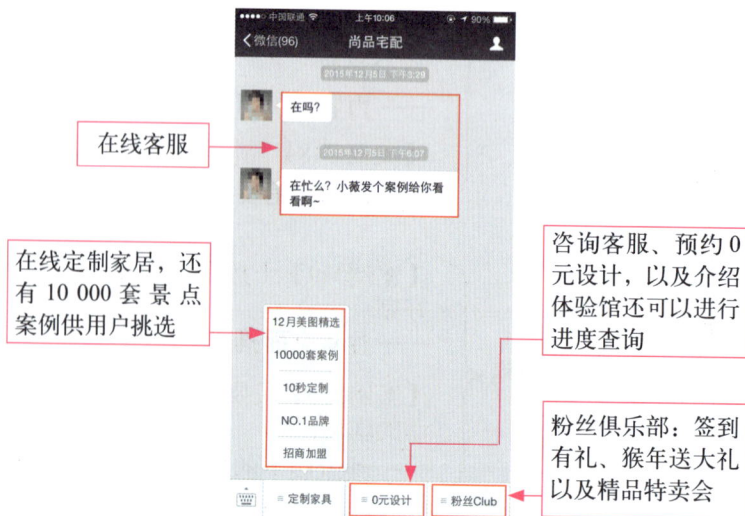

图 9-1　"尚品宅配"微信

【实施分析】

1. 测试

用户通过添加"尚品宅配"微信公众号(spzp-020)关注"尚品宅配"微信公众平台。用户在关注"尚品宅配"后，该公众号会根据用户的微信信息来进行自动回复内容，而这个信息列表里，就有"测试"。用户只要点击"测试"栏就可以进入"你适合哪种家居风格"，如图9-2所示。

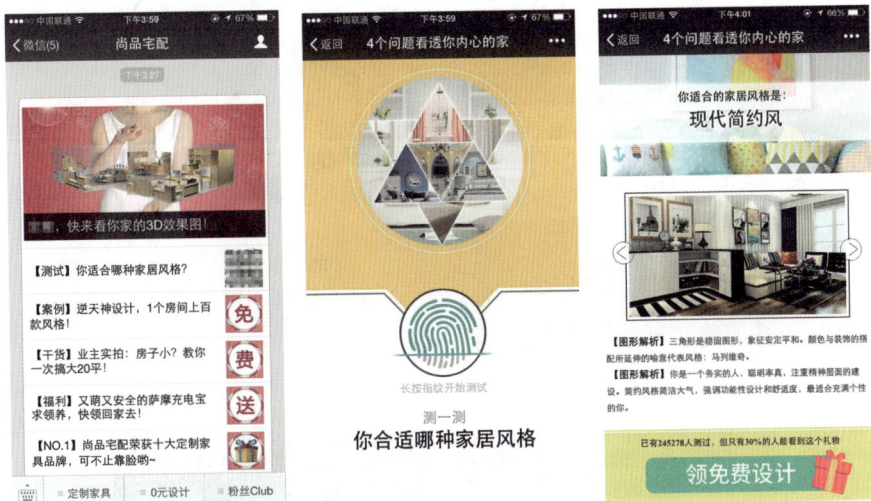

图9-2　"测试"过程和结果

2. 每日案例

用户可以在关注"尚品宅配"微信公众号后，点击"定制家具"|"10 000套案例"菜单，即可进入"今日案例"案例页面，如图9-3所示。用户可以根据自己的需要进行订阅专题的选择，而该页面中的"每日小贴士"也会提供不同的家居常识供需要的用户参考。

3. 0 元设计

用户在关注"尚品宅配"微信公众号后，点击"0元设计"|"抢0元设计"菜单，就会进入"0元设计"页面，只要在该页面输入姓名和电话点击"立即领取"按钮，即可预约0元设计，如图9-4所示。

为了给家居消费者提供更周到放心的定制服务，"尚品宅配"率先在业内推出了专业设计师免费上门量尺寸、免费出3D设计图、免费报价、免费送货安装、免费保修 5 年等"5 大免费服务"，掀起了行业服务升级的风暴，如图 9-5 所示。

图 9-3　今日案例

图 9-4　预约 0 元设计

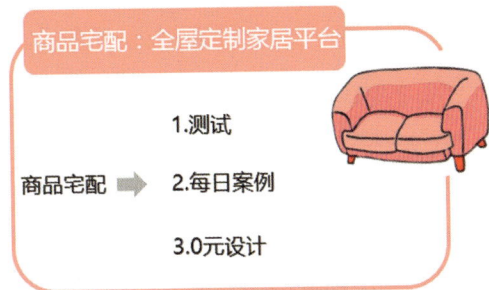

图 9-5   "尚品宅配"服务解析

【案例 047】美乐乐：一站式家居综合平台
——内容吸引用户

【平台简介】

"美乐乐"是中国家居电子商务平台。2011 年，"美乐乐"率先在国内实现由家具网线上与线下"美乐乐体验馆"为基础的"双平台 O2O"经营模式，是国内领先的家居电商 O2O 平台。

【功能解析】

"美乐乐"微信公众平台的功能如图 9-6 所示。

体验馆导航、订单查询、个人中心、下载 APP 领取红包以及查询往期中奖名单

领取红包，浏览领取红包攻略

用户可以查看装修后的实拍图

图 9-6   "美乐乐"微信

【实施分析】

1. 领红包

用户可通过添加"美乐乐"微信公众号(meilelegw)关注"美乐乐"微信公众平台。点击屏幕左下方"200元红包 | 戳我领红包"菜单，即进入领红包页面，如图9-7所示。"美乐乐"微信公众平台通过时下热门的抢红包游戏，大大提升了用户的参与度，同时还加强了商家与用户的互动性。

图9-7　领红包页面

2. 订单查询

用户在关注"美乐乐"微信公众号后，点击"便捷服务" | "订单查询"菜单，用户只要按提示在输入框内输入相应的内容后点击"登录"按钮，即可登录后查询订单，如图9-8所示。用微信公众号查询订单这一举措为用户提供了便利。

美乐乐家居体验馆，以实体店铺为基础，以模拟家居卖场为主要展现形式，通过将不同风格的家具，以套房为单位进行搭配摆放，再模拟出一套完整的家具实物入户效果。

与家居体验馆不同，美乐乐定制建材体验馆主营业务为定制家具及建材产品。家具建材体验馆常年有专业设计师驻店，可为客户上门丈量尺寸，提供定制家具解决方案。同时，家具建材体验馆依然以实体店为基础，以展厅的形式，将建材产品分门别类，集中展示。"美乐乐"微信营销解析如图 9-9 所示。

图 9-8　订单查询

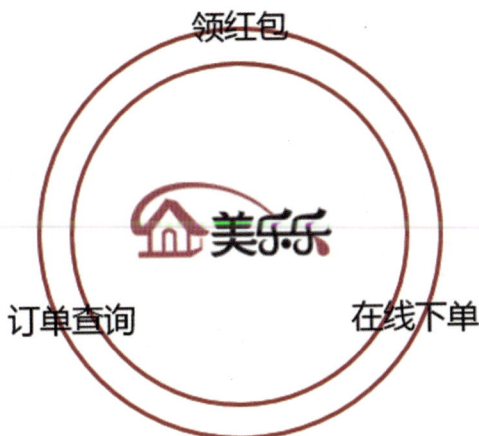

图 9-9　"美乐乐"服务解析

【案例 048】酷漫居：孩子分房学堂
——微信营销要找重点

【平台简介】

广州酷漫居动漫科技有限公司成立于 2008 年 12 月，是国内动漫家居创意设计、零售及互联网应用细分市场的首创者，也是国际动漫产业在该领域的领军企业。

自成立以来，酷漫居先后取得全球顶级动漫品牌在中国儿童家具领域的正式授权，并巧妙融合儿童产业、动漫产业、家居产业、互联网产业，发展成为用动漫创意文化整合提升传统制造业，打造 O2O 模式的动漫品牌运营商和电子商务企业。

【功能解析】

"酷漫居"微信公众平台的功能如图 9-10 所示。

图 9-10 酷漫居微信

【实施分析】

1. 免费设计

微信用户通过添加"酷漫居"微信公众号（comagic1）来关注"酷漫居"微信公众平台。用户可以在屏幕下方的"居·服务"菜单列表里，看到"免费设计"、"1000 套儿童房图库""物流查询""附近门店"以及"关于酷漫居"几个相关子菜单。点击"免费设计"菜单即进入"免费上门量房"页面，如图 9-11 所示。用户只要输入相应信息后点击"抢先预约"按钮即可。

图 9-11　"免费上门量房"页面

2. 妈妈课堂

用户在关注"酷漫居"微信公众号后，在该公众号推送的信息栏里，点击"天才妈妈课堂"即进入"天才妈妈课堂"页面，如图 9-12 所示。用户在"天才妈妈课堂"里不仅可以学习健康知识课、手工课、美食课，还可以进入"妈妈聊吧"里与许多网友妈妈们交流和分享一些日常生活，如图 9-13 所示。

图 9-12　"天才妈妈课堂"页面

图 9-13　"妈妈聊吧"页面

3. 商城

如果想要在线看"酷漫居"的商品的话，可以点击屏幕左下方的"酷玩"|"商

城"菜单，进入"酷漫居 - 热销商品推荐"页面，可以选择自己感兴趣的商品查看详情，如图 9-14 所示。

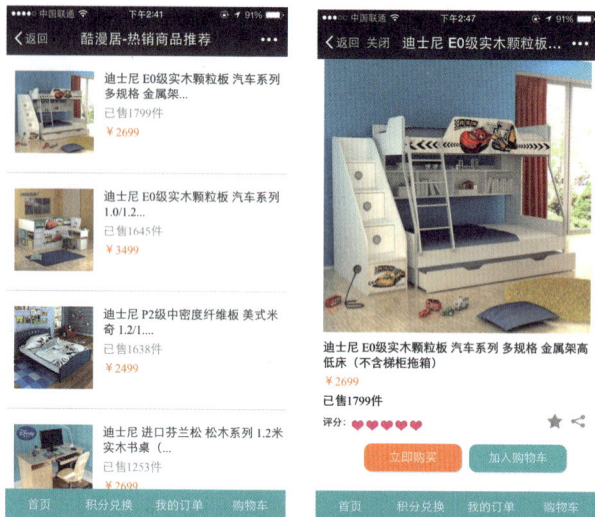

图 9-14 "酷漫居 - 热销商品推荐"页面

确定重点是指确定企业的微信公众账号上要有哪些功能、有哪些内容的展示、展示内容是什么等。比如一些培训学校的微信公众账号有翻译功能，一些制造业的微信公众账号有股票查询功能，一些美容院的账号有星座运势和皮肤指数查询功能。

以上讲的是功能，而内容方面就更好说了，粉丝想看什么内容给他们什么内容，输入什么命令给予相应的内容。比如粉丝输入"你好"可以看到企业的介绍，输入"联系方式"可以查看企业的联系方式和地址，输入企业的一些部门可以查看相关部门的介绍等。"酷漫居"微信公众平台，就找准了重点来营销，如图 9-15 所示。

图 9-15 "酷漫居"服务解析

9.2 家装网

微博的本质是阅读，微信的本质是通信。不要把微信当成信息发布的平台，而是要把它当成和消费者的"沟通"平台。微信的核心就是收集客户需求并管理需求。我们可以将客户的这些需求全部整理成关键词和内容，当用户回复相关关键词的时候，就可以"智能回复"了。

这样以多种形式与目标客户进行互动，在他们选购家具产品的时候，可以做他们的家居顾问，当他们遇到难题的时候，可以第一时间帮忙解答。如此才能真正打动目标客户的心扉，增加品牌影响力，促进线下销售量。

【案例049】土拨鼠装修网：装幸福好家
——注重全面推广

【平台简介】

土拨鼠装修网是浙江土拨鼠网络科技有限公司旗下的装修行业门户网站，2008年成立，专注于家装业在互联网的发展，经过不懈努力，逐渐成熟。在家装行业的电子商务领域，主拨鼠装修网独步业内，笑傲同行，网站推行的网络装修模式极大地降低了业主家装的费用。

【功能解析】

"土拨鼠装修网"微信公众平台的功能如图9-16所示。

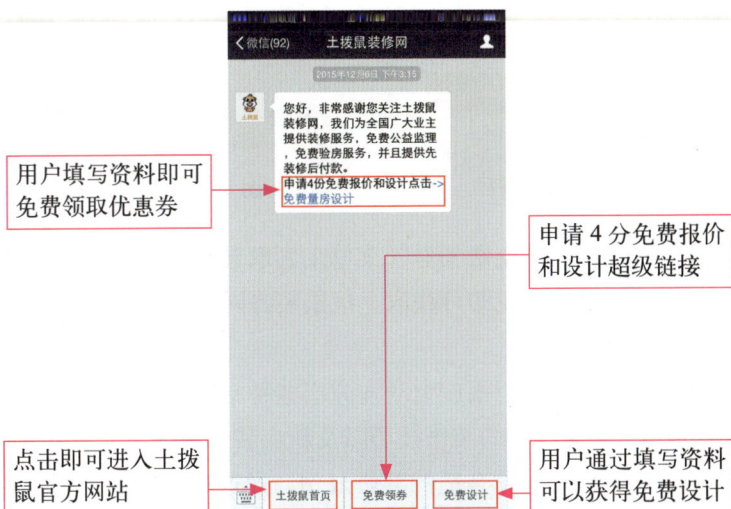

用户填写资料即可免费领取优惠券

申请4分免费报价和设计超级链接

点击即可进入土拨鼠官方网站

用户通过填写资料可以获得免费设计

图9-16　"土拨鼠装修网"微信

【实施分析】

领红包

用户通过添加"土拨鼠装修网"微信公众号(itobosu)来关注"土拨鼠装修网"微信公众平台。点击"土拨鼠首页"菜单，进入"土拨鼠装修网"首页，通过填写资料来免费获取设计与报价，如图9-17所示。手指滑动页面可以查阅你所在地区的装修案例，以供用户参考，如图9-18所示。

图9-17 填写资料

图9-18 装修案例

用户还可以通过点击"免费领券"菜单来领取装修代金券，在该页面只要填写相应的信息然后按操作完成即可获取土拨鼠装修网所提供的代金券，如图9-19所示。

"土拨鼠装修网"不仅会跟广大网友分享各种家装知识，如认识和区分不同的涂料、保养地板、家居饰品的装饰技巧以及新房装修多久后才适合入住等知识。还会根据用户的实际需要推荐合适的装修公司，通过填写订单，可以免费获取4份设计方案，以供用户参考和比对，如图9-20所示。

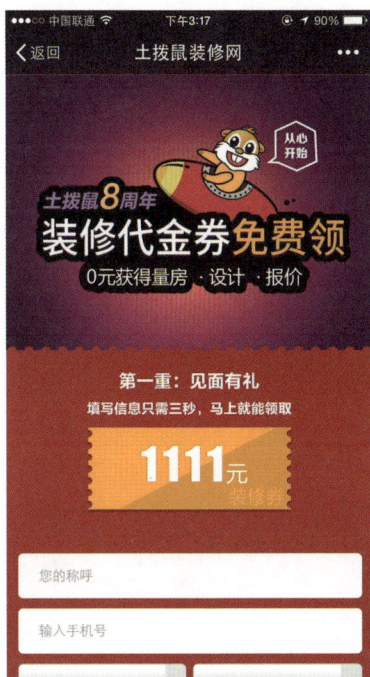

图 9-19 免费领券

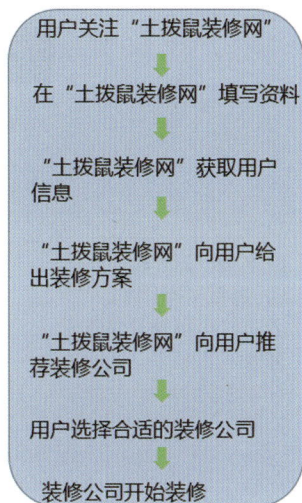

图 9-20 "土拨鼠装修网"服务解析

家居微信：最潮家居，选你所选

第 9 章

【案例 050】我要装修网：主打线下活动的现场团购
——线上线下的整合

【平台简介】

"我要装修网"（原团装网）创立于 2009 年，是一个集建材、家具、装修于一体的专业消费导购平台，以"为业主提供便宜、方便、放心的家装服务"为宗旨，以打造国内最大、最专业的建材家居装修消费导购平台为使命，自成立以来，业务迅速覆盖大多数省会城市。

【功能解析】

"我要装修网"微信公众平台的功能如图 9-21 所示。

图 9-21 "我要装修网"微信

【实施分析】

1. 报名团购

用户通过添加"我要装修网"微信公众号(wyzxw123)来关注"我要装修网"的微信公众平台。在该微信公众号推送的信息里点击"团购报名"，选择城市，然后跳转至填写信息页面，在该页面填写正确的手机号点击"报名参加"按钮即可报名参加，如图 9-22 所示。

用户还可以通过发送实时位置来查询附近有没有团购活动。

2. 商家投诉

如果用户在装修后有不满意的地方，可以点击屏幕右下方的"服务中心"|"商家投诉"菜单，在页面跳转至"我要装修网投诉中心"页面，如图 9-23 所示。用户在输入该页面信息后点击"提交"按钮即可。

企业在线上进行推广，除了向客户提供各类信息、营销活动之外，还可以经常要来点奖励，比如优惠信息、打折、抽奖活动等。同时，商家还可以结合微信LBS 功能引导消费者产生线下行动，用以把潜在客户转化为意向客户，是线上线下一体化的营销模式。

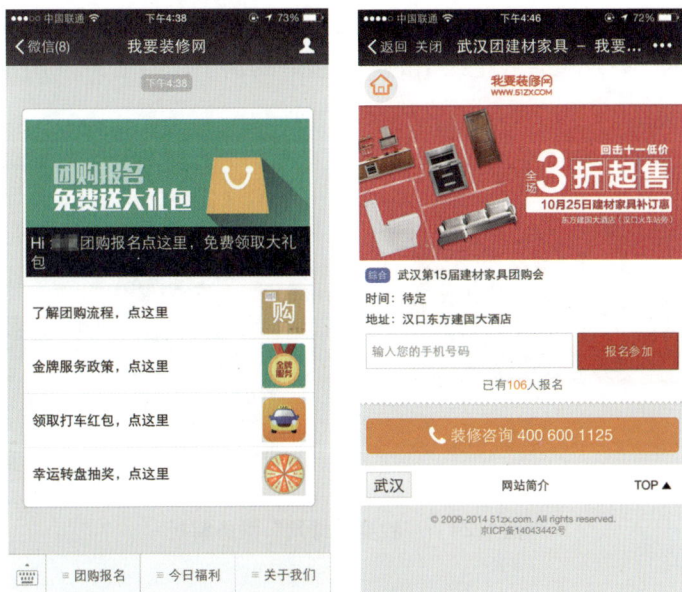

图9-22　团购报名页面

图9-23　"我要装修网投诉中心"页面

　　线上线下活动结合的意义在于吸引更多忠实的粉丝，让企业微信公众号产生更鲜活、更接地气的内容，这样的微信公众号才会显得更有真实，更有亲和力，同时企业要经常对公司和产品的大数据进行整合分析，完成线上线下的互相转变，"我要装修网"就是整合线上线下的一个很好的例子，如图 9-24 所示。

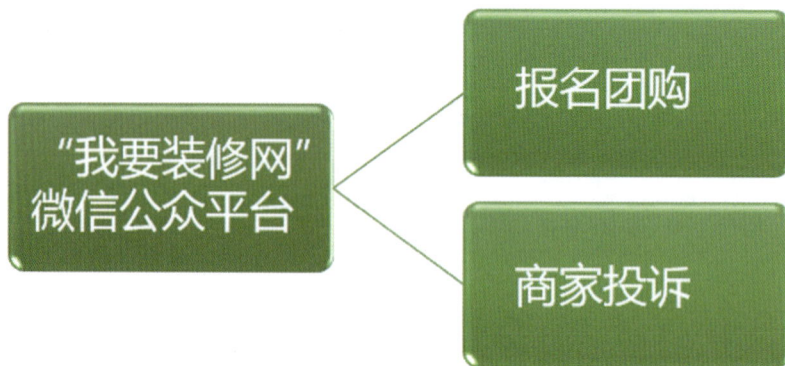

图 9-24 "我要装修网"服务解析

第 10 章

社区微信：
本地服务，召之即来

社区微信：本地服务，召之即来

社区综合服务平台

【案例051】住这儿：创造智能便捷生活
—— 助力手机 APP

【案例052】小区无忧：小区生活服务家
—— 智能终端应用

【案例053】叮咚小区：从小区社交切入周边服务
—— 移动互联下的睦邻关系

商品配送

【案例054】生活半径：本地生活服务专家
—— 打造用户生态系统

【案例055】爱鲜蜂：各种新鲜闪电送
—— 掌上便利服务

10.1 社区综合服务平台

目前的社区 O2O 更多地被解读为对社区商业的再整合，是以社区生活场景为中心构建用户与用户、用户与商家、用户与上门服务者的闭环链接。目前来看，现有的几种类型的服务企业如图 10-1 所示。

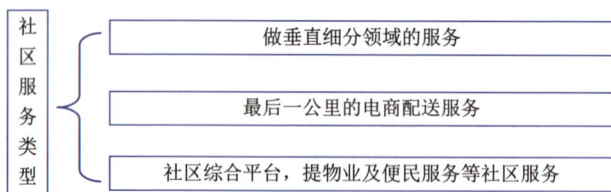

图 10-1 社区服务类型

【案例 051】住这儿：创造智能便捷生活
——助力手机 APP

【平台简介】

"住这儿"APP 是面向全体万科业主、住户群体，致力于打造便捷的物业服务、社区交流与商圈服务平台。"住这儿"APP 将助力物业服务再升级，为实现构建新型邻里关系以及创建智慧社区奠定良好基础。

【功能解析】

"住这儿"微信公众平台的功能如图 10-2 所示。

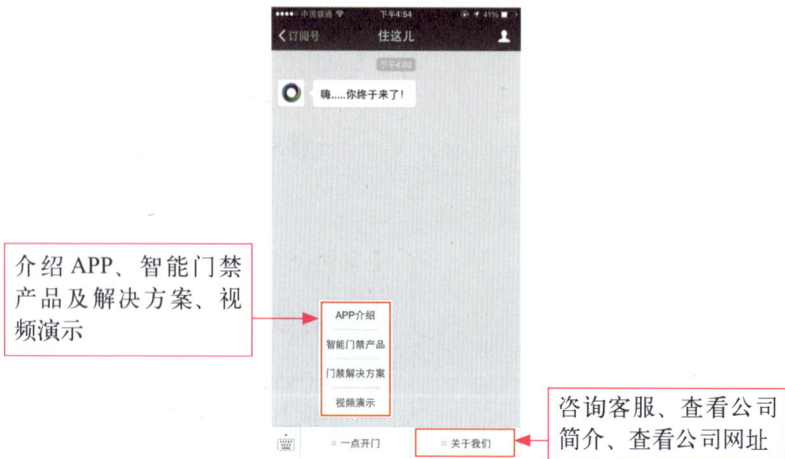

图 10-2 "住这儿"微信

【实施分析】

1. 智能门禁

用户在关注"住这儿"微信公众账号(kqcqet)后，点击"一点开门"|"智能门禁产品"菜单，即可查看一点科技智能门禁系统，如图10-3所示。该系统利用了"移动互联网+智能门禁设备"的系统构成方式为用户带来了全新的智能体验。

图10-3 一点智能门禁系统

2. 门禁解决方案

"住这儿"微信公众平台推出的门禁解决方案，旨在改造老社区的门禁系统以及在新楼盘建立门禁系统，如图10-4所示。该公众号致力于打造智慧社区平台，为人类创造智能便捷生活。

3. 视频演示

用户点击"一点开门"|"视频演示"菜单后，在系统弹出的信息框中点击"阅读全文"即可进入视频演示页面，如图10-5所示。在该页面用户不仅可以阅读文字操作步骤，而且可以点击视频播放键来观看如何操作智能门禁系统。

"住这儿"微信公众平台实现小区智能门禁系统：手机APP开门、密码开门、IC卡开门、管理处开门以及按键拨号开门，如图10-6所示。

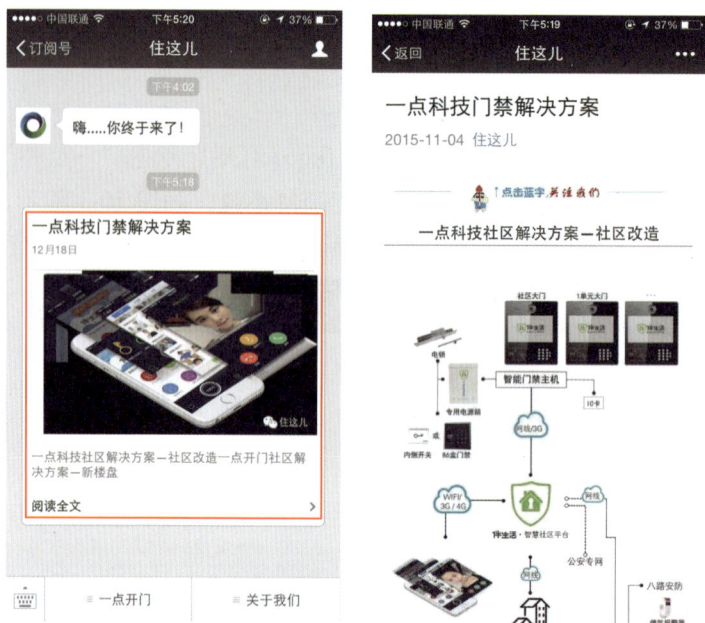

图 10-4　门禁系统解决方案

图 10-5　"视频演示"页面

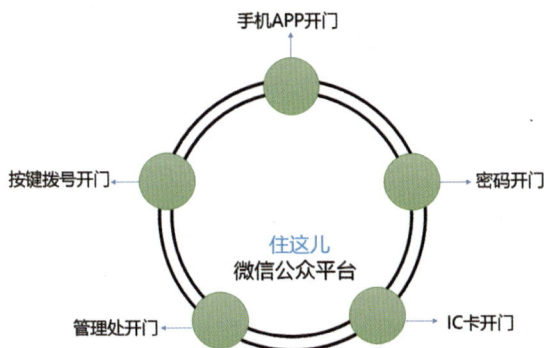

图 10-6 "住这儿"微信公众平台实现门禁系统解析

【案例 052】小区无忧：小区生活服务家
——智能终端应用

【平台简介】

"小区无忧"是社忧（上海）网络技术有限公司自主研发的第一款基于移动O2O 的小区生活信息服务平台，也是中国第一家小区生活服务应用。

【功能解析】

"小区无忧"微信公众平台的功能如图 10-7 所示。

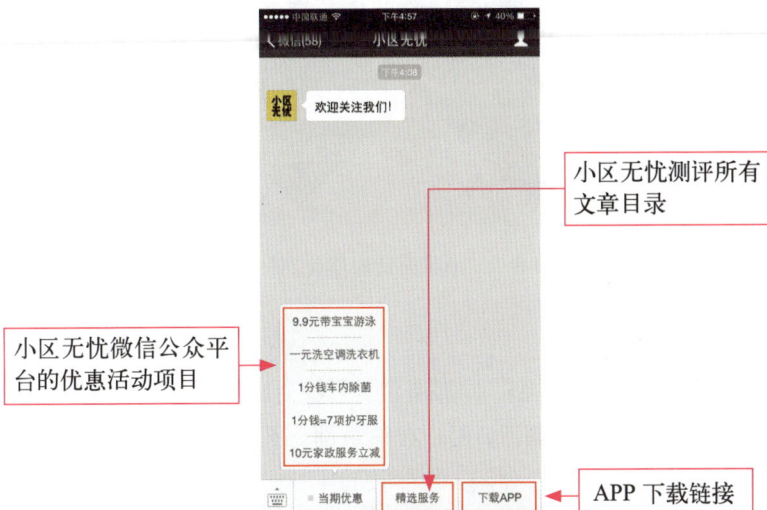

图 10-7 "小区无忧"微信

【实施分析】

无论电商平台还是生活服务平台，最终将商品或服务落地的还在于满足用户最后一公里的终端服务。社区服务距离用户最近，且社区居民天然密集，市场潜力很大。下面便来分析一下"小区无忧"微信公众平台。

1. 优惠家政服务

用户通过添加"小区无忧"微信公众号(xqwy01)后，点击屏幕左下方的"优惠＆测评"|"当期优惠"菜单。

用户可以点击任意自己感兴趣的服务进行浏览，如点击"9.9元享宝宝亲子游"菜单，页面将跳转至该页面，如图10-8所示。

图 10-8 "小区无忧当期优惠"页面

2. 精选家政服务

用户可以点击"优惠＆测评"|"服务测评"就会出现信息框，点击"阅读全文"就可以查看往期所有的服务测评，用户在该页面，不仅可以查阅当月的精选服务，还可以查看往期的服务内容，如图10-9所示。

图 10-9　精选家政服务

　　"小区无忧"微信公众平台为主要用户提供了便利的生活服务，主要包括外卖、生鲜、家政、洗衣、宠物、开锁、维修、出行、美容、汽车服务、物业等服务，如图 10-10 所示。

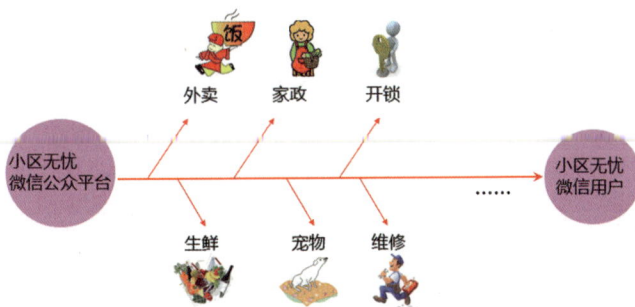

图 10-10　"小区无忧"服务解析

【案例 053】叮咚小区：从小区社交切入周边服务
　　　　　　——移动互联下的睦邻关系

【平台简介】

　　"叮咚小区"APP 由上海壹佰米网络科技有限公司开发运营，是一款为日常小区生活提供便利的 APP 软件。线上手机端 APP 与线下服务站相结合，提供邻里社交平台，实现二手交易、拼车、家政推荐、代缴水电煤及物业费、代收快递、提供邻里对话、小区 BBS 平台，为小区生活提供更多便利。

【功能解析】

"叮咚小区"微信公众平台的功能如图 10-11 所示。

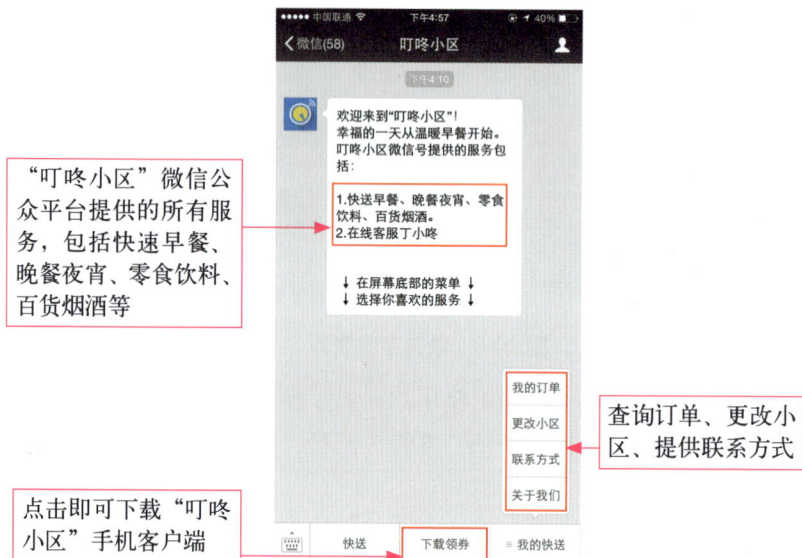

"叮咚小区"微信公众平台提供的所有服务，包括快速早餐、晚餐夜宵、零食饮料、百货烟酒等

查询订单、更改小区、提供联系方式

点击即可下载"叮咚小区"手机客户端

图 10-11　叮咚小区微信

【实施分析】

1. 叮咚快送

用户在关注叮咚小区微信公众账号 (ddxqapp) 后，点击"快送"菜单，选择小区即可进入"叮咚快送"页面，如图 10-12 所示。在该页面，用户可以浏览快送服务，包括小吃、快餐、早餐、茶饮、正餐等多项快送服务。如点击"东北大饼"，即可进入"东北大饼"快送页面，如图 10-12 所示。用户只需点击自己想要的商品后，提交订单即可。

2. 叮咚上门

用户可以在"叮咚快送"页面"洗衣"模块，在该模块里，用户可以享受"叮咚小区"微信公众平台上门取送衣服的服务。用户只需选择自己所洗衣物的类型后结算即可，如图 10-13 所示。

图 10-12　"叮咚快送"点餐页面　　　　图 10-13　叮咚洗衣页面

用户可以通过"叮咚小区"微信公众平台快速获悉小区重要公告，停水、交停车费不会漏掉；方便地查看小区物业、居委会等电话，叫快递、送水等服务；和邻居互换闲置物品、一起拼车、宠物交友、寻找靠谱的家政、保姆、家教；和邻居们一起讨论生活、组织活动；用户可以通过"叮咚小区"APP重建移动互联时代的睦邻关系，如图 10-14 所示。

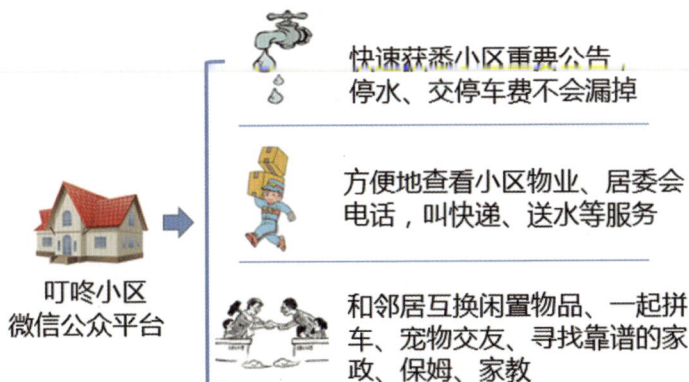

图 10-14　"叮咚小区"服务解析

10.2　商品配送

2014 年，不论是传统企业还是互联网公司，甚至是一些个人新成立的小公司，都号称自己要抢占社区服务的"最后一公里""最后五百米"，"社区"也当之无愧成为年度最热门的词汇之一。那么，社区O2O到底是什么？

所谓的社区O2O，即是利用互联网连接线上和线下，将小区周边的线下资源拉上线，居民通过线上移动应用就能够完成常生活的各种事宜。其实质就是整合各类资源，搭建起一个服务平台。

【案例054】生活半径：本地生活服务专家
——打造用户生态系统

【平台简介】

"生活半径"，基于地理位置，以用户为圆心，3公里为半径的生活范围内，为用户提供上门的本地商家生活服务；为商家提供本地用户的营销渠道；通过本地短距离即时物流团队完成配送；打造本地生活服务O2O的生态系统。

【功能解析】

"生活半径"微信公众平台功能如图10-15所示。

图 10-15　"生活半径"微信

【实施分析】

用户可在关注"生活半径"微信公众号 (shbj2010) 后，点击屏幕下方的"开始订餐"菜单，然后通过实时定位或者是输入地址来进行订餐，如图10-16所示。

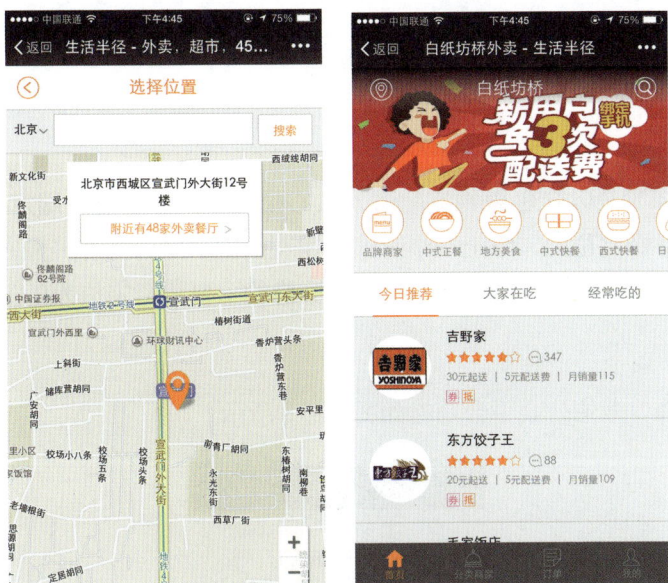

图 10-16　实时定位获取订餐信息

"生活半径"自 2010 年成立以来，聚焦于为用户提供本地化的生活服务。基于用户的地理位置，以用户为圆心，以日常生活范围为半径构建在线生活服务平台。

通过"生活半径"，用户能及时掌握所处位置和周边的生活信息，享受便捷的线上和线下生活服务，如图 10-17 所示。

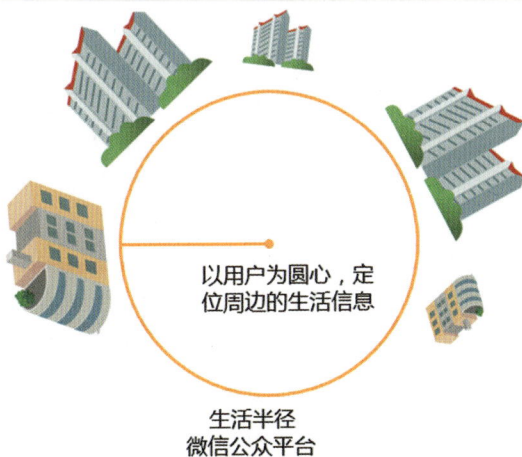

以用户为圆心，定位周边的生活信息

生活半径
微信公众平台

图 10-17　"生活半径"服务解析

【案例055】爱鲜蜂：各种新鲜闪电送
——掌上便利服务

【平台简介】

"爱鲜蜂"是以众包微物流配送为核心模式，基于移动终端定位的 O2O 社品牌定位爱鲜蜂定位为"掌上一小时速达便利店"，专为各种"懒人"服务，主打"新鲜美食，闪电送达"。用户定位爱鲜蜂的主要用户定位为年轻白领人群。

【功能解析】

"爱鲜蜂"微信公众平台功能如图 10-18 所示。

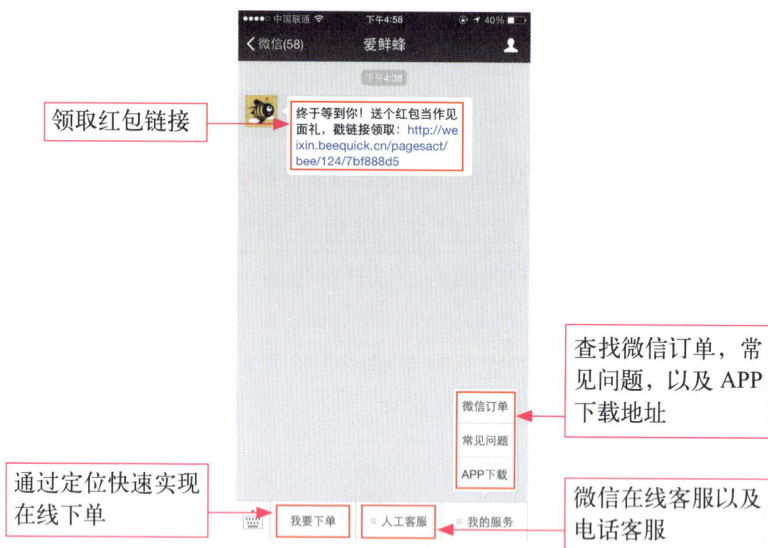

领取红包链接

查找微信订单，常见问题，以及 APP 下载地址

通过定位快速实现在线下单

微信在线客服以及电话客服

图 10-18　"爱鲜蜂"微信公众平台

【实施分析】

用户可在关注"爱鲜蜂"微信公众号(beequick24)后，点击"我要下单"菜单，该微信公众平台会根据用户所在的位置进行实时定位，如果用户所在位置不在该微信公众号的服务范围内，系统就会进行提示。

如果实时定位在该微信公众号的服务范围内，就会出现如图 10-19 的页面。用户可以在页面实现在线下单，用户还可以自行选择收货的时间。

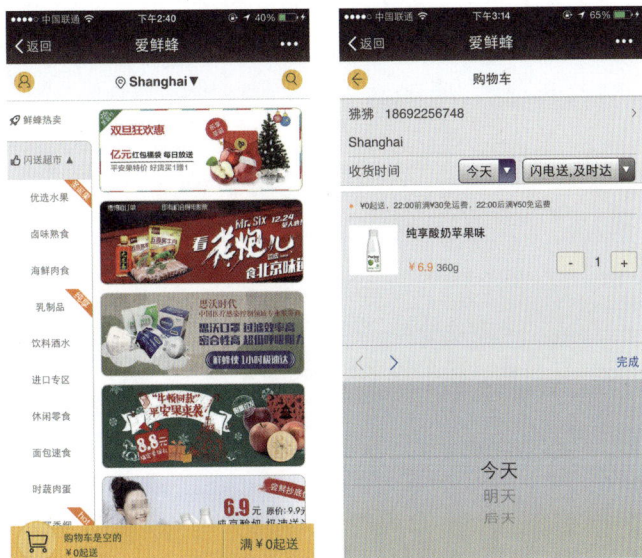

图 10-19 在线下单服务

第 11 章

数码微信：
未来世界，一机掌握

数码微信：未来世界，一机掌握

数码产品 ⟶ 【案例056】OPPO：手机上的"刮刮乐"
——开启微信新玩法

【案例057】小米手机：刷新抢购"神速度"
—— 活动吸引粉丝

数码电器商城 ⟶ 【案例058】京东JD.COM：抱住微信的"大腿"
—— 第三方服务的综合商城

【案例059】苏宁易购：综合网上购物商城
—— 活动引爆关注量

【案例060】美的生活电器：关爱你的生活
—— 从售前到售后的服务

11.1 数码产品

数码行业是目前商业里比较火热的行业，也是竞争力比较大的行业，市场上各个品牌都具有一定的占有率，并且相互间有较大差距，在这样的形势下，商家纷纷考虑寻找新的销售渠道和方法，寻找新的优势。

而最近几年微信的火热带来的微信营销让许多商家看到机遇。那么对于数码行业而言，微信营销对其到底有多重要呢？其优势如图 11-1 所示。

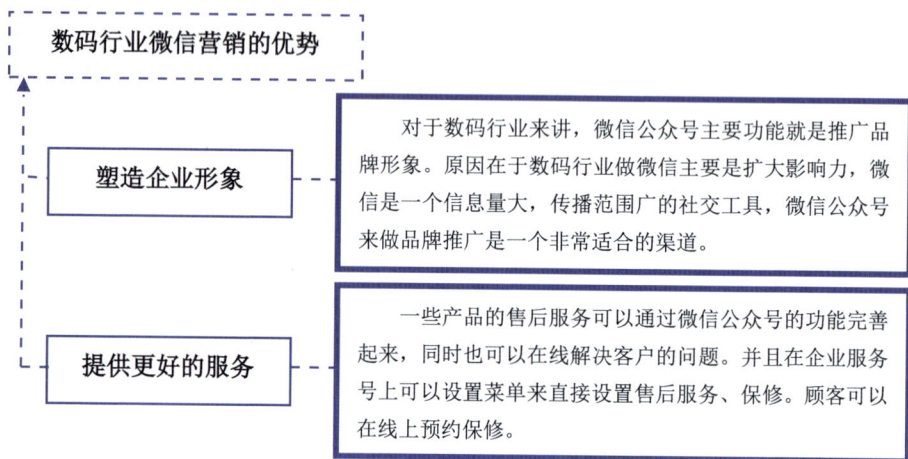

图 11-1 数码行业微信营销的优势

【案例 056】OPPO：手机上的"刮刮乐"
——开启微信新玩法

【平台简介】

OPPO 是广东欧珀移动通信有限公司旗下品牌，成立于 2004 年，是一家全球性的智能终端和移动互联网公司，致力于为客户提供最先进和最精致的智能手机、高端影音设备和移动互联网产品与服务，业务覆盖中国、美国、俄罗斯、欧洲、东南亚等广大市场。

【功能解析】

OPPO 微信公众平台的功能如图 11-2 所示。

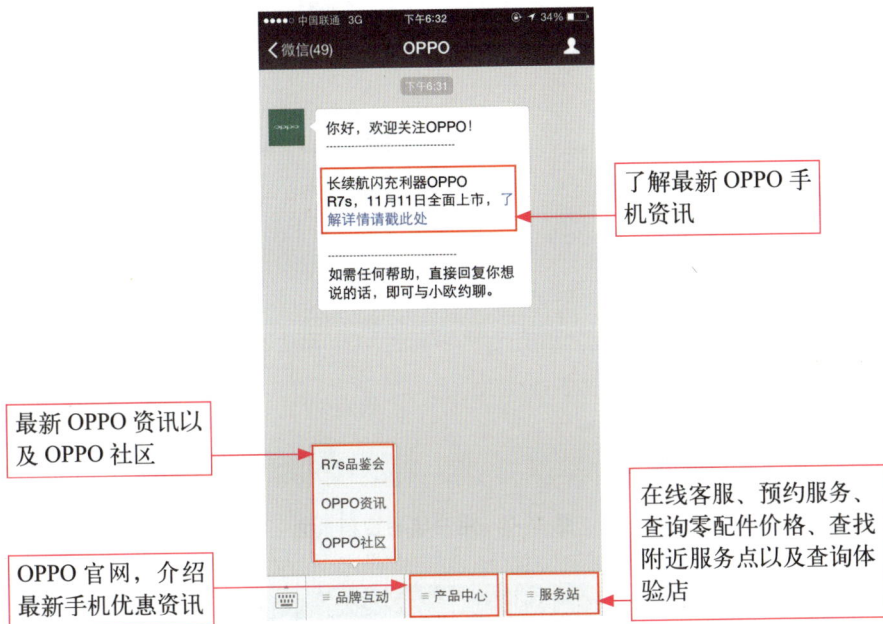

了解最新 OPPO 手机资讯

最新 OPPO 资讯以及 OPPO 社区

在线客服、预约服务、查询零配件价格、查找附近服务点以及查询体验店

OPPO 官网，介绍最新手机优惠资讯

图 11-2　OPPO 微信

【实施分析】

手机延保

随着智能手机的盛行，机器的报修服务和增值服务成为用户关注的重点，因此 OPPO 通过微信公众平台 (oppomobile) 开启了手机延保的功能。其实这个延保过程非常简单，用户只需要在购买机器后，在平台输入"手机延保"四个字，再提供自己的基本信息就可以享受延长半年保修的特权，如图 11-3 所示。

这次 OPPO 与腾讯的合作实现了业内首次通过微信平台的手机销售，也印证了微信作为现阶段移动互联网领域最受商家和消费者瞩目的社交平台，确实存在着巨大的商业价值，如图 11-4 所示。

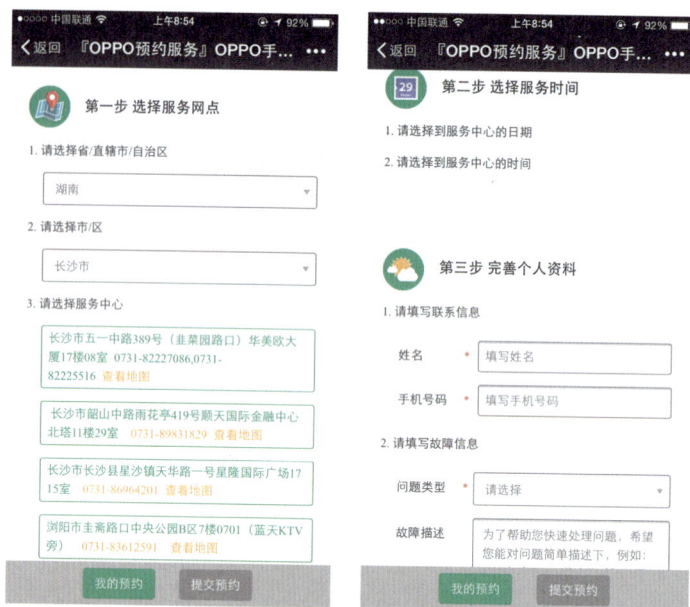

图 11-3 用户填写资料页面

图 11-4 OPPO 服务解析

【案例 057】小米手机：刷新抢购"神速度"
——活动吸引粉丝

【平台简介】

小米科技有限责任公司成立于 2010 年 3 月，是一家专注于智能产品自主研发的移动互联网公司。"为发烧而生"是小米的产品概念。小米公司首创了用互联网模式开发手机操作系统、发烧友参与开发改进的模式。

【功能解析】

"小米手机"微信公众平台的功能如图 11-5 所示。

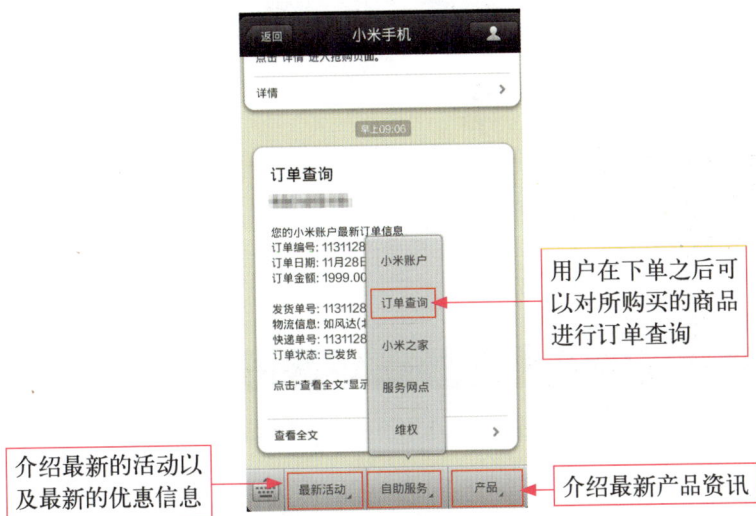

图 11-5 "小米手机"微信

【实施分析】

2013 年 11 月 22 日，小米公司宣布与微信展开战略合作，15 万台小米手机 3 将通微信平台进行抢购，并通过微信支付绑定银行账号进行在线付款。花 1 分钱预订，即可获得小米手机 3 的 5 元抵扣券以及微信的"米粉"专属米兔表情包等众多优惠，如图 11-6 所示。

通过关注小米微信公众号 (xmsj816)，除了可以更加方便地预订小米手机，微信抢购攻略、订单查询、小米产品系列的介绍和预订功能，进一步拉近了与粉丝的距离。

小米手机的微信营销之所以取得这么大成功，跟其前期的营销策略是分不开的。

这次在微信平台开售，是小米公司的又一次全新尝试。不同于以往小米官网发售的糟糕用户体验，微信平台凭借其广大的用户覆盖度，使更多人参与小米手机抢购成为可能，如图 11-7 所示。

图 11-6　小米手机 3 微信活动

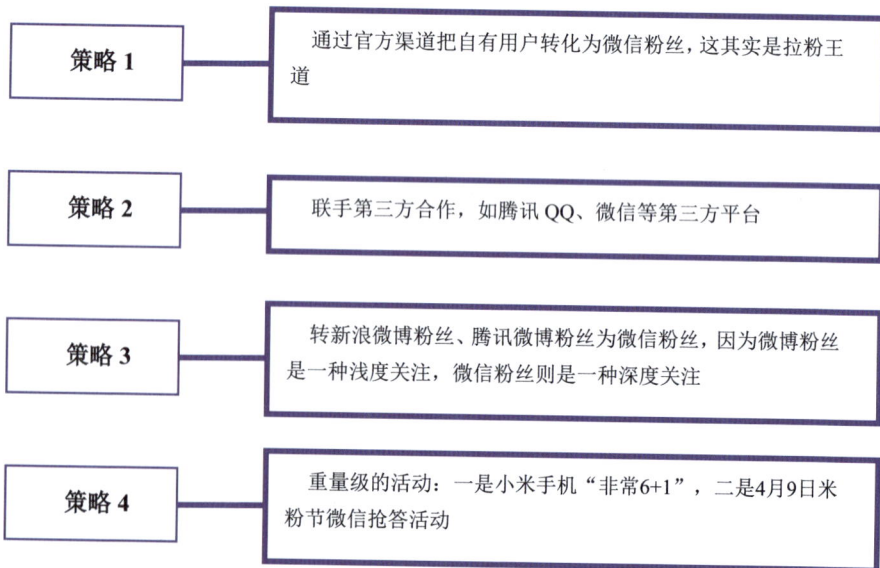

策略 1	通过官方渠道把自有用户转化为微信粉丝，这其实是拉粉王道
策略 2	联手第三方合作，如腾讯 QQ、微信等第三方平台
策略 3	转新浪微博粉丝、腾讯微博粉丝为微信粉丝，因为微博粉丝是一种浅度关注，微信粉丝则是一种深度关注
策略 4	重量级的活动：一是小米手机"非常6+1"，二是4月9日米粉节微信抢答活动

图 11-7　"小米手机微信营销活动"解析

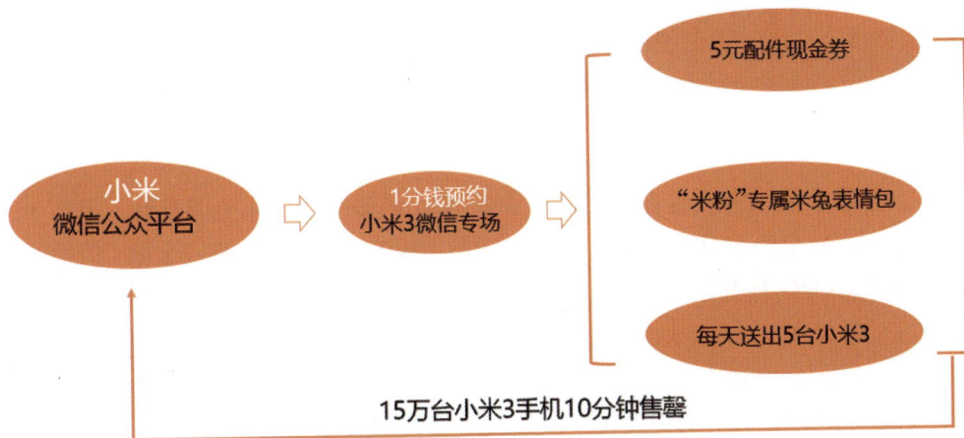

图 11-7 "小米手机微信营销活动"解析（续）

11.2 数码电器商城

数码行业的企业在做微信营销时要有一个明确的定位，做到以宣传品牌为主去运营微信公众号，通过粉丝去宣传品牌形象。

数码行业如何做微信营销

微信公众平台的搭建，数码行业适合选择服务号做微信营销，微信服务号相对于订阅号所能体现的功能较多，可以充分展现企业文化、品牌信息、产品种类，同时还可以在线购买、在线报修、展现最新活动。

内容是吸引粉丝最有效的方法，做微信营销就应该注重微信的内容。这也是永图强调微信营销，内容为王的原因，所谓言之无文行而不远。内容好坏直接影响一个微信公众号运营的效果。优质的内容可以吸引粉丝。

数码行业做微信营销，应该更注重粉丝的数量。以前总是强调粉丝质量重于数量，而在数码行业，如果一个企业要塑造或推广品牌，就必须注重粉丝数量，原因在于微信是其推广品牌的一个渠道，其主要是将品牌通过微信去宣传推广，通过粉丝关注告知粉丝品牌信息。因此粉丝越多，表明推广得越有效。

【案例 058】京东 JD.COM：抱住微信的"大腿"
——第三方服务的综合商城

【平台简介】

京东是中国最大的自营式电商企业，2015 年第一季度在中国自营式 B2C 电商市场的占有率为 56.3%。目前，京东集团旗下设有京东商城、京东金融、拍拍网、京东智能、O2O 及海外事业部。

【功能解析】

"京东 JD.COM"微信公众平台功能如图 11-8 所示。

图 11-8 "京东 JD.COM"微信

【实施分析】

1. 内容为王兼顾终端

京东商城一直打着"不只是便宜，真才最重要"的旗号，着力专注于网站质量，它的微信也是一样。微信上有添加来源的链接，到达用户后，用户点击直接跳转到宝贝移动页面上，并可以通过所关联的支付宝移动端进行支付，方便而快捷。关于人员维护，主要是安排客服和策划同时登录微信公众平台，微信公众平台是可以支持多人同时登录的。

2. 做好用户个性关怀

做好用户分类基础上的个性关怀。例如京东商城就会在节假日或者是活动促销的时候给用户发微信消息，通知具体详情，鼓励用户抢购。

3. 完善基础准备

在这个无"微"不至的年代，还没开通微信公众号的商家，建议立刻去注册一个能让用户过目不忘的公众号，开始微信营销的第一步。

4. 服务要好态度亲切

京东商城作为购物的门户网站，与粉丝的互动是必要的，也是最重要的。微信沟通是私密性的，不像微博，与用户的互动程度更深，也更广，客服一定要克服个人情绪，耐心地应对每位用户。

5. 大胆投入

微信方面值得大力投入，大胆投入的原因在于它是一个很适合进行用户转化、深度沟通营销、提高用户黏度、促发客户多次购买、维系用户关系的绝佳工具。

在移动电商领域，两大巨擘阿里巴巴和京东也都已经开始迅速地"跑马圈地"，未来格局究竟是双雄争霸还是一枝独秀，目前看还不得而知，但凭借与微信的"亲密"合作，京东显然已经赢得了双方第一回合的胜利，如图 11-9 所示。

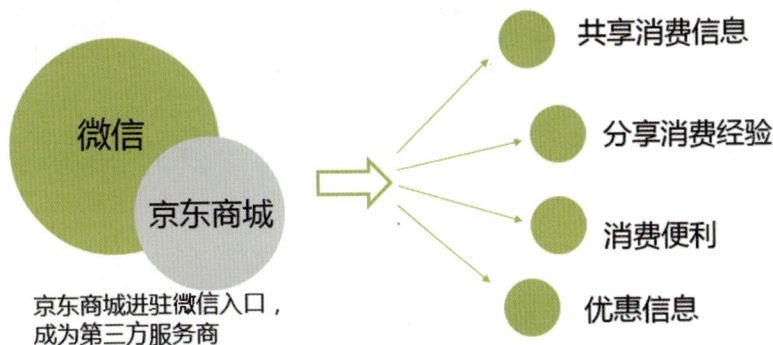

图 11-9　京东商城解析

【案例059】苏宁易购：综合网上购物商城
——活动引爆关注量

【平台简介】

苏宁易购，是苏宁云商集团股份有限公司旗下新一代 B2C 网上购物平台，现已覆盖传统家电、3C 电器、日用百货等品类。2011 年，苏宁易购强化虚拟网络与实体店面的同步发展，不断提升网络市场份额。

【功能解析】

"苏宁易购"微信公众平台的功能如图 11-10 所示。

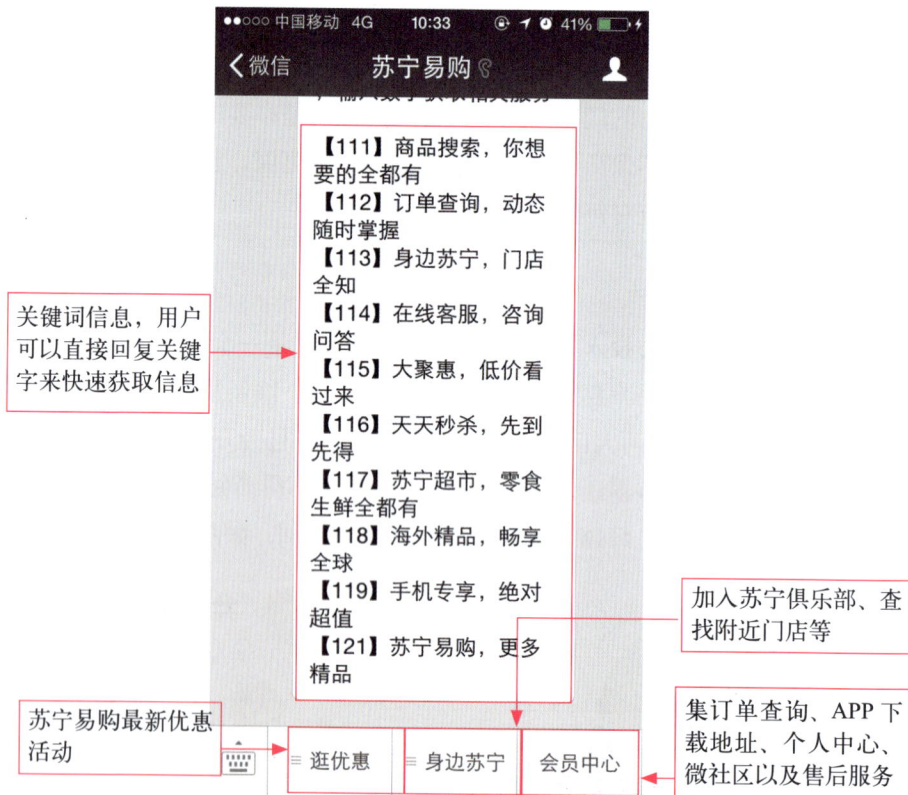

图 11-10　"苏宁易购"微信

【实施分析】

1. 促销活动

2013 年 4 月，"苏宁易购"特别推出了以"青春易 GO"为主题的大型促销活动。公司除了推出青春宣言、青春体、青春 AB 漫画剧等内容之外，"苏宁易购"还特别推出了二维码扫描应用。在全国累计贴出了 3000 多个二维码，总计扫描超过百万人次，"苏宁易购"当时成为最火爆的移动运用 APP 之一。

2. 二维码应用

此次二维码应用并非是简单地扫一扫、聊聊天，而是设置了不同的优惠券，让网友在参与品牌二维码互动的同时，体验到移动购物的乐趣以及便捷性。以前，消费者购物需要到门店、需要通过计算机上网才能购物，现在有了二维码之后，消费者可以直接通过 APP 移动应用模式享受到无空间、无地域、无客户端限制的一站式快捷购物体验。

"苏宁易购"的此次活动，不仅让网友在体验到了移动互联网购物的乐趣，也让"苏宁易购"更加直接地获取用户的需求信息，如图 11-11 所示。

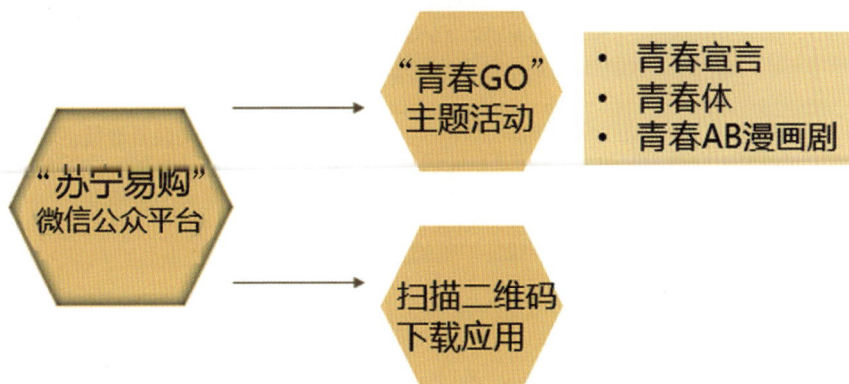

图 11-11 "苏宁易购"微信营销活动解析

【案例 060】美的生活电器：关爱你的生活
——从售前到售后的服务

【平台简介】

芜湖美的生活电器制造有限公司成立于 2002 年，其前身为 1994 年成立的美的电饭煲公司，是厨房电热产品专业制造服务商，年销售规模 50 亿元人民币。

【功能解析】

"美的生活电器"微信公众平台的功能如图 11-12 所示。

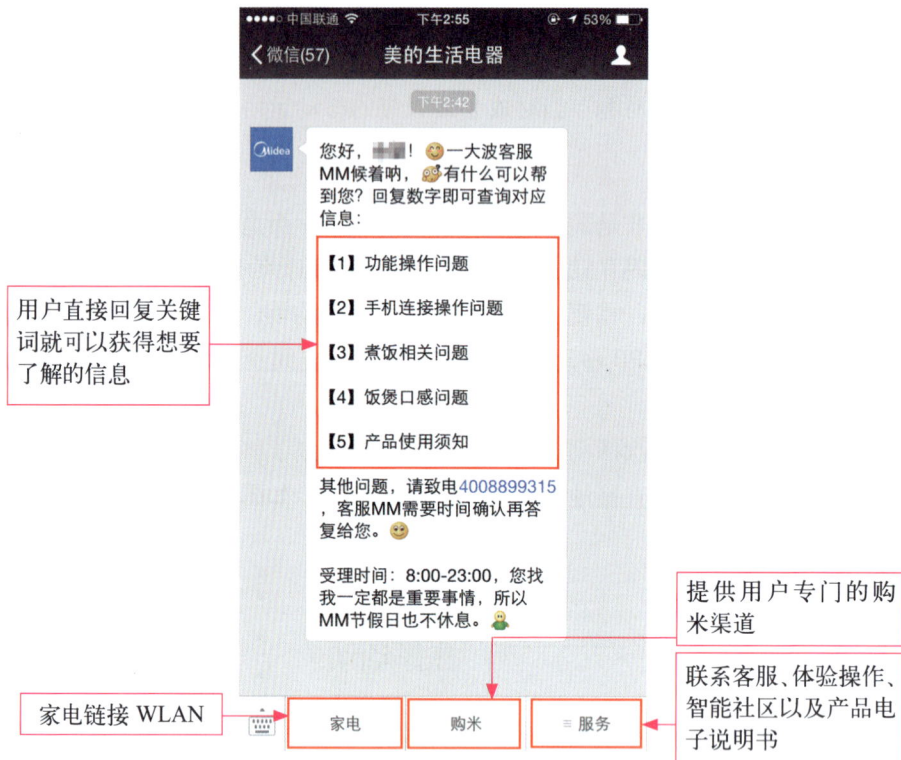

图 11-12　"美的生活电器"微信

【实施分析】

售前、售中、售后一应俱全，通过"美的生活电器"的自定义菜单，微信用户可自主选择了解美的产品及最新上市情况（售前），如需购买，可选择进入商城购买（售中）；还可通过微信查询售后服务，如查询服务网点、产品说明书、产品投诉、帮助及答疑等售后相关服务，如图 11-13 所示。微信公众平台大大拉近与客户的距离，也缩减了客户与企业之间的沟通成本。

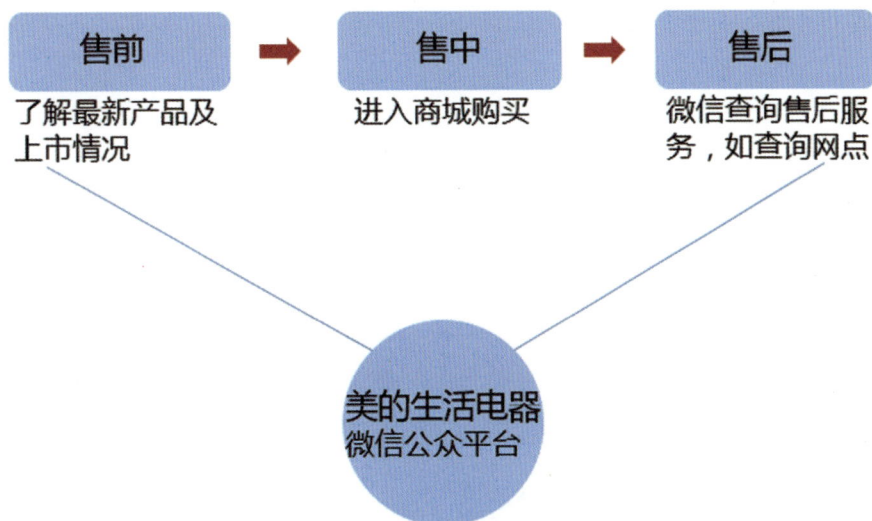

图 11-13　"美的生活电器"服务解析

第 12 章

服装微信：
阅尽品牌，打造双赢

12.1 营销平台

如今人们的消费方式正经历着慢慢地变革，消费者在消费的过程中更加偏向于互动和服务性的消费。更大的商机蕴藏在互动和服务中，而微信营销恰好能够将服务与互动紧紧地结合在服装营销中。好的创意能够提高访问率，良好的用户体验也能让信息在用户与用户之间传递。服装企业在利用好微信运营的时候也可以从给用户留下深刻印象入手。

【案例061】美丽说：开放平台试水
——开放第三方平台

【平台简介】

美丽说是国内最大的女性快时尚电子商务平台，致力于为年轻时尚爱美的女性用户提供最流行的时尚购物体验，拥有超过1亿的女性注册用户，用户年龄集中在18～35岁。截至2014年6月，美丽说已有上万家时尚优质商家入驻，其移动客户端装机量超过7500万，来自移动端的订单占比超过70%，全面超越PC端。

【功能解析】

"美丽说"微信公众平台的功能如图12-1所示。

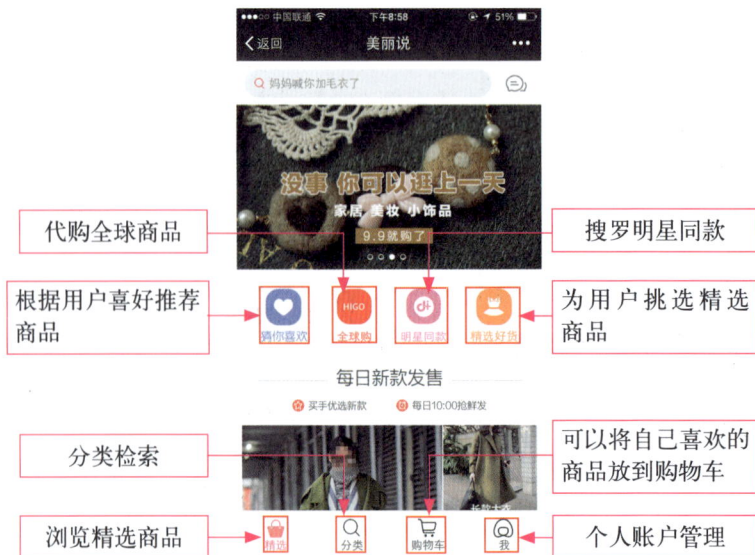

图 12-1 "美丽说"微信

【实施分析】

1. 搜索宝贝

首先，打开微信底部导航"我"，进入"钱包"，选择"美丽说"菜单，如图 12-2 所示。例如需要找呢外套，就可以在输入框内输入"呢外套"，然后点击"搜索"按钮，就会出现关于呢外套的页面，如图 12-3 所示。

图 12-2　"美丽说"微信页面　　　　　图 12-3　浏览宝贝页面

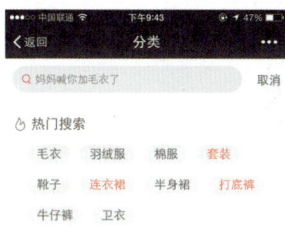

2. 购买宝贝

选中合适的"宝贝"时，手指点击查看"宝贝"详情，选择尺码和数量，然后选择"加入购物车"还是"立即购买"，如图 12-4 所示。如果选择"立即购买"，就会跳转到输入地址信息，用户确认收货地址后，点击屏幕右下方的付款即可。

美丽说的注册用户可以享受免费试穿试用的机会，幸运获得试用机会的用户在试用后提交试用报告，可以给其他女孩们提供更多的参考和建议。

美丽说与微信的这项合作从 2015 年 1 月初就已经开始。接入微信支付后，美丽说将拥有和易迅、嘀嘀打车同样的待遇，数千万用户流量将直接注入，且能借助微信支付完成交易闭环，这对垂直电商而言是有力的支撑，如图 12-5 所示。

图 12-4　查看宝贝详情

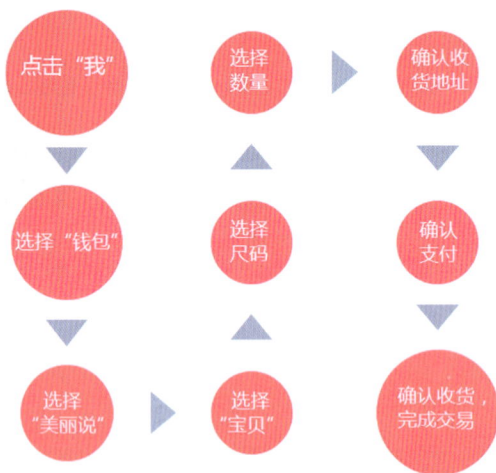

图 12-5　"美丽说"服务解析

【案例 062】优衣库：开启微信营销
——经营粉丝

【平台简介】

　　UNIQLO，日本服装品牌，由日本迅销公司建立于 1963 年，当年是一家销售西服的小服装店，现已成为国际知名服装品牌。

优衣库现任董事长兼总经理柳井正在日本首次引进了大卖场式的服装销售方式，通过独特的商品策划、开发和销售体系来实现店铺运作的低成本化，由此引发了优衣库的热卖潮。

【功能解析】

"优衣库"微信公众平台的功能如图 12-6 所示。

图 12-6　"优衣库"微信

【实施分析】

国际著名休闲服品牌——优衣库携手微信，推出微信公众账号，将利用微信平台继续为全球消费者提供贴心服务。

1. 二维码宣传

此次与微信的联手合作，是优衣库在线上市场迈出的重要一步。优衣库官网、微博、淘宝官方网店，优衣库全国门店宣传海报、易拉宝、宣传单页、收银台贴纸等宣传物料等全面曝光二维码，对优衣库微信账号的宣传足见对微信平台的极大重视，如图 12-7 所示。

图 12-7　"优衣库"二维码

2. 平台互通

"优衣库"借助微信营销，打造一个与消费者直接沟通的互动平台，让优衣库产品获得更强大的曝光率的同时，也更有效地传播品牌形象和理念。而消费者也可以通过微信关注"优衣库"，了解最新产品和促销信息，咨询到自己需要的信息。例如，消费者可以通过微信平台，发送"优惠""新品""活动"等关键字获取打折促销、新品上市、活动等信息，如图 12-8 所示。

图 12-8　"优衣库"互动信息

微信公众平台最大的一个好处就是经营客户，或者说经营粉丝。很多企业说经营一个老客户比获取新客户重要多了，而之前维护老客户需要的成本非常大，而且非常复杂和麻烦。有了微信就不一样了，因为功能和内容就是以他们的喜好设定的，同时每天的群发又对他们进行了强制的推送，所以微信是目前经营老客户最好的利器，如图12-9所示。

图12-9 "优衣库"服务解析

12.2 品牌营销

服装行业微信营销具体要做到以下几点：

1. 互动加强用户体验

微信是服装行业营销的一个良好平台，但是很多服装企业并没有真正挖掘到微信平台中的潜力。商家通过发布内容以及活动的公布、品牌文化的简介，让消费者对该品牌更加熟知，与用户在交流和讨论中各自发表自己的观点，不仅能够让消费者更多地了解品牌，也能从消费者的建议中了解到品牌发展的不足和之后的发展之路。

2. 结合品牌文化做好服务

为了提高点击率和关注度，微信营销中最重要的就是在微信营销的过程中具备创意，并且要建立在突出品牌的基础之上，将服务与技术认知相伴其中。

3. 情感营销

微信营销不仅是企业向消费者介绍产品和服务的一个平台，通过微信企业还可以和消费者进行感情沟通，进而提高消费者对品牌的忠诚度。

4. 结合图片微电影

微信营销应该发挥其最大的优势，将图片视屏这种表现方式运用到位。这种方式能够让消费者更快消化并且印象最深，企业可以通过微电影将品牌形象融入剧情当中，用更具创意的方式博得更多的眼球。

【案例 063】路易威登：个性解答服务
——揣摩用户的喜好

【平台简介】

路易威登于 1854 年成立于法国巴黎。从皇室御用到顶级工艺作坊，路易威登的种种经典设计顺应了旅行历史的重要发展。其产品包括手提包、旅行用品、小型皮具、配饰、鞋履、成衣、腕表、高级珠宝及个性化定制服务等。

【功能解析】

"路易威登"微信公众平台功能如图 12-10 所示。

图 12-10　路易威登微信

【实施分析】

法国奢侈品品牌 Louis Vuitton 路易威登的客服十分人性化，它启用一对一人工咨询服务，为顾客做出个性化的解答，如图 12-11 所示。

图 12-11 路易威登的微信真人客服

路易威登此次率先登录微信公众平台，与此前高调宣言"网上用户不是品牌定位的目标消费者"的态度转变极大。而且最让人感叹的是，在路易威登的微信公众平台上，用户提出的问题都是由专业的真人客服给出最个性化的建议，让用户感觉就像是身处在路易威登的实体店铺。

"路易威登"微信公众号的人工咨询服务模式最核心的价值就体现在一对一上，一般来说，用户都希望自己收到的不是千篇一律的自动回复而是得到不同的对待。但实际上，只要选择了用户有大量需求的市场，那么一对一模式的成功概率是比较高的，如图 12-12 所示。

图 12-12 "路易威登"服务解析

【案例064】ONLY：借助微电影
　　　　　——活动推广

【平台简介】

ONLY 是丹麦著名的国际时装公司 BESTSELLER 拥有的众多著名品牌之一。Bestsellers 集团成立于 1975 年。ONLY 于 1995 年在丹麦创立，至今销售网点已拓展到了全球 46 个国家。

【功能解析】

ONLY 微信公众平台功能如图 12-13 所示。

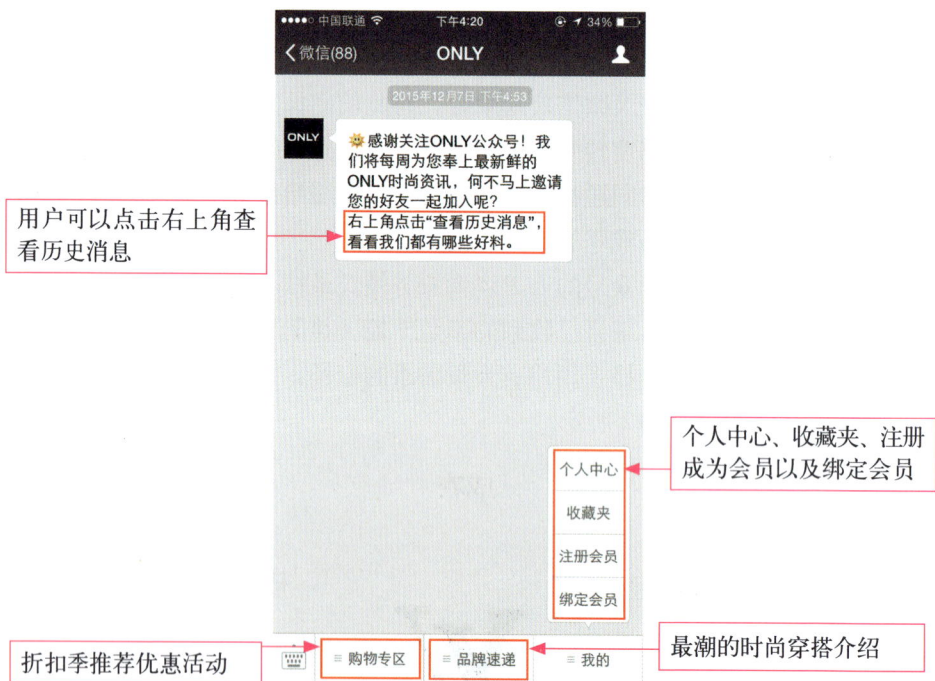

图 12-13　ONLY 微信

【实施分析】

1. 微电影营销

ONLY 于 2012 年 8 月推出首部科幻惊险微电影《忆战》，使品牌理念与线上活动完美结合，充分迎合目标受众的兴趣点，引导消费者的关注点，实现了品牌与消费者的灵活互动，从而获得了大量的线下客流，为线下营销创造了很好的机会。

2. 二维码海报

主题活动以实体店二维码幕布和主题海报相结合，将 ONLY 品牌的个性化理念融入其中，放置在店铺最显眼处，迎合消费者对新鲜事物的追求，吸引了众多消费者驻足关注，如图 12-14 所示。

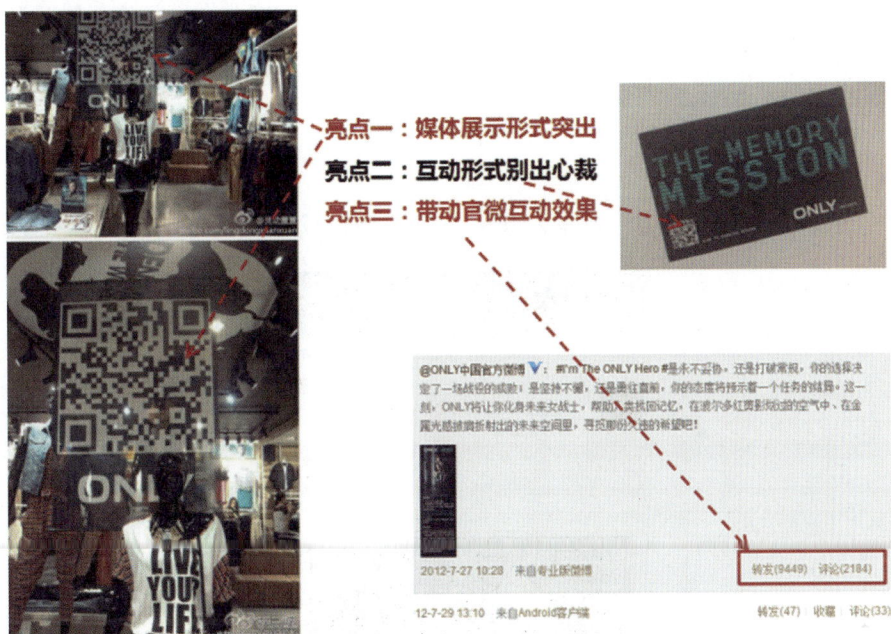

图 12-14 ONLY 二维码营销

根据为期 4 周的活动数据统计显示，约 2 万人次参与，ONLY 官方微博日均浏览量增幅超过 10%，同时线下活动的关注者、参与者数量也得到大幅度增长。本次互动活动有效地向广大消费者展现了 ONLY 品牌个性化、人性化的新体现，扩大了线下活动的影响力，对于提升整体品牌竞争力也起了推动作用。

无活动，不营销，如果只是单纯地广告植入，它的关注度和阅读率是很低的。企业微信要吸引众多粉丝，活动推广也是其中重要的一环。

基于活动的推广可以分为线上和线下，线上还包括互联网和微信活动，方式众多。比如在微信上发起活动，只要用户添加关注就赠送礼品；或者是以折扣和奖品鼓励用户推广微信账号，让身边的亲朋好友关注，在这一点上，ONLY 的活动营销算是非常成功的。

【案例 065】VERO MODA：开通微会员
——宣传不只是营销

【平台简介】

VERO MODA 是丹麦最大时装集团 Bestsellers 旗下的知名女装品牌。自 1987 年成立以来，VERO MODA 就致力于为世界各地的摩登女性打造优雅时装，它代表着当今最前沿的时尚潮流与制衣工艺。时至今日，VERO MODA 的销售网点已遍布 45 个国家。

【功能解析】

"VEROMODA 官方"微信公众平台功能如图 12-15 所示。

图 12-15 "VEROMODA 官方"微信

【实施分析】

1. 在线购物

用户通过添加"VEROMODA 官方"微信公众号 (veromoda_CN) 来关注"VEROMODA 官方"微信公众平台。点击屏幕左下方"购物专区"菜单，进入 VERO MODA 手机官网页面，如图 12-16 所示。点击"最新到店"，进入后选择好自己想要购买的，然后点击"提交订单"便完成购买。

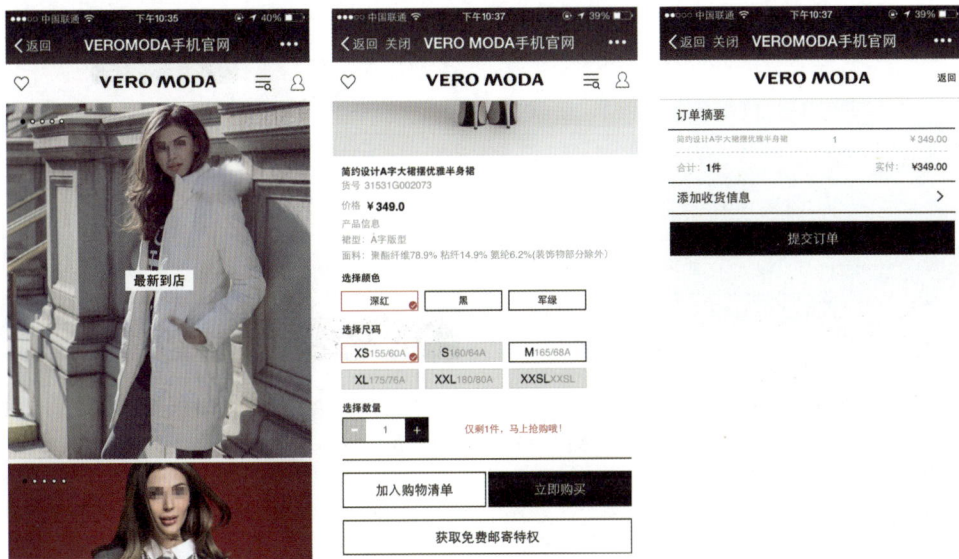

图 12-16　在线购物

2. 会员注册

用户如果想注册会员，可以点击"会员中心"|"注册会员"菜单，如图 12-17 所示，通过输入相关信息来完成会员注册。

"VEROMODA 官方"微信公众平台不仅打造出 VERO MODA CLUB 会员系统 VERO MODA 世界全新的互动体验，并通过会员中心换取多种礼品。会员制的出现让 VERO MODA 更好地服务于忠实消费者，而且与实体店铺同步销售全线女装、配饰、鞋履、彩妆等产品线，以完善的售后和 VIP 专享特权，打造出一个完整的网络购物和时尚交流平台。

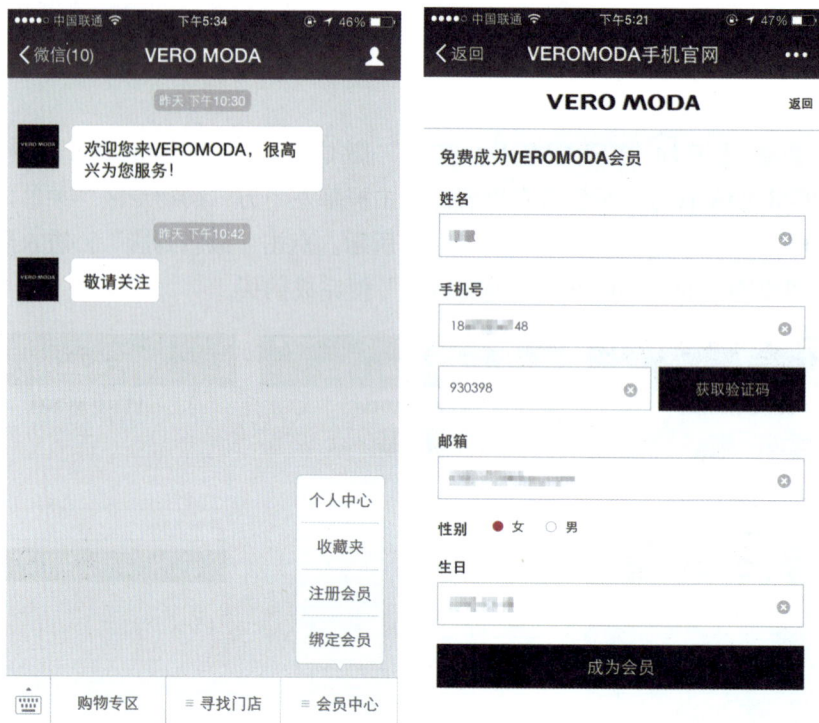

图 12-17　注册会员

第 13 章

医疗微信：
贴身医生，健康顾问

医疗微信：贴身医生，健康顾问

药房 →
【案例066】好药师大药房：健康问题
解决专家
——开拓送药新渠道

【案例067】老百姓大药房：在线咨询
——即时回复引关注

医院 →
【案例068】北京维尔口腔医院：
微信推广
——提升用户体验

【案例069】蒙恩齿科：民营口腔诊所
——一站式服务

13.1 药房

美国网上药店的销售规模目前已占到整体销售规模的 30% 左右，日本的这一数据是 17%，欧洲则是 23%。相比之下，中国医药物资协会所发布的《2013 中国医药电商数据报告》显示，2013 年网上药品销售总额仅占到药品整体销售规模的不到 0.5%。参照发达国家网上药品的销售比，我国网上销售药品市场的空间无限。

很多人认为，如今的医药电商消费观念和消费习惯还没有完全转变，加上网上医保支付、处方药政策尚未开放，只能暂且以 OTC、医疗器械、保健品为主，预计整个市场容量不过百亿。而微信电商圈却未成气候，医药行业的移动电商之路想必是异常艰难。然而有很多医药商眼光独到，善于挑战，率先引领医药行业杀入移动电商之路。

【案例 066】好药师大药房：健康问题解决专家
——开拓送药新渠道

【平台简介】

好药师网（北京好药师大药房连锁有限公司）是九州通医药集团的全资子公司，通过九州通的医药行业优势和强大的医药配送体系，致力于发展中国最大的医药零售电子商务市场。

【功能解析】

"好药师"微信公众平台功能如图 13-1 所示。

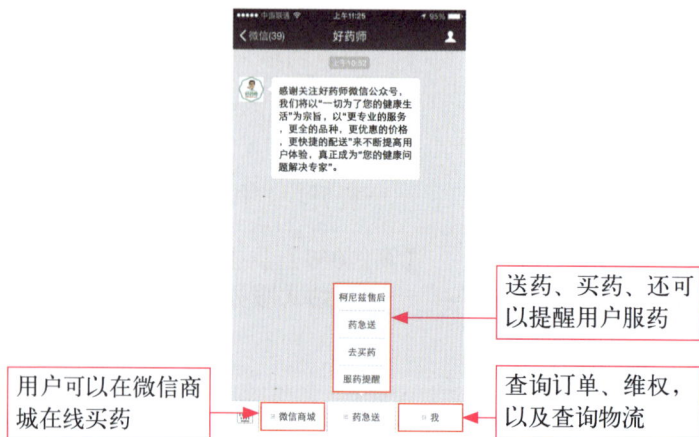

图 13-1 "好药师"微信

【实施分析】

1. 优惠卡券

用户在关注"好药师"微信公众账号 (bjhaoyaoshi) 后，以微信商城为入口的好药师商城推出了领取优惠卡券活动，点击"微信商城"|"领取优惠卡券"菜单，该优惠卡券仅限于在好药师微信商城才能使用，如图 13-2 所示。

图 13-2　领取优惠卡券

2. 药急送

"好药师"微信公众平台一个栏目是"药急送"，通过 LBS 定位附近的位置后，"好药师"会根据用户所在的位置送药上门，既方便了用户，同时也是"好药师"微信公众平台获取用户需要的一种方式，如图 13-3 所示。

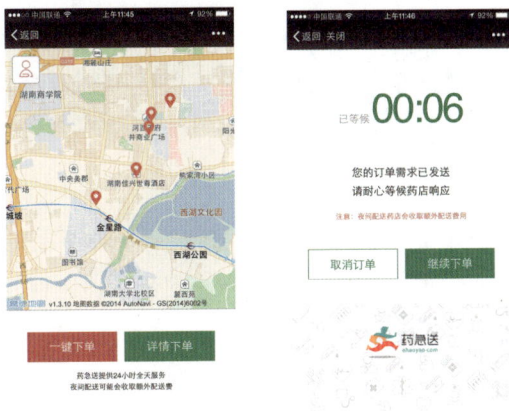

图 13-3　"药急送"页面

3. 服药提醒

"好药师"微信公众平台还有一个很贴心的功能，那便是"服药提醒"了。用户可以在"服药提醒"页面添加具体药品、用量以及服药时间等，然后在服药时间期间内，"好药师"微信公众平台就会提醒用户服药。

在这个案例中，"好药师"借助了微信小店一站式售药功能，并利用了微信的移动端优势，在众多怀疑当中脱颖而出，一鸣惊人，如图 13-4 所示。

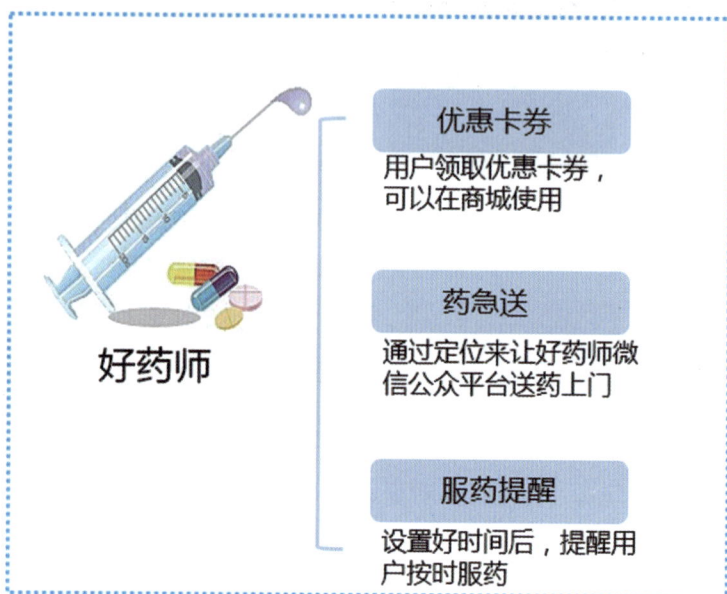

图 13-4　"好药师"服务解析

【案例 067】老百姓大药房：在线咨询
——即时回复引关注

【平台简介】

老百姓大药房创立于 2001 年 10 月，总部设在湖南省长沙市。老百姓大药房是一家由单一民营药店发展起来的大型医药连锁企业。老百姓大药房除药品零售外，同时兼营药品批发与制造。

【功能解析】

"老百姓大药房"微信公众平台功能如图 13-5 所示。

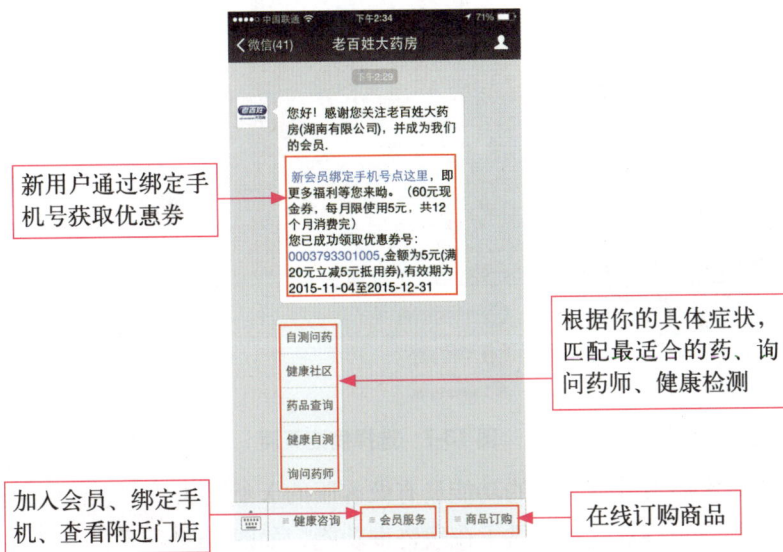

图 13-5 "老百姓大药房"微信

【实施分析】

1. 询问药师

"老百姓人药房"微信公众平台不仅提供了最全的品种、最优惠的价格、最贴心的服务、最快捷的配送，而且连接了百位药师团队，进行在线免费寻医问药。

点击"健康咨询"|"询问药师"菜单就会弹出"百药师在线"信息，即微信用户只要在微信对话框内输入咨询信息，在线服务药师收到信息后就会及时解答。

2. 自测用药

"自测用药"是老百姓大药房推出的国内领先的专业自我药疗服务平台。会根据用户提供的具体症状，匹配最适宜的药品，提供科学的用药指导。点击"健康咨询"|"自测用药"菜单，就会跳转至"自测用药"页面，如图 13-6 所示。点击"开始"按钮后进入选择相关病症，如图 13-7 所示。如点击"咳嗽"，就会出现关于咳嗽的解释，这时候，点击下方的"知道了，开始测评"按钮即可开始测评，如图 13-8 所示。

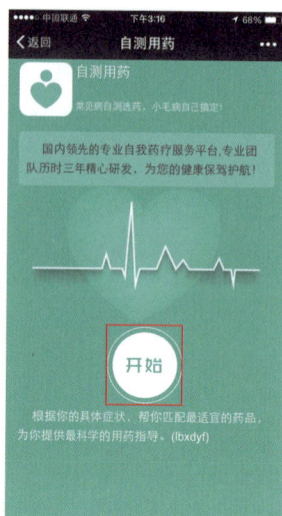

图 13-6 "自测用药"页面　　图 13-7 选择病症页面　　图 13-8 "症状选择"页面

　　微信做客服最合适，它的功能具有做客服的天然潜质。"老百姓大药房"微信公众号的营销特点就是提供了在线咨询功能，如图 13-9 所示。

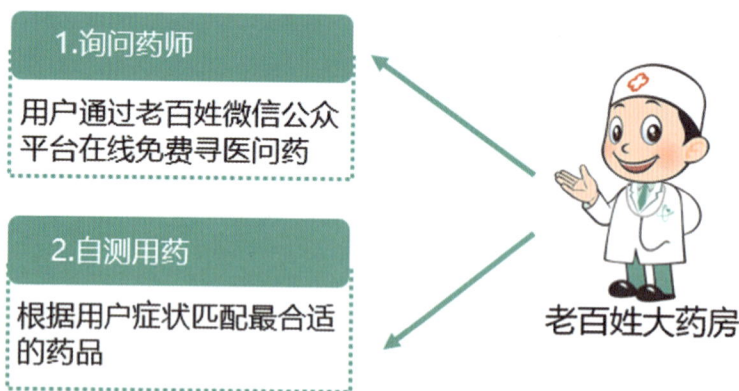

图 13-9 "老百姓大药房"服务解析

13.2　医院

　　微信作为有广泛影响力的新兴媒体，如果使用得当，必定能够给医院业务的发展带来良好机会，可以有效稳固医院在网络营销路径上的扩散能力，为医院的业务发展提供助力。

【平台简介】

北京维尔口腔医院是一家经营 10 多年，以口腔医疗专业为主的大型口腔专科医院，下属的医疗机构近 20 家，遍布北京市朝阳、丰台、崇文、海淀、东城等各个城区。

【功能解析】

"维尔口腔"微信公众平台功能如图 13-10 所示。

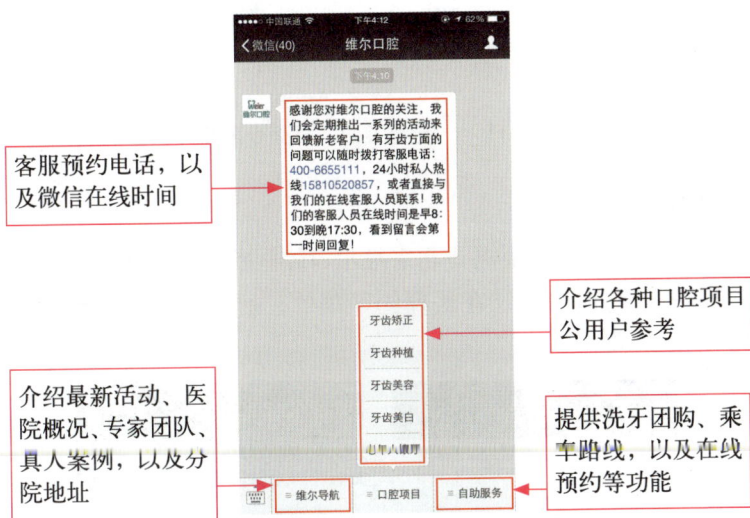

客服预约电话，以及微信在线时间

介绍各种口腔项目公用户参考

介绍最新活动、医院概况、专家团队、具人案例，以及分院地址

提供洗牙团购、乘车路线，以及在线预约等功能

图 13-10　"维尔口腔"微信

【实施分析】

1. 微信信息推广

为了让微信用户对北京维尔口腔医院有一定的了解，经过专业人士的整理，在"维尔口腔"微信公众账号的咨询预约菜单里提供了"官方网站""在线咨询""咨询热线""医院地址""专家简介"等选项。

关注"维尔口腔"微信公众号(weierkouqiang)后，点击"咨询预约"|"专家简介"菜单，就会弹出信息列表，查看列表中的项目只需要点击进入即可，如图 13-11 所示。

图 13-11　"走进维尔"页面专家简介

2. 人工服务

为了拉近与微信用户的距离，北京维尔口腔医院还专门提供了"一对一"人工服务。点击"咨询预约"|"在线预约"菜单，就会进入"在线预约"页面，如图 13-12 所示。

图 13-12　在线预约

在该页面中，如果微信用户在口腔方面有任何问题都可以在该页面中输入问题进行咨询，如果打字不方便，还可以直接点击"一键电话"进行电话咨询，口腔医院专业认知会进行电话沟通。

对于微信公众号来说，提供人工"一对一"的沟通虽然具有较高的人力成本，但是如果想把公众号运营得有特色、有深度，加强人工回复是非常有必要的。

"维尔口腔"公众微信账号在发布这些信息时，都采用图文并茂的形式，与普通文字相比，该种方式的多媒体信息，对微信用户的吸引力更大。

北京维尔口腔医院所发送的资讯内容图文并茂，所见即所得，使用户的体验性得到前所未有的提升。同时对于患者来说，还提供了在线预约功能，整个过程自动完成，省去了患者的麻烦，提高了工作效率。微信服务解析如图 13-13 所示。

图 13-13　"维尔口腔"服务解析

【案例 069】蒙恩齿科：民营口腔诊所
——一站式服务

【平台简介】

蒙恩齿科是由基督徒创建，经政府注册的专业、规范的口腔诊所，开设洗牙、补牙、拔牙、镶牙、正畸、种植、牙齿美白等齿科服务项目。

【功能解析】

"蒙恩齿科"微信公众平台功能如图 13-14 所示。

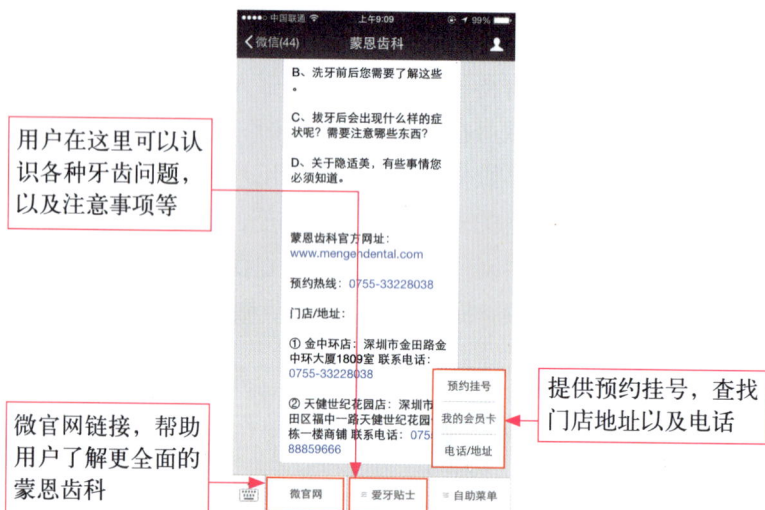

图 13-14　"蒙恩齿科"微信

【实施分析】

1. 微官网

用户在关注"蒙恩齿科"微信公众账号(mengen-)后，点击屏幕下方左下角的"微官网"菜单，就会弹出"进入微官网"的信息框，用户只要点击"阅读全文"即可进入蒙恩齿科微官网，如图 13-15 所示。蒙恩齿科的微官网平台可以帮助医院发布医院简介、海报、分院信息等医院资料。

2. 预约挂号

蒙恩齿科开发了微信预约挂号系统，用户不只可以简单地选择科室、挂号，还能看到每个医生的详细资料、照片、开诊时间，进行挂号订单处理，预约挂号资料配置，让挂号系统更加人性化、完善化。点击"自助菜单|预约挂号"菜单就会弹出信息框，然后点击"阅读全文"即可，如图 13-16 所示。

3. 微门店

通常大医院都会有分院，蒙恩齿科也在微医疗平台参添加了"微门店"功能，让患者知道还有其他地方的分院可以看病。点击"自助菜单"|"电话／地址"菜

图 13-15　蒙恩齿科微官网

图 13-16　预约挂号

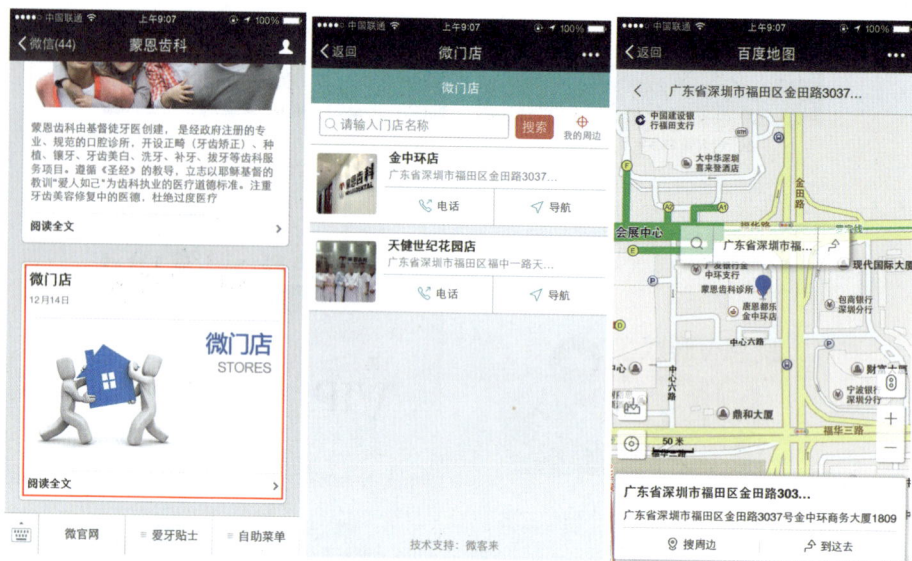

图 13-17　预约挂号

用户通过微医疗平台实现在线挂号、内容设置、预约查询、预约统计等一整套服务体系，能够有效解决患者挂号难、排队累、就医不方便等一系列问题，如图 13-18 所示。

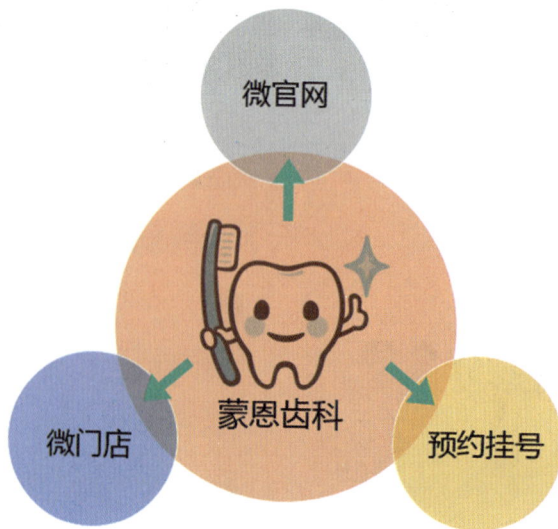

图 13-18　"蒙恩齿科"服务解析

第 14 章

教育微信：
专属老师，全面教育

微信教育：专属老师，全面教育

高等院校

【案例 070】南昌大学：学生微服务
——掌上服务

【案例 071】西安交通大学：教师微服务
——开发互联网

【案例 072】西北大学：微信整合营销
——善用各种资源

【案例 073】华中科技大学：微信漂流瓶
——互动聚集人气

培训机构

【案例 074】北京新东方学校：人工服务
——人性化服务更贴心

【案例 075】无忧英语51TALK：一对一真人外教
——增强学习体验

14.1　高等院校

21 世纪是一个经济全球化和服务国际化的时代，中国加入世贸组织后，教育也作为服务业成为其中最重要的组成部分。近年来，教育市场呈现旺盛的增长趋势，成为我国经济领域闪亮的市场热点，成为创业投资最热门的关键词。

最近几年，随着整体投资市场的不景气，专家指出，中国的教育市场巨大，机会仍然很多，但是教育市场的竞争将更加激烈，行业将进入比拼内功和圈地时代。那么，如何在激烈竞争中脱颖而出，成为许多大学领导人和学者关注的话题。

对于教育行业来说，特别是培训机构，最重要的是学生的招生问题，尤其是线下机构的招生都是重模式，对咨询依赖性很强。获得学生或家长的咨询是很宝贵的机会。

【案例 070】南昌大学：学生微服务
——掌上服务

【平台简介】

南昌大学，简称"南大"，位于中国江西省南昌市，是一所"文理工医渗透、学研产用结合"的综合性大学，是"211 工程"重点大学。

【功能解析】

"南昌大学"微信公众平台功能如图 14-1 所示。

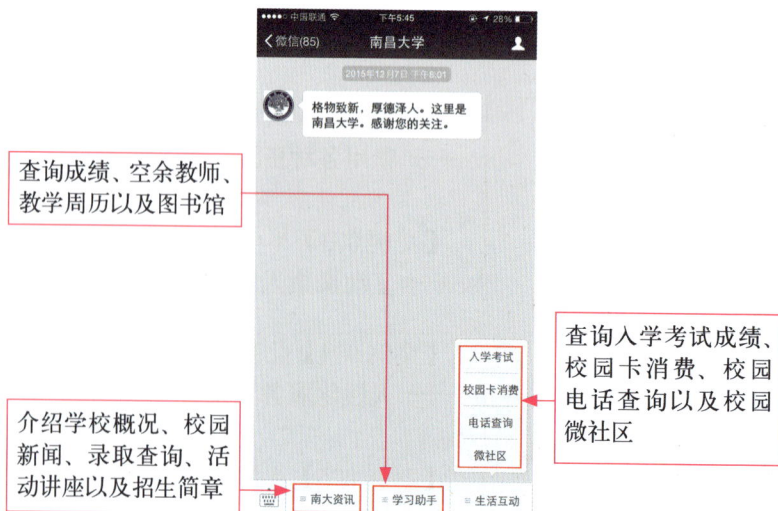

图 14-1　"南昌大学"微信

【实施分析】

1. 成绩查询

关注"南昌大学"微信公众号(ncdxwx)，点击"学习助手"|"成绩查询"菜单，就会进入"成绩查询"页面，如图14-2所示。在该页面中，只要选择学期，然后输入教务系统中所分配的学号和密码，就可以查看自己的成绩。

图14-2　"成绩查询"页面

2. 教室查询

点击"学习助手"|"空余教室"菜单，就会进入"主教空闲教室查询"页面，如图14-3所示。在该页面中，选择星期一就会进入展示星期一的空闲教室页面，如图14-4所示。

3. 教学周历

点击"学习助手"|"教学周历"菜单，就会进入"南昌大学教学周历"页面，如图14-5所示。在该页面中详细介绍了南昌大学的教学周历。

上述众多学生掌上服务，对于南昌大学来说，不仅降低了成本，更能将与学生有关的一切信息都通过微信公布给学生，从而使学校的教学任务和安排显得井然有序；对于学生来说，只要关注学校微信公众账号，就可以随时随地了解上课信息，非常简单、方便和便捷，如图14-6所示。

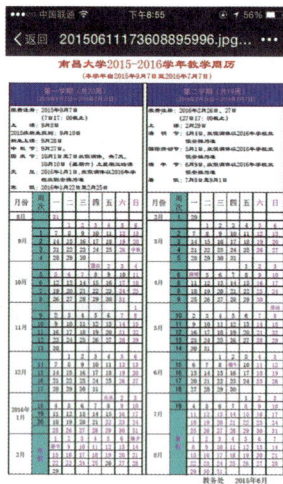

图14-3　"主教空闲教室查询"　图14-4　"星期一空闲教室"　图14-5　"南昌大学教学周历"

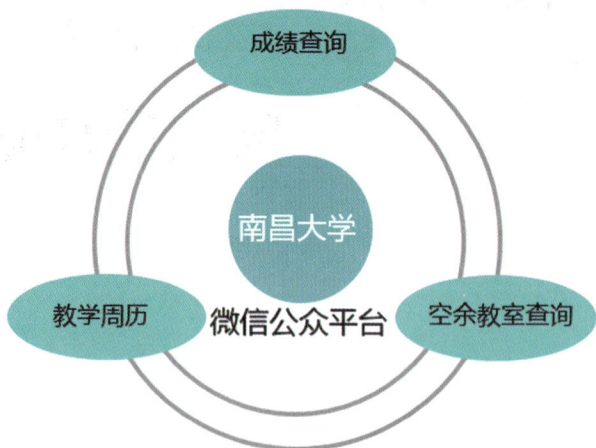

图14-6　"南昌大学"服务解析

【案例071】西安交通大学：教师微服务
——开发互联网

【平台简介】

西安交通大学简称"西安交大"，位于古都西安，是国家"七五""八五"首批重点建设高校，是全国重点综合性研究型大学，是国家"211工程"首批重点建设的七所大学之一，"985 工程"首批重点建设的九所高校之一，被国家确定为以建设世界知名高水平大学为目标的教育部直属全国重点大学。

【功能解析】

"西安交通大学"微信公众平台功能如图 14-7 所示。

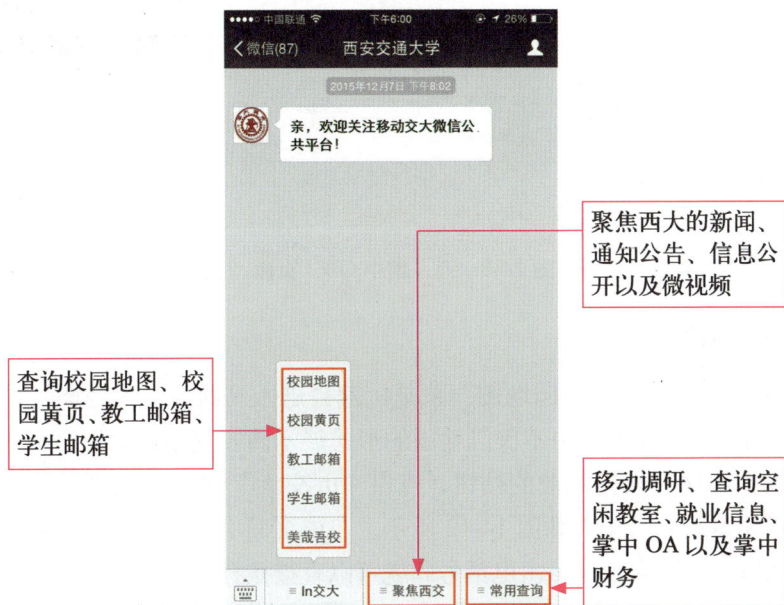

聚焦西大的新闻、通知公告、信息公开以及微视频

查询校园地图、校园黄页、教工邮箱、学生邮箱

移动调研、查询空闲教室、就业信息、掌中 OA 以及掌中财务

图 14-7　"西安交通大学"微信

【实施分析】

随着手机、平板电脑等智能终端的快速普及和发展，以及 WLAN、3G 甚至 4G 网络普及，移动互联网逐渐影响人们的生活。"西安交通大学"微信公众号 (My_XJTU) 专门提供了基于移动互联网络的额"移动科研""掌中 OA""掌中财务"服务供该校教师应用。

1. 教师服务

点击"常用查询"|"移动科研"菜单，就会弹出"移动科研"信息列表，如图 14-8 所示。点击"常用查询"|"掌中 OA"菜单，就会弹出"掌中 OA"信息列表，如图 14-9 所示，主要包含了通知和会议的查询操作。点击"常用查询"|"掌中财务"菜单，就会弹出"掌中财务"信息列表，如图 14-10 所示。

图 14-8　"移动科研"页面　图 14-9　西"掌中 OA"页面　图 14-10　"掌中财务"页面

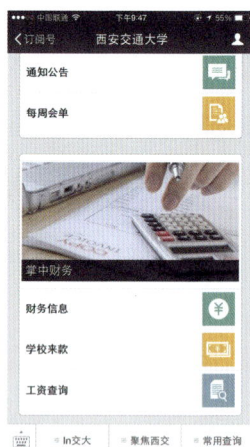

2. 校园地图

点击"In 交大"|"校园地图"菜单，就会进入"西安交大地图"页面，如图 14-11 所示。在该页面中不仅以地图的形式展示西安交通大学的全貌，而且还提供了切换小区和切换维数的按钮。点击"In 交大"|"校园黄页"菜单，就会进入"校园黄页"页面，如图 14-12 所示。在该页面中不仅展示了西安交通大学各部门的电话，而且轻轻点击电话号码就可以直接拨打。

图 14-11　校园地图　　　　图 14-12　校园黄页

目前，高校多以网络为基础的 OA、教务管理、财务管理、科研管理、设备管理等系统为师生提供各类信息服务，虽然实现了信息化，但是距离实现"教学

信息化高校"还有一定距离。伴随移动互联网的发展，给予移动化的数字信息化高校解决方案成为一种可能，如图 14-13 所示。

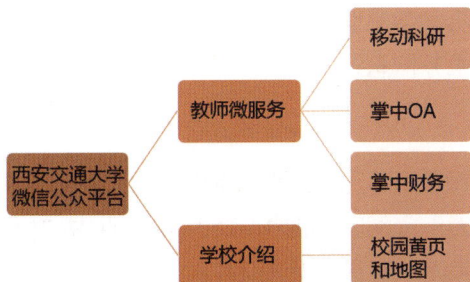

图 14-13 "西安交通大学"服务解析

【案例 072】西北大学：微信整合营销——善用各种资源

【平台简介】

西北大学简称"西大"，始建于 1902 年，由清末光绪皇帝御笔朱批设立，坐落于古都西安城，是国家教育部与陕西省人民政府共建的综合性全国重点大学，"211 工程"、中西部高校基础能力建设工程大学，是中国西北地区历史最为悠久的高等学府。

【功能解析】

"西北大学"微信公众平台功能如图 14-14 所示。

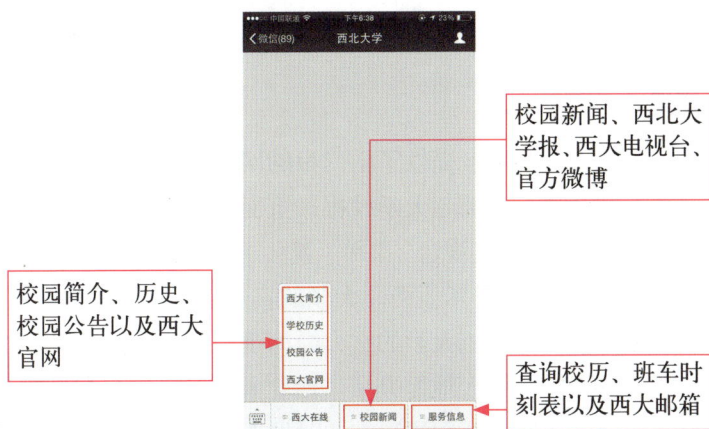

图 14-14 "西北大学"微信

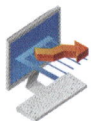

【实施分析】

"西北大学"微信营销采用自定义下拉菜单发送学校资讯，主要设置了3个菜单，分别为宣传西北大学品牌的"西大在线"、推送学校资讯的"校园新闻"和提供服务功能的"服务信息"。

1. 关注西大

关注"西北大学"微信公众号(northwest1902)后，点击"西大在线"|"西大官网"菜单，就会进入西北大学官网，如图14-15所示。点击"校园新闻"|"新闻网"菜单，就会进入"新闻网"页面，如图14-16所示。

图 14-15　西北大学官网　　　　　图 14-16　"新闻网"页面

2. 西大新闻

"西北大学"微信公众平台提供了学习报的网络版，点击"校园新闻"|"西北大学报"菜单，就会进入"西北大学校报"页面，如图14-17所示。

点击"校园新闻"|"西大电视台"菜单，就会进入"新西大-校内媒体"页面，如图14-18所示。在该页面中展示了西北大学的宣传视频。点击"校园新闻"|"官方微博"菜单，就会直接进入该大学的官方微博页面。

西北大学的整合营销，极大地提升了"西北大学"微信公众号的互动性和用户服务体验性，实现学校实时新闻资讯的及时发布，如图14-19所示。

图 14-17　"西北大学校报"页面

图 14-18　"新西大 – 校内媒体"页面

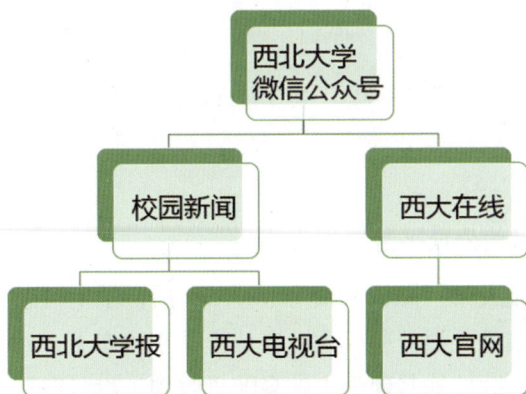

图 14-19　"西北大学"服务解析

【案例 073】华中科技大学：微信漂流瓶
——互动聚集人气

【平台简介】

华中科技大学简称华中大是一所位于湖北省武汉市的中国顶尖综合研究型大学，学校前身为 1952 年设立的华中工学院、1907 年德国医师埃里希·宝隆博士创立的上海德文医学堂以及 1898 年张之洞建立的湖北工艺学堂。

【功能解析】

"华中科技大学"微信公众平台功能如图 14-20 所示。

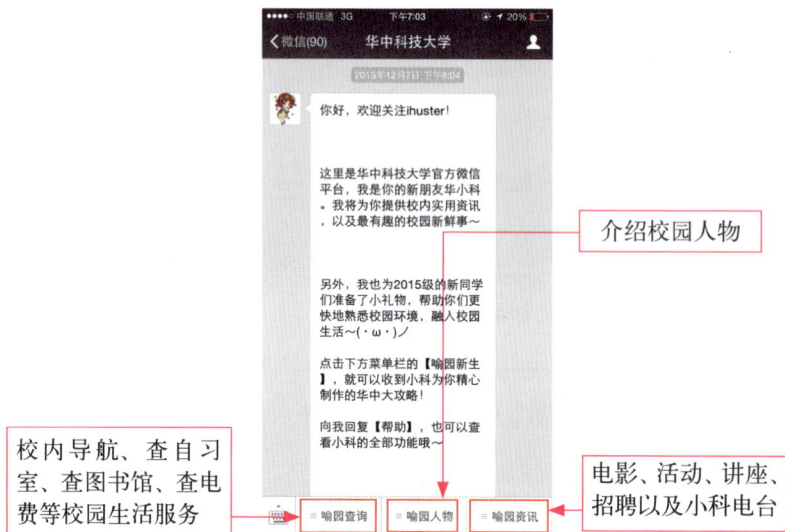

介绍校园人物

校内导航、查自习室、查图书馆、查电费等校园生活服务

电影、活动、讲座、招聘以及小科电台

图 14-20　"华中科技大学"微信

【实施分析】

华中科技大学微信公众平台

关注"华中科技大学"微信公众号 (ihuster) 后，学生可以在微信对话框中回复"漂流瓶"就可以进入漂流瓶模式。在该模式下状态下，回复"丢瓶子"——写下自己想说的话，同校的其他学生就会随机收到；也可以回复"收瓶子"——随机收到别人丢的瓶子，并进行回复，如图 14-21 所示。

"华中科技大学"微信公众平台，利用微信开放接口技术实现"小科漂流瓶"功能，支持了同校大学生匿名交流。据了解，该功能一经推出，便在学生中引发了极大的反响，3 天时间里，微信公众平台的回复量就达到 4 万多条，让许多学生爱不释手。

在微信营销中，"局域网"形式的"漂流瓶"功能，能够快速聚拢跟微信公众号相关联的具有共同属性的粉丝。而华中科技大学就利用"漂流瓶"快速在学生群中得到关注，如图 14-22 所示。

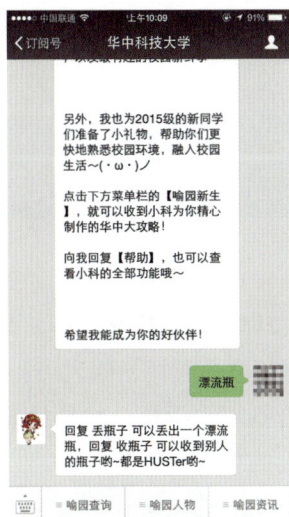

图 14-21　漂流瓶模式

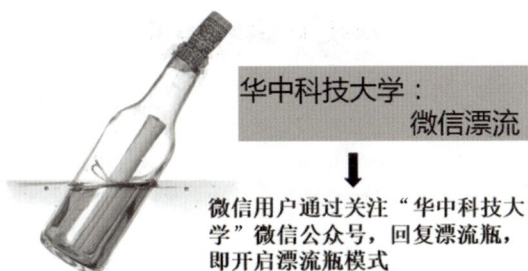

图 14-22　"华中科技大学"服务解析

14.2　培训机构

众所周知，多数用户宁可打电话也不愿意面谈，宁可在线咨询也不愿意打电话。而微信是可咨询的便捷 IM 方式，并且是永远随身的 IM 工具，用户采用微信进行咨询的心理成本非常低。因此，许多大学开通了招生微信公众平台。

教育培训服务是一种重模式，只有用户获取到足够多的相关信息的时候，才有可能选择该教育机构。如果该机构开通了微信公众号，用户只要扫描了二维码成为微信关注者，微信即可展示教育机构的全部课程、名师、地图、服务等内容，从而在第一时间引导用户关注并咨询。

因此，教育机构拓展了移动互联网这一新兴的营销通路——微信营销，是一种必然趋势。同时，根据目前众多教育机构的微信公众平台，可以发现实现咨询、校区地图、选课、文章等功能已经没有障碍，为学生与教师之间、家长与学校之间的沟通提供便利。

【案例074】北京新东方学校：人工服务
——人性化服务更贴心

【平台简介】

新东方创办于1993年，21年专注教育培训，累计学员超过2000万，业务涵盖小学、中学各科、考研、新概念英语、四六级、托福、雅思考试、职场英语、听力口语提高等，是一所综合性培训学校。它是目前中国大陆规模最大的综合性教育集团，同时也是全球最大的教育培训集团。

【功能解析】

"北京新东方学校"微信公众平台功能如图14-23所示。

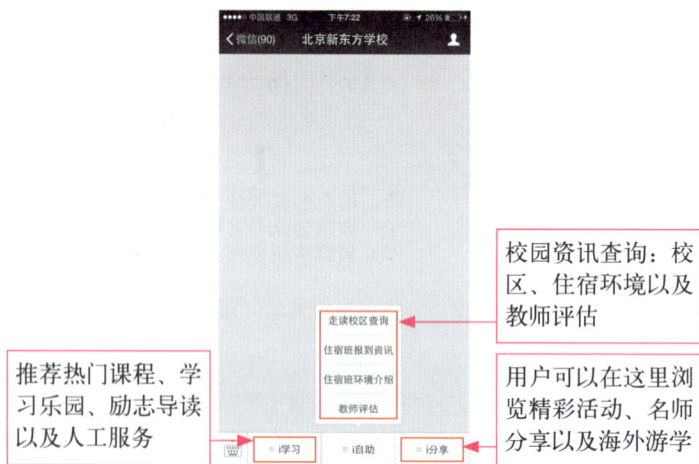

推荐热门课程、学习乐园、励志导读以及人工服务

校园资讯查询：校区、住宿环境以及教师评估

用户可以在这里浏览精彩活动、名师分享以及海外游学

图 14-23　"北京新东方学校"微信

【实施分析】

西 大 新 闻

当有培训计划的用户遇到一些特殊问题时，点击"i学习"|"人工服务"菜单，就会弹出"人工服务"信息。根据提示可以在每天的9:00～23:00，接受"小新""一对一"人工服务；如果在其他时间段，还可以给"小新"留言，当"小新"在后

台看到留言后就会尽快回复,如图 14-24 所示。

所有服务行业,都非常注重与用户的互动性,因为在互动中可以了解用户的真实需求。北京新东方学校为了使培训人员与公众平台之间的交互有更多的人情味,提升微信的用户的体验性,专门提供了人工服务。

对于教育行业中的培训机构来说,开通官方微信公众号的更多优势应该体现在客户服务之中。它的出现不仅给微信用户的体验带来大幅度的提升,而且在沟通的过程中使他们有了被尊重感,同时使他们对微信公众号保持一种好奇心和新鲜感。

图 14-24　人工服务信息

【案例 075】无忧英语 51TALK:一对一真人外教 ——增强学习体验

【平台简介】

51TALK 无忧英语是一家基于互联网平台的英语培训机构,主要针对想提高英语水平的普通大众开展外教一对一课程。主要产品包括:外教一对一课程、外教精品小班课、iTalk 视频教学等。

【功能解析】

"51TALK 无忧英语"微信公众平台功能如图 14-25 所示。

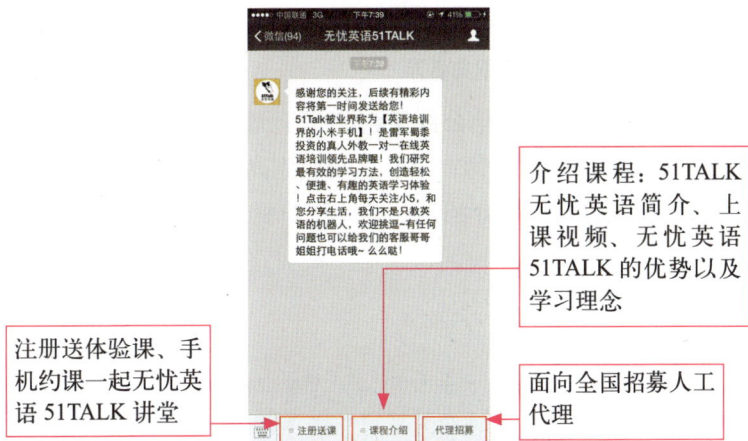

介绍课程:51TALK 无忧英语简介、上课视频、无忧英语 51TALK 的优势以及学习理念

注册送体验课、手机约课一起无忧英语 51TALK 讲堂

面向全国招募人工代理

图 14-25　"51TALK 无忧英语"微信

【实施分析】

1. 领取免费课

用户在关注"无忧英语51TALK"微信公众号(woyaotalkenglish)后，点击"我要上课"|"领取免费课"菜单，注册即可领取1节1对1外教课，如图14-26所示。

2. "带盐人"

点击"注册送课"|"51TALK带盐人"菜单后，系统将会回复关于"带盐人"的信息框，用户可以看到不同行业以及不同年龄阶段的"带盐人"，如图14-27所示。这些"带盐人"都是针对他们所处的行业、年龄阶段，具有较强的特征性。

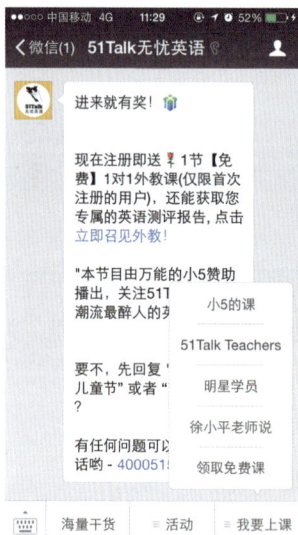

图14-26　领取免费课　　　　图14-27　"带盐人"信息列表

"无忧英语51TALK"微信公众平台除了上面所说的功能外，还可以在线浏览无忧英语51TALK的外教老师，以及从初级到高级的教学成果展示。无忧英语51TALK的课程设置以及课程介绍也为了让用户更好地了解该平台的教学方式。

第 15 章

美容微信：
爱美行动，随时随地

15.1　化妆品

"爱美之心，人皆有之"，因此在 2000 多年前，人类就懂得了化妆美容了。在漫长的岁月里，化妆品也总能历久弥新，引领时尚。在现阶段，与其他行业相比，化妆品行业呈现节日和电商促销影响明显、口碑评价关注度高、女性网名占比高、冲动消费多、整体用户年轻化等特点。

目前，在化妆品企业中，包括欧珀莱、珀莱雅、Olay、自然堂等都开通了微信公众号。在化妆品咨询网站中，化妆品报、化妆品资讯等也先后开通了微信公众号。本节通过一些经典案例，简单梳理了目前化妆品行业微信公众平台所使用的策略，以供大家参考。

【案例 076】欧珀莱：无处不在的 O2O 营销
####　　　　　　——互动式的答题模式

【平台简介】

欧珀莱 (AUPRES) 是具有 140 年悠久历史的专业化妆品先驱资生堂集团专门针对中国市场开发的高档化妆品品牌。该品牌创立于 1994 年，拥有超过 300 百万的受用者，行销网络遍及中国全境。

【功能解析】

"欧珀莱"微信公众平台功能如图 15-1 所示。

专属定制菜单里，用户可以申请试用体验、在线测试皮肤、资讯彩妆等服务

在这个菜单里，用户可以分享自己的美容心得、绑定用户、积分查询以及查看会员答谢

产品介绍、活动介绍、在线购买以及专柜导航

图 15-1　"欧珀莱"微信

【实施分析】

1. 微信会员

关注"欧珀莱"成为微信会员，就会享受会员折扣。同时会员的每一次消费，都可以获得积分，当积分攒到一定数量就可以兑换相应的化妆品。

"个人中心"的子菜单为欧珀莱专门提供给会员的专享服务，点击"个人中心"|"会员答谢"菜单后，就会进入"花之友-会员答谢"页面，如图 15-2 所示。

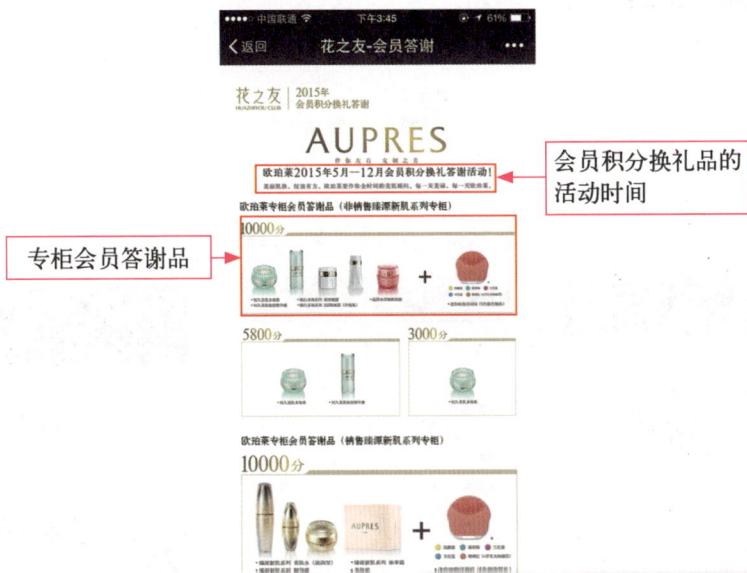

图 15-2　"会员答谢"页面

2. 产品介绍

在化妆品行业里，消费者最关心的是化妆品的功效，因此"欧珀莱"专门在"品牌专区"里介绍了各个系列的化妆品。微信用户只需要点击"品牌专区"|"明星产品"菜单，将弹出欧珀莱产品信息列表，如图 15-3 所示。

3. 柜台自主导航

点击"品牌故事"|"店铺查询"菜单，将弹出查找欧珀莱专柜信息，如图 15-4 所示。在柜台信息列表里可以自行查找自己所在城市的欧珀莱专柜，如图 15-5 所示。点击"看全景"则会显示具体位置和地标建筑，如图 15-6 所示。

图 15-3　"明星产品"信息

图 15-4　欧珀莱柜台信息　　图 15-5　欧珀莱柜台地址信息　　图 15-6　欧珀莱全景

　　"欧珀莱"开发基于客户互动式的答题功能，采用类似"一站到底"的模式引导微信用户参与答题，在答题的过程中，不仅普及了化妆品的常规知识，宣传了公司的品牌，而且还了解手机了关注客户的肌肤问题和需求，为日后产品的改进和研发提供帮助，如图 15-7 所示。

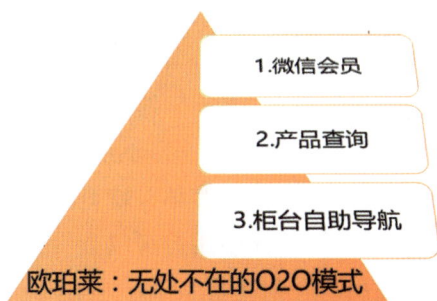

图 15-7　"欧珀莱"服务解析

【案例 077】珀莱雅：跟用户聊天
——陪聊式的服务

【平台简介】

　　珀莱雅是中国领先的化妆品品牌，珀莱雅发掘深海纯净、珍贵的护养成分，运用先进科技，深入肌肤本源，带来持久、由内而外的魅力。

【功能解析】

　　"珀莱雅"微信公众平台功能如图 15-8 所示。

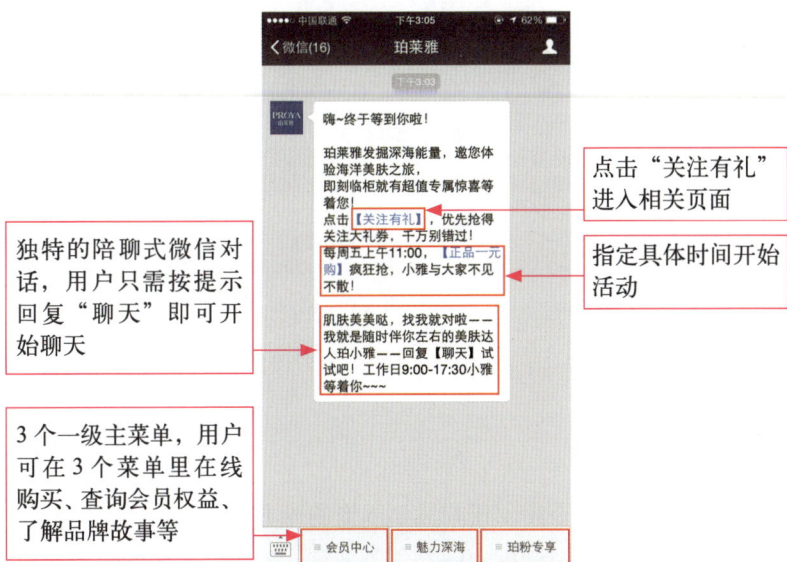

图 15-8　"珀莱雅"微信

【实施分析】

1. 专属礼券

用户通过添加"珀莱雅"微信公众号 (proyamb) 来关注"珀莱雅"微信公众平台，点击"珀粉专享"|"专属礼券"菜单，就会跳转至"专属礼券"页面，如图 15-9 所示。在"专属礼券"页面中用户可以查看到自己所享有的礼券，在截止日期前一定要早早地使用，避免过期。

图 15-9　专属礼券

2. 防伪查询

点击"魅力深海"|"防伪查询"菜单，就会跳转至防伪码查询页面，如图 15-10 所示。有些比较细心的用户会担心自己购买的产品是不是假货，"防伪查询"菜单就为用户提供了一个有力的平台，只要输入产品盒上的 16 位验证码，是真是假马上就见分晓。

3. 陪聊服务

"珀莱雅"还有一个最令粉丝用户感到满意的地方就是它的陪聊服务，用户只需要在法定工作日之间内在对话框内回复"聊天"，珀莱雅客服就会向客户回答，如图 15-11 所示。用户不但可以咨询护肤保养，而且有任何疑问都可以告诉客服小雅。

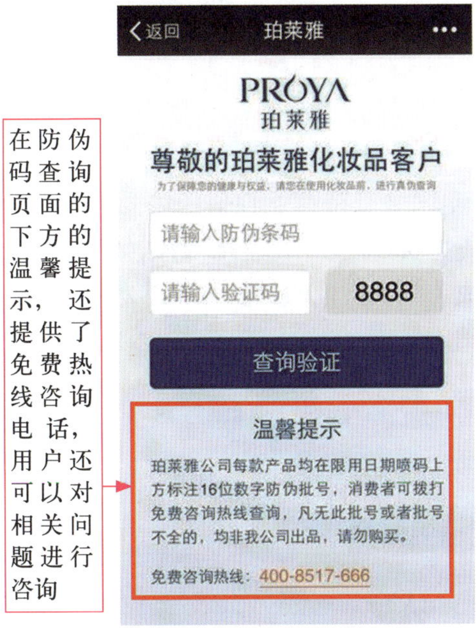

图 15-10　防伪码查询

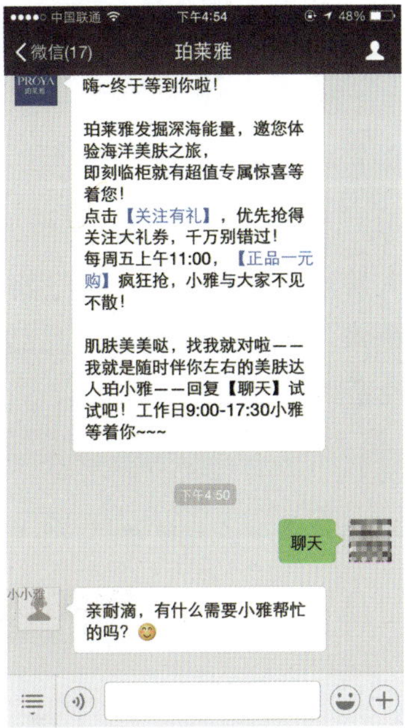

图 15-11　珀莱雅客服

在防伪码查询页面的下方的温馨提示，还提供了免费热线咨询电话，用户还可以对相关问题进行咨询

以上珀莱雅不同于其他化妆品行业的服务和活动，都在用户中赢得了良好的口碑，同时珀莱雅也给用户带来了良好的服务体验。

珀莱雅方面表示："为了取得良好的互动和口碑，珀莱雅在细节方面要求是非常高的，微信在社会化营销上的创新让珀莱雅的品牌体验得到了前所未有的升华，珀莱雅品牌在消费者心中已经深植。"具体案例分析，如图 15-12 所示。

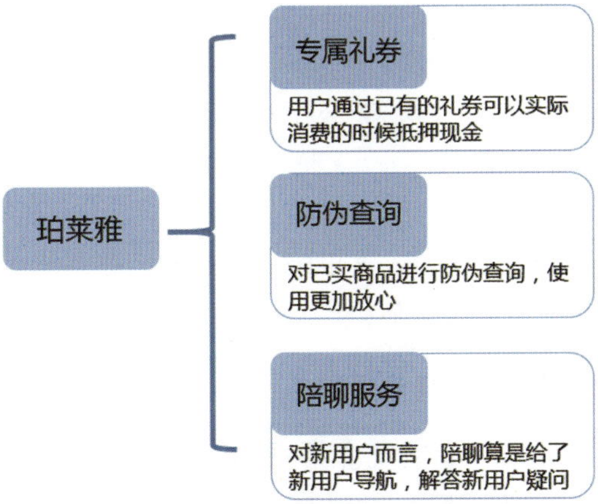

图 15-12　"珀莱雅"服务解析

【案例078】Olay：增强粉丝的可控性
——引导粉丝营销

【平台简介】

Olay 是一款全球领导护肤品牌，60 年来备受全球女性信任挚爱。Olay 一直坚持深入聆听女性需求，并通过将尖端护肤科技注入产品以满足女性日新月异的护肤需求。Olay 以卓越的产品品质成为广大女性的美丽标志，为全球超过八千万女性带来健康美丽的肌肤。

【功能分析】

Olay 微信公众平台功能如图 15-13 所示。

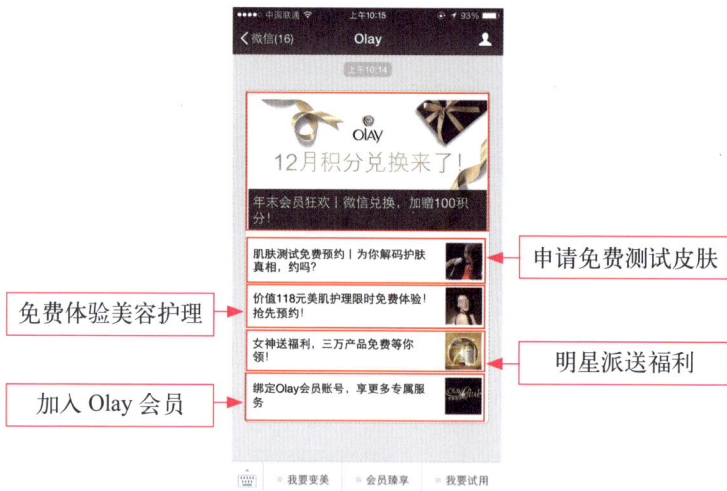

申请免费测试皮肤

免费体验美容护理

明星派送福利

加入 Olay 会员

图 15-13　Olay 微信

【实施分析】

Olay 的成功离不开营销宣传，同时 Olay 的微信账号做得非常出色，从基础粉丝到成功营销，Olay 主要经过了以下五步。

1. 迅速传播品牌信息，积聚大量粉丝

Olay 的"高招"就是"老朋友介绍新朋友"，具体作用机制是以新老粉丝都能获得奖励为激励手段，请现有微信粉丝邀请自己的朋友关注 Olay 家族三个微信。如法炮制，Olay 的三个公众账号都在一天之内顺利获得了认证资格。

Olay 非常有创意地将"一传一"无限升级为"一传一传一"，令微信账号与粉丝之间形成无数条传播链，一步步扩大微信账号的粉丝圈，最终触发"滚雪球"效应，迅速将品牌微信扩散出去。

2. 精准传达产品信息

大部分微信账号都会采取一种简单粗暴的方式来传达产品信息，即直接推送产品信息。采用这种策略效果不佳，粉丝并不能很有效地接收到微信账号要传达的信息，达不到传播的效果。而 Olay 在这方面用了一个小策略，即在 Olay 微信中回复"赐我抓水蓝晶灵"，每天会抽出一名粉丝获得抓水蓝晶灵——Olay 新升级水漾动力保湿凝露。Olay 的这一小策略效果确实很大，吸引了很多粉丝来帮助其更有效地传播产品的核心信息。

3. 根据微信特点打造有趣的互动

微信营销总结起来就是"即时回复"的技能用起来非常顺手。以 4 月 1 日愚人节活动来说：无论是玉兰油的"愚男友"，还是 Olay 的"神奇美白产品"，抑或 ProX 的"痘立完"，都利用了微信强大的"即时回复"功能。以 ProX 为例，ProX 在愚人节当天先向粉丝推送了一条有关产品的看似严肃的"假"新闻，并在结尾设置悬念，引导粉丝回复指定关键字。然后利用"即时回复"技能给粉丝揭露搞笑真相，以达到"愚人"的目的。

4. 引导粉丝自发产出高质量内容，回避活动粉

在微信中，由于有"一对一聊天"技能的支持，剔除活动粉这一步变得容易很多。Olay 玉兰油采用了"晒截图赢奖品"的战术，粉丝只需观看视频截取产品露出画面并回复微信就有机会获取奖励。在这一关中，玉兰油微信收获大量优质的 UGC 内容，又达到了增加人气的目的。

5. 结合品牌调性，紧跟时事热点

微信公众平台需要将自己品牌的调性与时事热点相结合，打造一个有态度的品牌账号。对于这一步 Olay 的策略是把 ProX 主打的产品——净透焕肤洁面仪和微晶亮肤仪拟人化，塑造出了两个新角色——"刷子先森和亮肤仪小姐"，并为其在 ProX 微信中打造一档固定时间推送的访谈栏目"呵呵 talk show"，在访谈中用这两个人物形象的口吻犀利点评时事热点，并适当植入品牌信息，获得巨大成功。

Olay 具体案例解析，如图 15-14 所示。

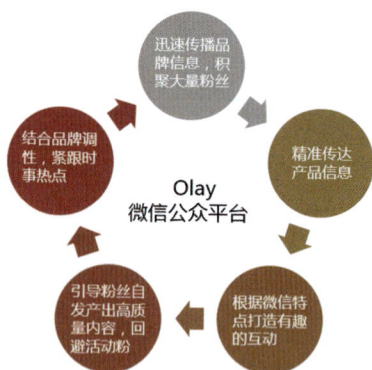

图 15-14　Olay 服务解析

【案例 079】自然堂：微信活动营销策略
——活动吸睛策略

【平台简介】

　　自然堂，伽蓝（集团）股份有限公司旗下产品，2001 年创立于上海。以天人合一的中国哲学思想为基础，倡导乐享自然，美丽生活的理念，针对中国人的文化、饮食和肌肤特点研制，甄选珍稀天然成分融合先进科技，致力于为中国消费者提供世界一流品质的产品和服务。

【功能解析】

　　"自然堂"微信公众平台功能如图功能如图 15-15 所示。

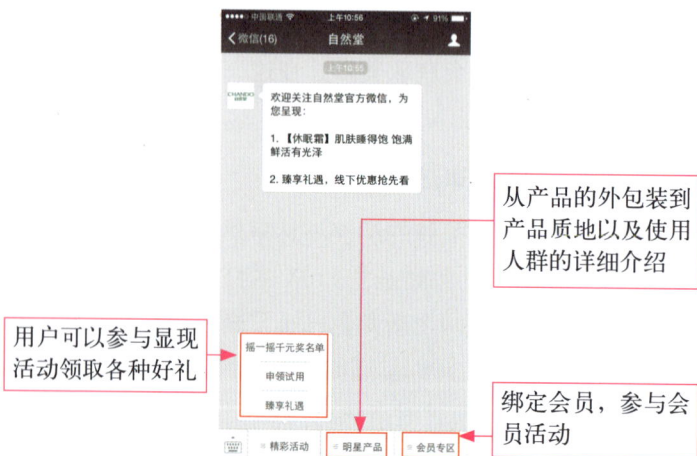

图 15-15　"自然堂"微信

【实施分析】

作为成功品牌的微信营销，自然堂有哪些策略值得借鉴呢？

1. 派送礼品吸引人气

想要微信用户关注品牌，推出有礼活动是关键的一步，关注"自然堂"之后可以直接去距离最近的自然堂专柜领取 BB 霜。这样的礼品活动自然会吸引很多用户对品牌公众账号的关注，积累人气，为后期展开各种活动做铺垫。

2. 开展化妆品知识推介

自然堂开展了一些关于都市白领生活不规律和计算机辐射造成的肌肤问题解决办法的课程。课上强调夏季补水的重要性，然后推荐了自然堂着重补水功效的几种产品，让消费者一方面了解产品信息，另一方面也能感受到品牌的价值。

3. 微信公布打折信息

在微信上更新产品打折促销信息和一些限时折扣活动，是为品牌的忠实顾客提供的一项福利。这同时也能为品牌争取到一些原本未使用过本品牌产品的顾客。

互联网将微信这种私人化个性展示平台和互动交流的媒介变成现实。在微信中品牌能够实现将自己的产品信息和更新信息第一时间传达给用户，吸引需求客户购买，增加销量，"自然堂"微信公众平台就做到了这一点，如图 15-16 所示。

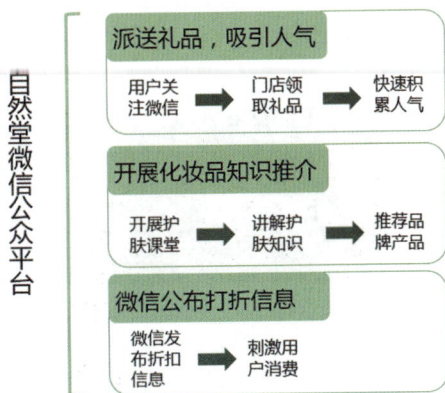

图 15-16 "自然堂"服务解析

15.2 网络平台

互联网的出现和移动互联网的兴起给了化妆品跨越时空的羽翼，给营销人员很大的机遇。微博出现之后，微博营销被一些眼光独到的化妆品营销人员所发掘，给自己带来了丰厚的利润，而如今微信问世，微信营销同样也成为现在最热门的话题。

由于化妆品是一个重体验、重口碑分享的品类，而微信具有随时、随身、随地、个性、分享、强关系等特点，似乎两者的相遇有点"相见恨晚"的感觉。

【案例080】聚美优品：CEO 营销
——开发领导魅力

【平台简介】

聚美优品是一家化妆品限时特卖商城，其前身为团美网，聚美优品首创"化妆品团购"模式：每天在网站推荐十几款热门化妆品。2010 年 9 月，团美网正式全面启用聚美优品新品牌，并且启用全新顶级域名。

【功能解析】

"聚美优品"微信公众平台功能如图 15-17 所示。

聚美优品的客服语音用的是其 CEO 陈欧的声音

链接下载聚美优品 APP 地址

极速免税是聚美优品的一大特色，旨在保证正品的前提下快速地将国外的货发到用户的手中

聚美优品向社会招聘和在校园招聘的通知等

图 15-17 "聚美优品"微信

【实施分析】

目前化妆品电商里面，最火的就是聚美优品，网络营销的主要方向是打造自己的品牌，它大量投入资金打造用户心目中独一无二的化妆品牌，更是利用新媒体"电影""网络视频"微信等广告形式，进入用户眼球，使用户记住影片内容的同时也记住了"聚美优品"的品牌。

1. 极速免税店

所谓极速免税店就是通过行邮保税的模式，聚美在国外采购的货品备至郑州保税区，然后再进行质检和销售，如图 15-18 所示。其邮税成本主要由聚美承担而不会在商品价格上体现。聚美不仅能够对货品来源有 100% 的信心，还能给消费者接近免税店的优惠价格。

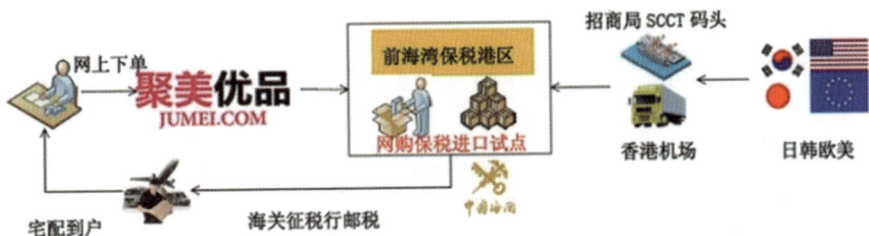

图 15-18　聚美优品免税店

2. "陈欧"体营销

在品牌的建设方面，聚美优品选用企业的老总自己给自己代言，用户不仅记住了"聚美优品"的品牌，也记住了"陈欧"体。对于企业来说，品牌就代表消费用户的一致认可，代表优化中抽象的连接推荐和价值所在，更代表不胜其数的用户体验。2014 年，聚美优品成立四周年宣传片问世，在延续上次的"陈欧体"之外，还将优美的广告词谱写成歌曲，由时下当红歌手主唱。这部宣传片在推出之后，微信转发量无数，引发网友讨论，如图 15-19 所示。

为了检测微信上的购买效果，商家可以及时进行反馈信息的收集，安排专人回复粉丝的问题，定时发送用户感兴趣的美容护肤资讯，并附带广告信息，这样就做到了一举多得。聚美优品，作为一家大型化妆品网站，具有一定的行业影响力，这种方法很适用。

图 15-19 "聚美优品"广告

【案例 081】小红书：千万妹子的海淘指南
——注重用户体验

【平台简介】

"小红书"是一个社区电商平台，帮下一代消费者找到全世界的好东西。2015 年 9 月，李克强视察了"小红书"郑州保税仓库，对"小红书"独特的电商模式表示肯定并寄语："希望你们成为这个领域里走在全国前列的创新型企业。"

【功能解析】

"小红书 APP"微信公众平台功能如图 15-20 所示。

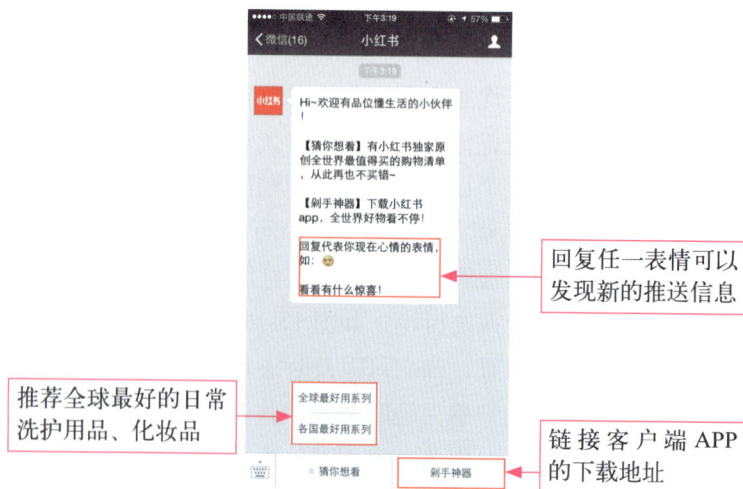

图 15-20 "小红书 APP"微信

【实施分析】

"小红书APP"微信公众平台曾通过一些用户体验活动成功地推广了自身品牌。

1. 红色星期五

"黑色星期五"这个说法是美国非官方的圣诞购物季的启动日。在这一天，美国的商场都会推出大量的打折和优惠活动，以在年底进行最后一次大规模的促销。小红书将其移植到国内，在2015年11月27号推出全年大促"红色星期五"，如图15-21所示。

2. 小鲜肉送快递营销

小红书联合创始人瞿芳在谈及在2015年6月6日的周年庆中，小红书策划的"小鲜肉送快递"（如图15-22所示）营销事件时表示："我们不觉得抓眼球是营销的目的，重点是传递我们的价值和价值观。当一位外国帅哥把惊喜传递给用户的时候，这就是用户的体验，是一种价值。之后用户记住的不是外国帅哥特别帅气的脸，她记住的是小红书带来的惊喜体验。"

图 15-21　小红书"红色星期五"活动信息　　图 15-22　小红书"小鲜肉送快递"

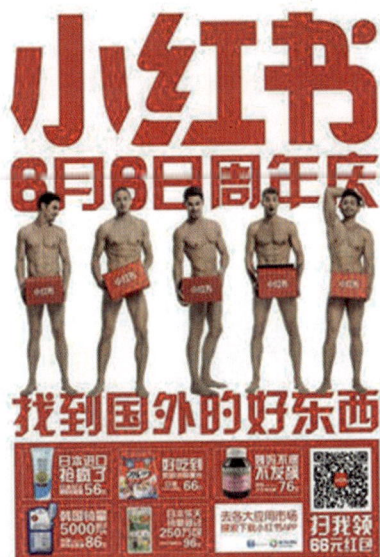

小红书希望能把用户体验做好，不论是从商品、送货速度上，还是外包装上。做好用户体验是小红书的战略，也是整个公司摆在第一位的。

第 16 章

婚庆微信：
全面了解，婚礼定制

婚庆微信：全面了解，婚礼定制

订婚宴

【案例082】到喜啦：专业婚宴预订服务
——垂直 O2O 模式

【案例 083】喜事网：一键轻松办喜事
——快速便捷的服务模式

婚礼策划

【案例 084】婚礼纪：打造完美婚礼
——高质量的咨询需求

【案例 085】易结网：一站式婚礼定制
服务平台
——定制式活动策划

【案例 086】聚喜猫：让用户做自己
的婚礼策划师
——平台标准简单化

16.1 订婚宴

婚庆公司其实有着强大的线下优势，每一场客户的婚礼都至少有几百号人参加，并且现场的来宾很多都是新人的同学朋友，现在也有很大一部分婚礼都是直接由父母操办，因此每一个婚礼现场都有众多的潜在客户。

随着微信营销的火热，不少婚庆公司也都开通了自己的微信公众号，但是这粉丝却始终涨不上来，在微信运营上也是缺少经验，大多数微信公众平台都只是发发文章，很难吸引新粉丝，维护老粉丝。因此，如何利用好每一场婚礼带来的线下粉丝资源成为婚庆公司前期蓄客的关键点。

【案例082】到喜啦：专业婚宴预订服务
——垂直O2O模式

【平台简介】

"到喜啦"正式成立于2010年5月，是国内首家垂直婚宴、喜宴预订电子商务平台，以"帮助新人实现梦想"为使命，用O2O模式为用户提供省时、优惠、有保障的婚宴预订及婚庆周边服务，目前已成为婚庆O2O行业的领头羊。

【功能解析】

"到喜啦"微信公众平台功能如图16-1所示。

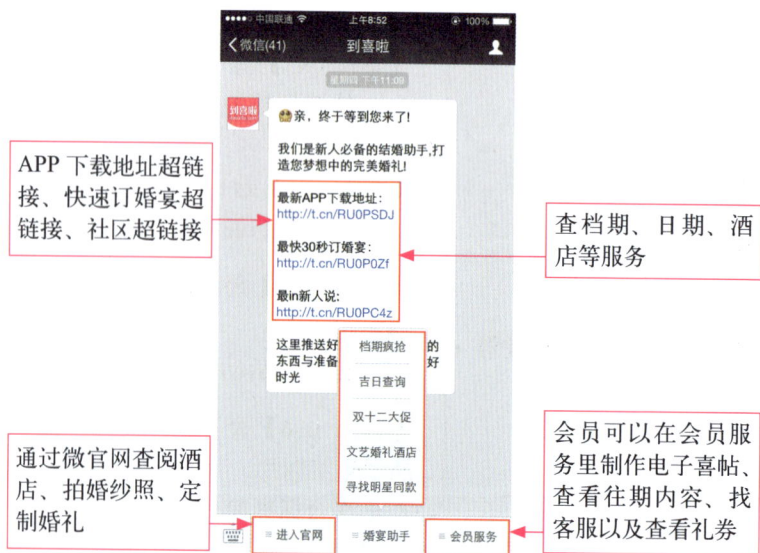

图16-1 "到喜啦"微信

【实施分析】

1. 电子喜帖

用户在关注好到喜啦微信公众账号 (daoxilacom) 后，可以用微信制作电子喜帖发给朋友并向朋友传达好消息。点击"会员服务"|"电子喜帖"菜单，就可以进入制作电子喜帖，输入相应的内容并选择喜帖风格后点击"提交"按钮，如图 16-2 所示。

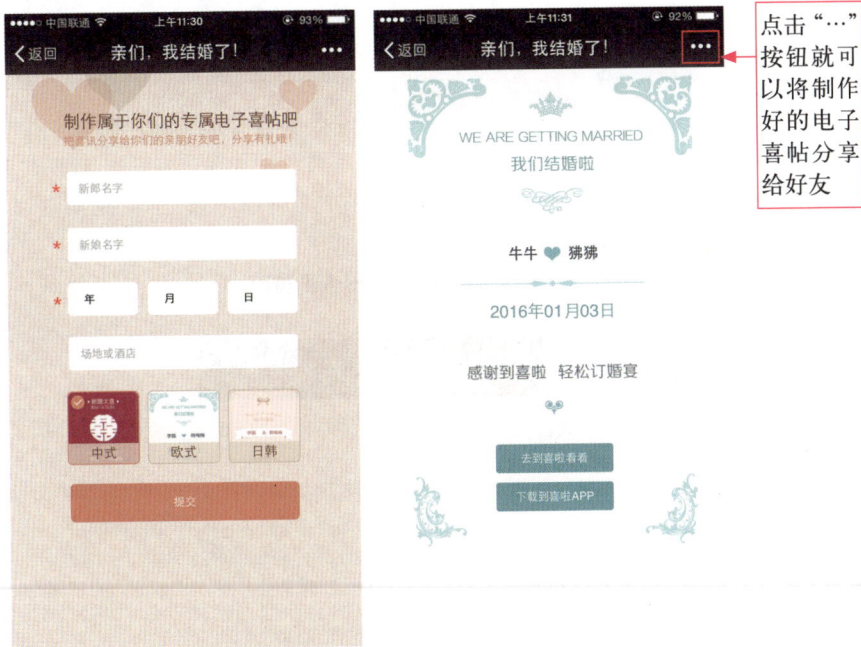

点击"···"按钮就可以将制作好的电子喜帖分享给好友

图 16-2　制作电子喜帖

2. 吉日查询

点击"婚宴助手"|"吉日查询"菜单挑选办婚宴时间。在图中日历上，有实心圆圈的标志是代表当日的日历，空心圆圈是比较适合的时间，点击"查看酒店档期"按钮就可以查看有关于酒店的档期以便用户进行选择，如图 16-3 所示。

3. 新人说

简单地说"新人说"就是"到喜啦"微信公众平台的微社区。"到喜啦"微信公众号会在"新人说"里发布最新的公告和活动通知，以及发布话题让用户参与讨论。点击"进入官网"|"新人说"菜单，如图 16-4 所示。

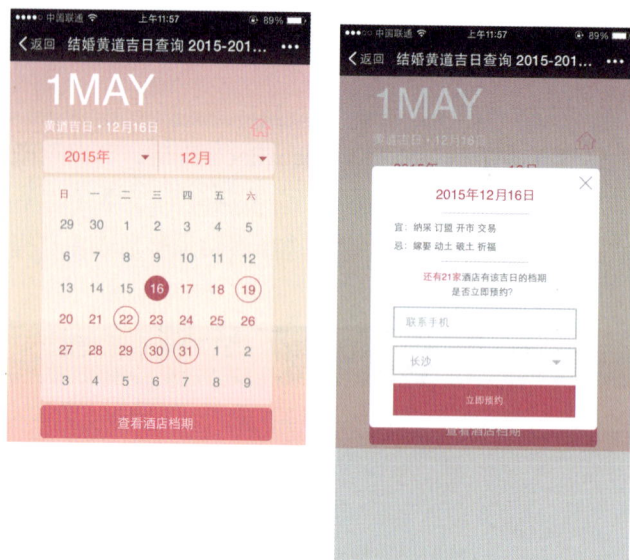

图 16-3　吉日查询页面

用户可以在微信公众号发布的话题里参与讨论与互动

图 16-4　"到喜啦社区"页面

　　"到喜啦"微信公众平台给用户提供专业的婚宴预订服务从制作电子喜帖到挑选吉日，最后到在微社区畅聊，都体现了该平台的专业性，如图 16-5 所示。

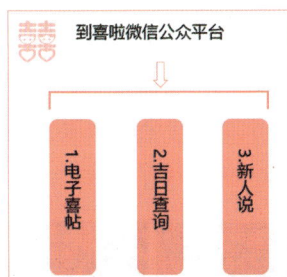

图 16-5 "到喜啦"服务解析

【案例 083】喜事网：一键轻松办喜事
——快速便捷的服务模式

【平台简介】

喜事网是国内首个获得风险投资的婚嫁类网络服务平台，隶属于北京纳吉喜事科技有限公司。自 2009 年创立以来，喜事网已成为联系结婚服务商和结婚新人的最大平台，已为数十万对新人提供了便捷贴心的婚庆相关服务。

【功能解析】

"喜事网"微信公众平台功能如图 16-6 所示。

一键轻松填写婚宴需求资料，快速订婚宴

在填写婚宴需求后，可获得能够提供服务的酒店详情、档期及优惠信息

详细介绍预订婚宴的流程

图 16-6 "喜事网"微信

【实施分析】

用户在关注喜事网微信公众号 (x_xishiwang) 后，在系统自动回复的信息框或者是点击"订婚宴"菜单，将会跳转至"婚宴预订神器"页面，用户通过填写婚宴需求即可以轻松预订婚宴，如图 16-7 所示。

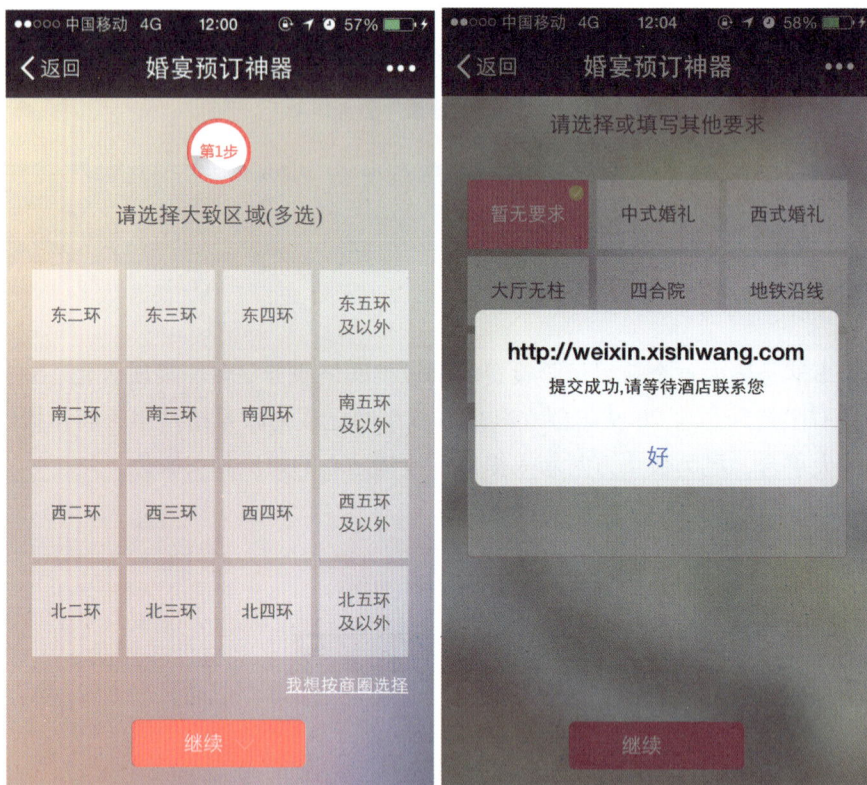

图 16-7 "填写婚宴需求"页面

在用户填写完资料后，点击"完成提交"按钮，系统就会根据用户所选的条件筛选酒店，该微信公众号会通过用户所填写的婚宴需求给出合适的婚宴信息，用户可以在范围内筛选。如果没有合适的酒店会让用户重新选择条件。

"喜事网"微信公众平台，通过简单的一键发送婚宴需求，可以快速得到档期、轻松享优惠，如图 16-8 所示。

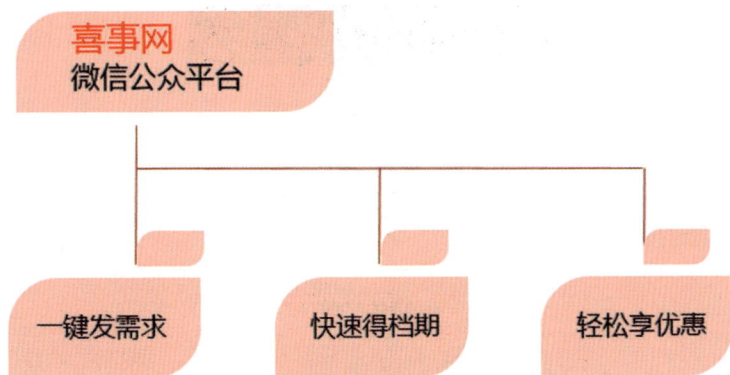

图 16-8　"喜事网"服务解析

16.2　婚礼策划

传统的婚庆行业营销方式多是在繁华街道和人群密集处发散传单，以这样的方式只能吸引到很少的一部分潜在客户。在人人都要上网寻找信息的时代，传统的营销方式因成本大、效率低逐渐被进驻婚庆平台的模式所取代，在中国互联网公司三巨头 (BAT) 插足婚庆市场后，市场上新出现了以个性定制为主的聚喜猫和酷结网等婚庆平台，也有老牌的以婚纱摄影为切入点的 wed114 结婚网等婚嫁平台。

【案例 084】婚礼纪：打造完美婚礼
——高质量的咨询需求

【平台简介】

"婚礼纪"是一款用于婚礼筹备与记录的移动应用，由杭州火烧云科技有限公司推出。它专注于婚礼行业垂直细分市场，帮助新人解决婚礼筹备与记录的难题，是集婚礼工具 (富媒体请柬)、婚礼行业商家展示、婚品导购、社区分享为一体的跨平台移动婚礼应用。

【功能解析】

"婚礼纪"微信公众平台功能如图 16-9 所示。

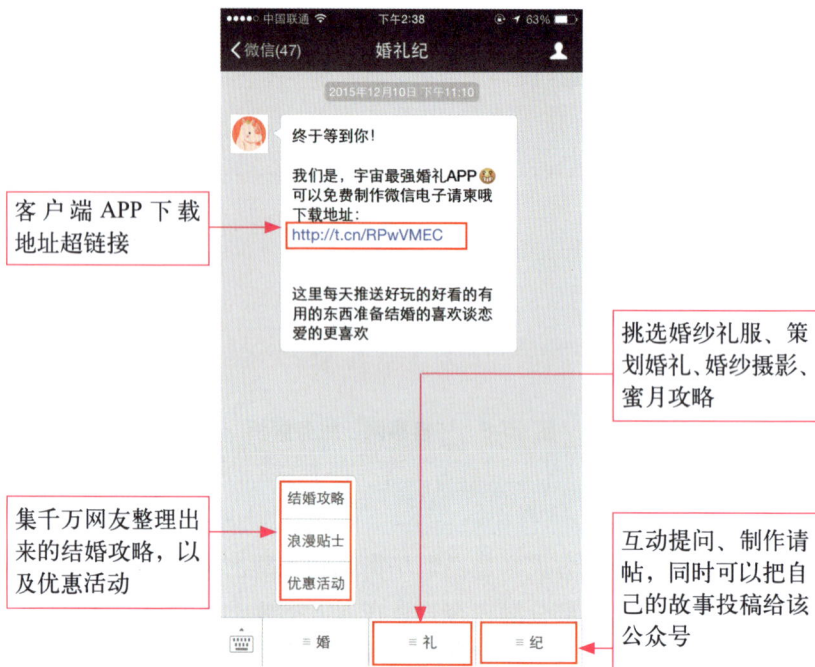

图 16-9　"婚礼纪"微信

【实施分析】

1. 结婚攻略

用户在关注"婚礼纪"微信公众号(marry_memo2)后，点击"婚"|"下载APP"即可下载 APP，在 APP 中了解结婚流程、省钱大绝招、婚前必读、婚礼物品采购、结婚必备、婚前护肤等结婚攻略。

用户可以点击浏览，绝对每一条信息都会对结婚有很大帮助，如图16-10所示。

2. 蜜月攻略

蜜月旅行可以说是时下年轻人结婚的一项必选，"婚礼纪"微信公众平台满足当下年轻人的需求，整合了很多蜜月攻略供用户参考，让用户不必为了蜜月旅行去哪里、需要准备什么而烦恼。点击"礼"|"微信墙"菜单，在回复的信息框内选择要浏览的内容即可，如图 16-11 所示。

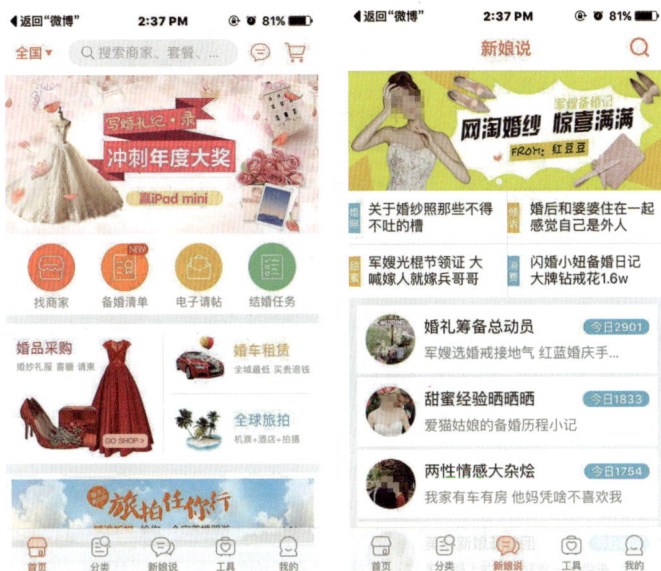

图 16-10　"婚礼纪"APP

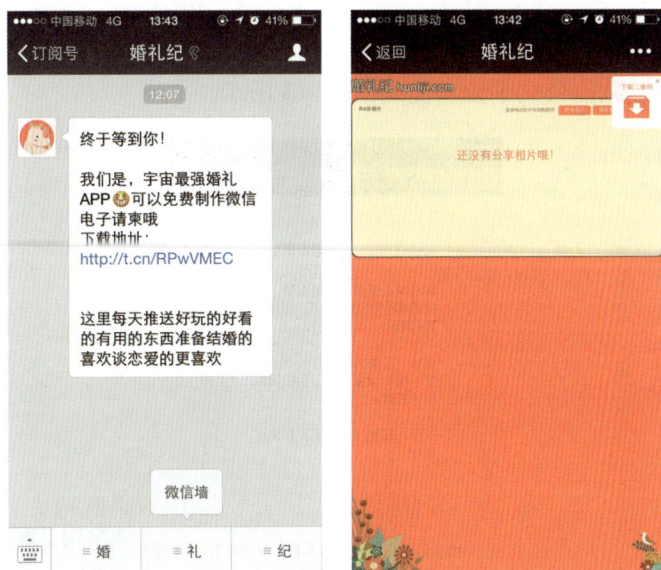

图 16-11　微信墙

　　"婚礼纪"微信公众平台为用户提供的结婚攻略满足了很多用户在婚礼准备的需要，如挑选婚纱、新娘造型，而蜜月攻略则想用户介绍了蜜月的选择地点、必备物品等，用户还可以在优惠活动页面秒杀商品。具体分析如图 16-12 所示。

图 16-12　"婚礼纪"服务解析

【案例 085】易结网：一站式婚礼定制服务平台
——定制式活动策划

【平台简介】

吉石卉（北京）文化发展有限公司（易结网）是 2014 年 1 月在北京成立的一家婚礼定制 O2O 公司，主要为供应商提供（如婚礼摄影、婚礼摄像、婚礼主持、化妆造型、场地布置等）直面新人的展示平台，同时也是为新人提供婚礼服务公司。

【功能解析】

"易结网"微信公众平台功能如图 16-13 所示。

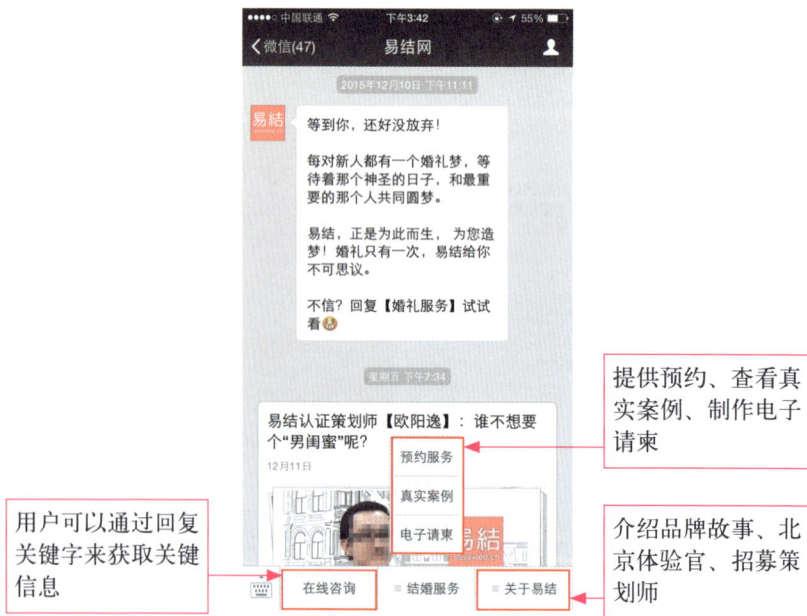

图 16-13　易结网微信

【实施分析】

1. 在线咨询

用户在关注易结网微信公众号 (easywed) 后，点击屏幕左下方的"在线咨询"菜单，根据回复该公众号给出的关键词，来获取想要了解到的信息。

如回复"电子请柬"，在系统自动回复的信息中点击蓝色字体进入即可跳转至"易结请柬"页面，如图 16-14 所示。在该页面，用户可以根据自己喜欢的风格选择制作电子请柬。

图 16-14　"在线咨询"页面

2. 预约婚礼策划

点击"结婚服务"|"预约服务"菜单，将进入"婚礼策划"页面，在该页面刷入相应的信息后，点击"立即预约"按钮，然后需要输入用户的手机号码即可立即预约，如图 16-15 所示。用户提交信息后，将会有策划师一对一地提供专业婚礼策划方案、还会有婚礼顾问全程一对一地推荐婚宴服务。

3. 婚礼案例

用户如果想通过真实婚礼案例来为自己的婚礼作为参考意见的话，可以点击"结婚服务"　|　"真实案例"菜单，即可查看真实的婚礼案例，点击进入即可，如图 16-16 所示。

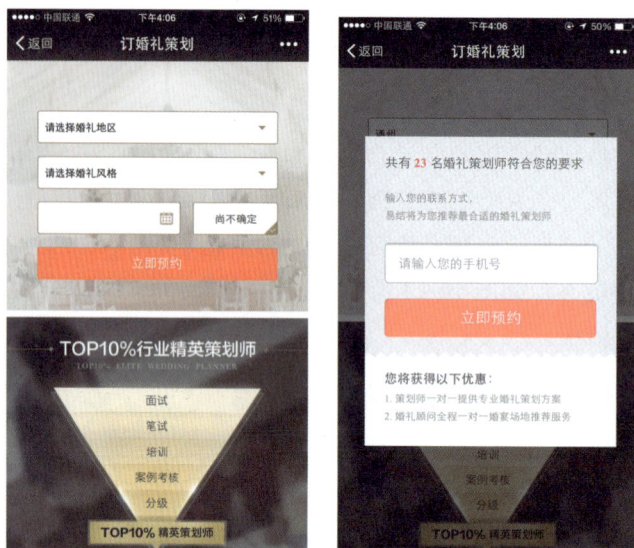

图 16-15　在线预约婚礼策划

图 16-16　精选婚礼页面

在该页面中，用户可以看到整个婚礼的花费开销、地点、风格以及现场照片，用户可以参考这些真实案例来策划属于自己的婚礼。

易结网为用户提供国内顶级婚礼策划师，为用户打造全程婚庆服务：选婚宴酒店、找专业人员、办完美婚礼。具体分析如图 16-17 所示。

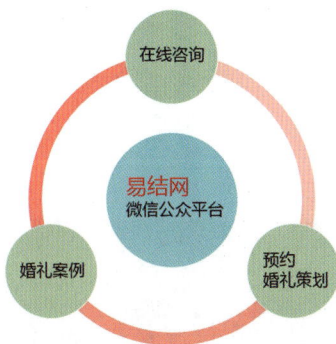

图 16-17　"易结网"服务解析

【案例 086】聚喜猫：让用户做自己的婚礼策划师 ——平台标准简单化

【平台简介】

聚喜猫网是一家提供婚礼服务的互联网公司，实现足不出户快速搞定婚礼，体现自由设计、方便省心、价格最低，资金、服务安全有保障。

【功能解析】

"取喜猫网"微信公众平台功能如图 16-18 所示。

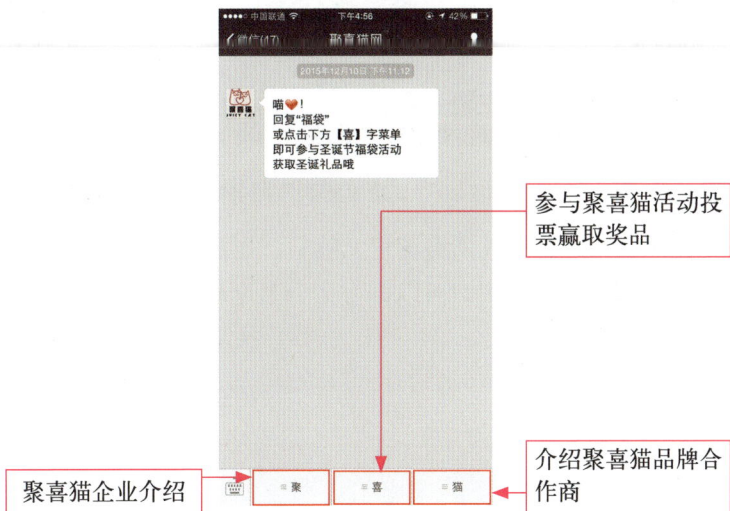

参与聚喜猫活动投票赢取奖品

介绍聚喜猫品牌合作商

聚喜猫企业介绍

图 16-18　"聚喜猫网"微信

【实施分析】

上线于 2014 年 1 月份的聚喜猫网这家婚庆 O2O 创业公司走的是 DIY+C2B 的思路，用户可以像定制蛋糕一样在网站上个性化、模块化地设计和定制自己的婚礼，如图 16-19 所示。

图 16-19　聚喜猫玫瑰里线下体验中心

原来专业的婚礼方案包括主题、场景、情节等大至 T 台、小至烛台花束都可以由用户自定义设计；最后以招标的形式找到执行方案的婚庆公司，如图 16-20 所示。这样就把本来非标准化的服务标准化了，大大降低了用户自主设计的门槛。

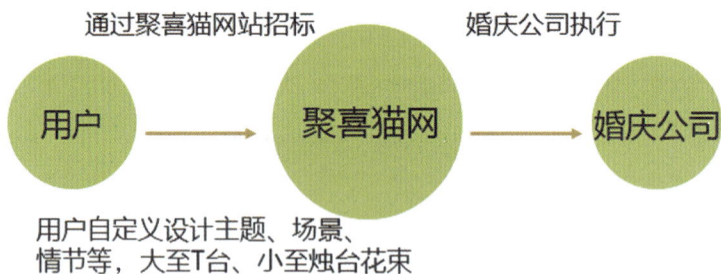

图 16-20　"聚喜猫网"服务解析

聚喜猫团队会把包括婚礼所有流程、物料、出席人员等信息生成一个完整的方案通过微信发送给用户，用户可以把方案分享至朋友圈。当然，如果有不满意的地方，还可以后续沟通。

第 17 章

汽车微信：
爱车一族，细节至上

汽车微信：爱车一族，细节之上

汽车 →

- 【案例087】凯迪拉克：微信感受 "CUE"
  ——可视化图标

- 【案例088】奔驰smart：3分钟销售 388辆
  合作互推

- 【案例089】浙江奥通：奥迪车主最值得关注的公众号
  ——拒绝"离线请留言"

- 【案例090】吉利汽车：借微信造势
  ——了解粉丝

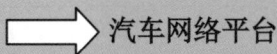

汽车网络平台 →

- 【案例091】汽车报价大全：购车必备工具
  ——做好内容定位

- 【案例092】汽车之家：全心全意为有车族服务
  ——模式出奇制胜

17.1 汽车

从 2012 年 7 月中国手机网民数超过计算机网民数开始，移动互联网应用正在成为人们获取资讯和生活服务的第一入口，微信的迅速发展更是为汽车行业开拓一片崭新的营销领域，具有开拓意识的汽车品牌纷纷进驻微信公众平台。

例如：比亚迪"秦"新车上市借微信整合营销，3 个月实现了 3 万多个精准目标粉丝的积累；"秦"上线后的 3 周内，粉丝互动率达到了 60% 以上，并成功收集了 2400 多个销售线索。微信营销的强大功能，可以快速提升汽车品牌力和营销力。

【案例 087】凯迪拉克：微信感受"CUE" ——可视化图标

【平台简介】

凯迪拉克是美国通用汽车集团旗下一款豪华汽车品牌，1902 年诞生于被誉为美国汽车之城的底特律。一百多年来，凯迪拉克汽车在行业内创造了无数个第一，缔造了无数个豪华车的行业标准；可以说，凯迪拉克的历史代表了美国豪华车的历史。

【功能解析】

"凯迪拉克"微信公众平台功能如图 17-1 所示。

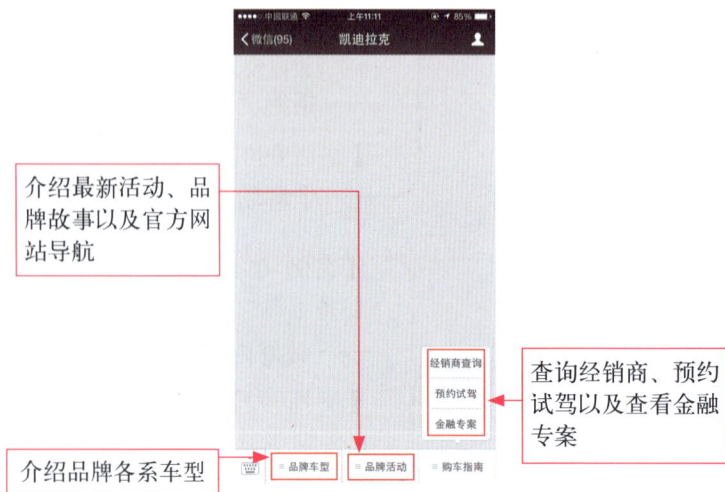

介绍最新活动、品牌故事以及官方网站导航

查询经销商、预约试驾以及查看金融专案

介绍品牌各系车型

图 17-1 "凯迪拉克"微信

【实施分析】

1. 播报 66 号公路

播报路况并不是一个新鲜的途径，交通广播已经霸占这个领域许多年，但凯迪拉克的路况播报仅限 66 号公路，如图 17-2 所示。及时、迅速地为出行的人服务，这也是其优点，只针对一条路况信息的播报，避免了因范围大而出现信息不及时的情况。

2. 自助获取信息

凯迪拉克除了通过微信公众平台的推送功能，将实时信息传递给消费者外，还充分利用关键词回复和菜单功能，形成自助式获取信息的平台，如图 17-3 所示。与工作日值守的微信客服团队起到相辅相成的作用，为用户提供周到而贴心的服务。

图 17-2　凯迪拉克播报 66 号公路路况　　图 17-3　自助式获取信息

众所周知，如今是个"速读"的年代，人们停留在一个网页上的时间会很短，在浏览网站时会以看图为主，凯迪拉克微信准确地抓住这一特性，在"配置参数"栏中以可视化的图标形式为消费者们呈现，打破了常规的表格文字式惯例。

例如，用户想查看 XTS 的 CUE 移动互联体验，只需用指尖点击 CUE 图标便可足不出户查看信息，真正做到产品信息随身带。

"凯迪拉克"微信公众平台服务解析如图 17-4 所示。

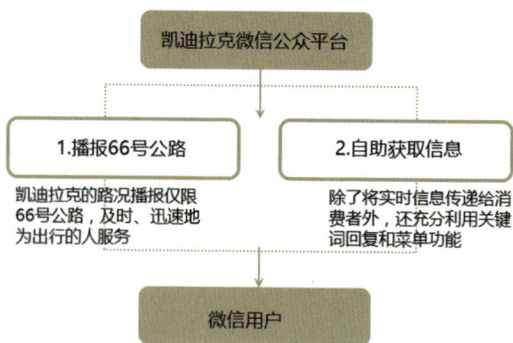

图 17-4 "凯迪拉克"解析

【案例 088】奔驰 smart：3 分钟销售 388 辆
——合作互推

【平台简介】

Smart 是德国梅赛德斯奔驰与手表巨头瑞士 Swatch 公司合作的产物。名称中的 s 代表了斯沃奇，m 代表了戴姆勒公司，art 意为艺术，代表了双方合作的艺术性；而 smart 本身就有聪明伶俐的含义，也与其品牌理念相契合。现代都市中车辆越来越多，为应对这个问题，许多汽车制造商陆续提出微型都市代步用车的概念。

【功能解析】

"奔驰 smart"微信公众平台功能如图 17-5 所示。

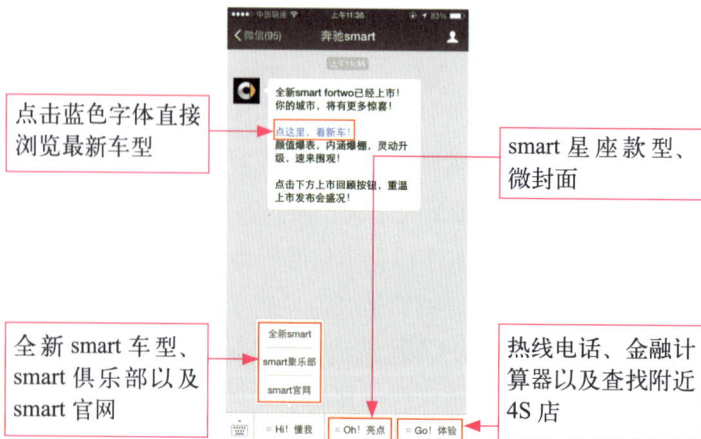

图 17-5 "奔驰 smart"微信

【实施分析】

1. 微信预热

在微信"我的银行卡"中出现小红点提示，引起关注。点击进入，发现精选商品奔驰 smart 特别版售卖活动。进入活动页面，点击 Banner，还可以进入 360度重力感应页面，体验奔驰 smart BoConcept 的内饰并分享。

2. 支付订金

填写个人信息，用微信支付 999 元订金，获得抢购资格，如图 17-6 所示。在 2014 年 4 月 21 日早上 10 点开始抢购 388 辆奔驰 smart BoConcept，最终未抢到的用户将退还订金。用户在朋友圈分享，让事件影响力不断裂变。

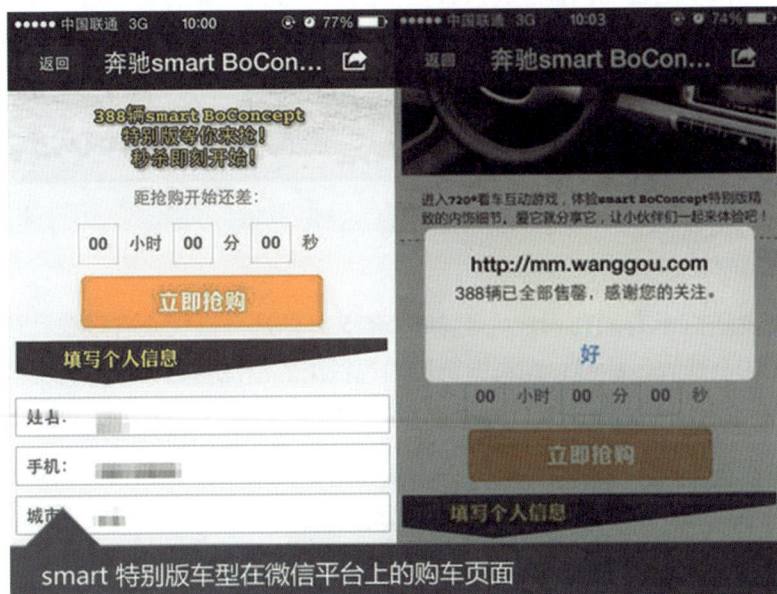

图 17-6　填写个人信息页面

3 分钟销售 388 辆 smart BoConcept 特别版只是表面的数据，双方的合作购车已经形成了更深层的双赢局面。尚在培育阶段的微信商城利用与高端汽车品牌的合作提升了知名度；smart 品牌则利用微信的强大用户群体资源直达 6 亿目标用户，到达率要远远超过电视黄金栏目播出的效果。汽车品牌和电商平台交换优势资源已经得到了市场的认可。活动解析如图 17-7 所示。

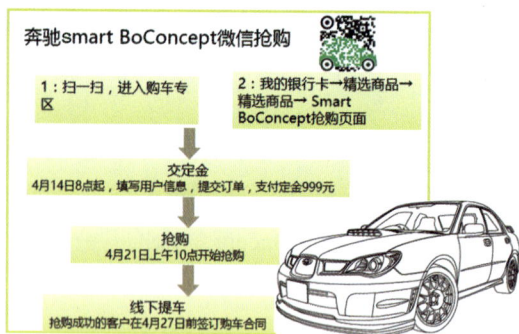

图 17-7　奔驰 smart BoConcept 微信抢购活动解析

此次推广的效果再次刷新了在线卖车的纪录，体现了微信以及移动互联网的威力。奔驰汽车通过此次推广再次打造了汽车行业的大事件，塑造了奔驰汽车在豪华车领域创新引领的品牌标识；同时，此次推广也是移动互联网对传统汽车行业营销和销售模式的变革与颠覆。

【案例 089】浙江奥通：奥迪车主最值得关注的公众号
——拒绝"离线请留言"

【平台简介】

浙江奥通汽车有限公司成立于 2000 年 5 月，是一汽大众有限公司依照德国奥迪公司的全球统一标准，在全国范围内选拔出的浙江省首家奥迪特许经销商。

【功能解析】

"浙江奥通汽车"微信公众平台功能如图 17-8 所示。

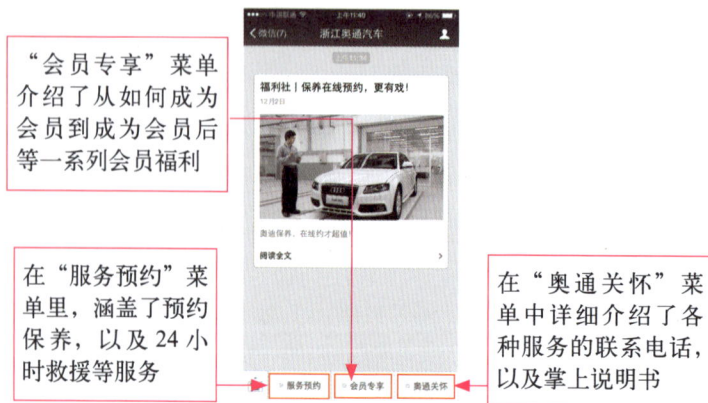

图 17-8　"浙江奥通汽车"微信

【实施分析】

浙江奥通汽车在 2013 年抢先开通企业微信公共账号，在很多同行对微信还一知半解的时候，它就已经开通公众账号"浙江奥通汽车"，并申请了认证。

单单是此举，奥通汽车就能在微信公众账号搜索列表中占据优势，有了展示给客户关注的位置，因为公众账号认证之后被推荐的概率大于非认证账号。用户只要添加关注，就能了解最新动态，如图 17-9 所示。

图 17-9　奥通开通微信

浙江奥通汽车在微信经营上坚持不乱撒网、不盲目过分地追求粉丝数量，而是致力于让已有和潜在客户知道并关注公众账号的营销理念。公众平台每天群发一张经过精心设计的尺寸为 700×300 的图片，加文章的摘要提炼，图文相结合在整体上保证诉求表达清晰；外加开发基于微信接口的手机版网站，用以丰富内容。

这些细节上的雕刻无不表现出奥通对订阅用户负责的态度，同样，在公众平台上，企业也坚持以互动来延续线下的尊贵式服务，回复实时消息、活动策划等，如图 17-10 所示。

当用户扫描二维码关注微信后，系统会自动推送服务菜单，用户根据菜单提供的自助服务，进行不同的选择。目前腾讯已经开放了自定义回复的接口，但是很多运营微信的人还不清楚如何使用。人工虽然不能做到 24 小时服务，但微信的很多服务都可以提供类似的自助服务来增加用户体验，浙江奥通向用户展示的就是细节服务的例子。

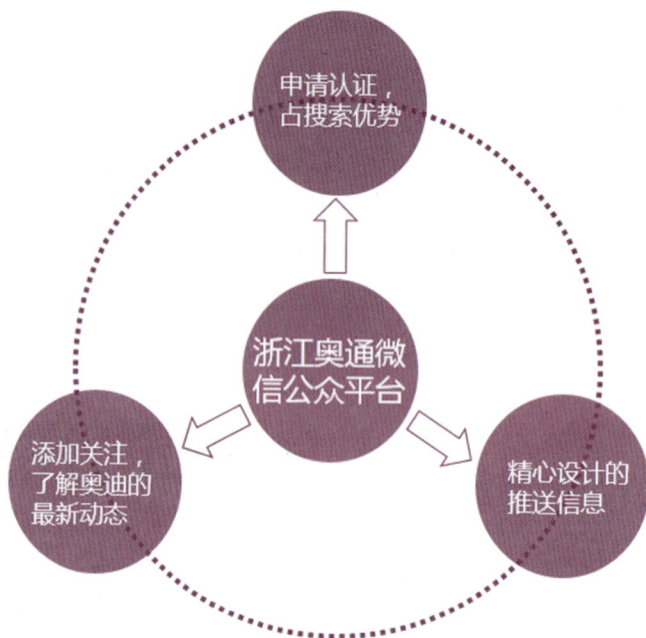

图 17-10　"浙江奥通汽车"服务解析

　　商家微信可以借鉴这种做法，让用户感到贴心。有些商家设置的自动回复千篇一律——"离线请留言"，用户会觉得问题得不到解决，因而对商家失去信心，从而取消关注。

【案例 090】吉利汽车：借微信造势
——了解粉丝

【平台简介】

　　浙江吉利控股集团有限公司（吉利汽车）是中国国内汽车行业十强中唯一一家民营轿车生产经营企业，成立于 1986 年，经过 30 年的建设与发展，在汽车、摩托车、汽车发动机、变速器、汽车电子电气及汽车零部件方面取得辉煌业绩。

【功能解析】

　　"吉利汽车"微信公众平台功能如图 17-11 所示。

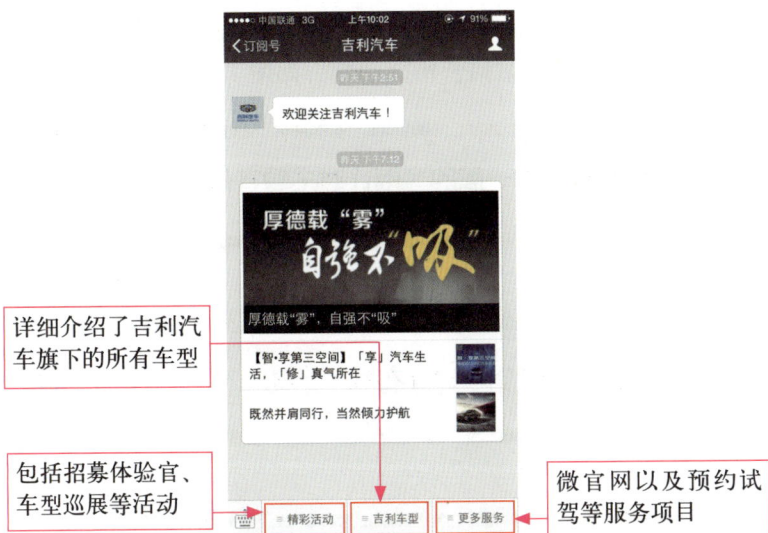

详细介绍了吉利汽车旗下的所有车型

包括招募体验官、车型巡展等活动

微官网以及预约试驾等服务项目

图 17-11　"吉利汽车"微信

【实施分析】

在关注"吉利汽车"微信公众账号后，网友可以浏览感兴趣的车型的相关信息，并参与"上门试驾，订车有礼"活动，赢得上门试驾服务的名额和丰厚好礼，凡到店的客户在购车时出示吉利汽车官方微信推送的活动信息，即可获得"500元维修保养券"，让网友以更加实惠的价格享受到吉利优质的售后服务，如图 17-12 所示。

图 17-12　吉利汽车优惠活动

早在 2012 年，吉利汽车就开始操作吉利汽车微博运营。而相对于微博营销，微信营销的优势在于高到达率，企业信息精准推送至用户移动设备，不会出现微博官方账号发出一条信息却被海量其他信息淹没的尴尬。由于这一特点，微信活动信息可以准确推送至用户而不会被"刷屏"，所以用户的参与度和互动性都可以得到保证。"吉利汽车"微信营销活动解析如图 17-13 所示。

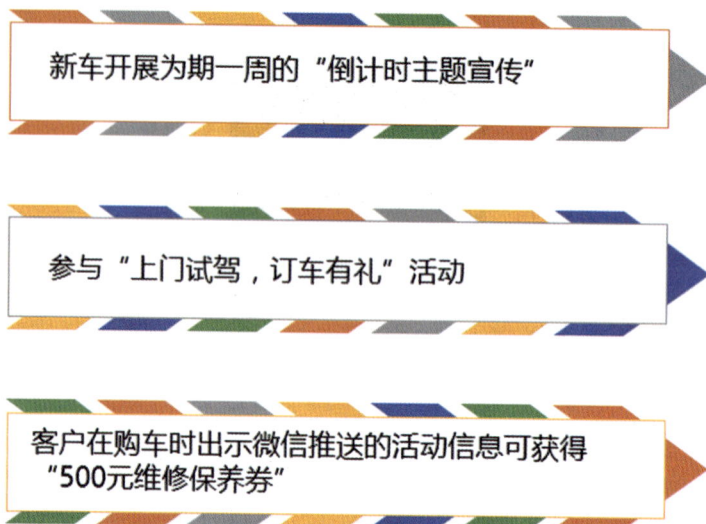

新车开展为期一周的"倒计时主题宣传"

参与"上门试驾，订车有礼"活动

客户在购车时出示微信推送的活动信息可获得"500元维修保养券"

图 17-13　"吉利汽车"活动解析

商家如果充分了解自己的粉丝群，就能针对粉丝需求，制定符合粉丝兴趣的商业活动，有的放矢，通常宣传效果会更显著。商家在推出的商业活动时，要考虑一个适度的问题，太频繁的活动推送只会让用户感到厌烦，因此不建议过度的广告推送，商家需要制定合理的频率推送，坚持适度的原则。

吉利汽车利用微信推广活动，商家充分利用微信交互性强、粉丝量大的特点，将交流平台打造为宣传平台。

17.2　汽车网络平台

虽然中国已连续 4 年成为全球最大的汽车市场，但是仍处于汽车消费普及期。与其他发达国家相比，中国每千人汽车保有量 (90 辆) 仍显著低于美国 (993 辆)、日本 (624 辆)、韩国 (377 辆) 等国家。

由于汽车刚性需求带来的中长期驱动力仍然存在，同时居民收入水平不断提高，城镇化建设带来更多的用车需求，使得汽车行业保持稳定的增长。在汽车行业发展形势良好的情况下，为了扩大汽车的销售量，考虑如何拓展汽车的营销思路、针对市场制定汽车营销对策已成为汽车行业再次发展的必要条件。

【案例091】汽车报价大全：购车必备工具
——做好内容定位

【平台简介】

易车公司是中国最大的汽车互联网企业，为中国汽车用户提供专业、丰富的互联网资讯服务，并为汽车厂商和汽车经销商提供卓有成效的互联网营销解决方案。现阶段，易车公司的在线平台主要包含易车、易车二手车、易湃、新意互动，同时开通了官方微博和官方微信公众号。

【功能解析】

"汽车报价大全"微信公众平台功能如图17-14所示。

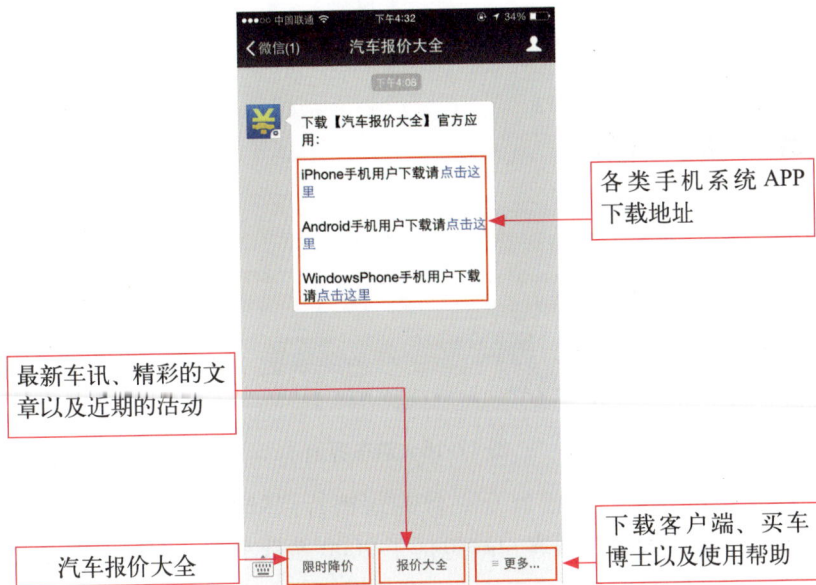

各类手机系统APP下载地址

最新车讯、精彩的文章以及近期的活动

下载客户端、买车博士以及使用帮助

汽车报价大全

图 17-14　汽车报价大全

【实施分析】

"汽车报价大全"之所以受到购车用户的欢迎，主要在于它在很大程度上满足了用户的需求，为他们提供了非常便利的服务。该客户端完全支持通过车型寻找报价功能，如图17-15所示的"汽车报价大全"主界面里购车用户可以通过3种方式来实现，分别为：

（1）在上端搜索框中输入车型就可以马上查询到该款车型的最新报价。

（2）通过该页面上的首拼音字母可以按品牌查找到该款车型的最新报价。

（3）点击该页面中热门品牌列表中的LOGO，也可以查看该款车型的最新报价。

如果购车用户的条件比较多，可以点击"按条件"来实现。在"条件选车"页面可以先选择需要选择的购车价格范围、级别和国别就可以查找出符合该条件的汽车，如图17-16所示。如果购车用户为汽车发烧友，还可以在图17-17所示的页面中设置各种条件："变速箱""排量"和"配置"等。

图 17-15　"汽车报价"界面　　图 17-16　选车界面 I　　图 17-17　选车界面 II

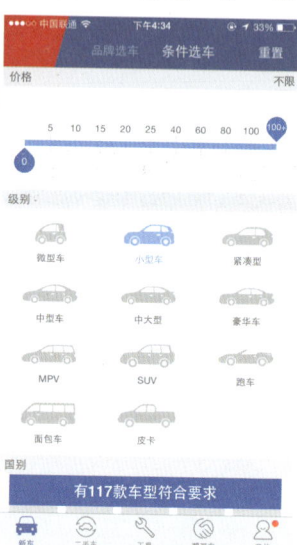

"汽车报价大全"微信公众平台的营销特点就是提供强大的手机客户端APP——汽车报价大全，该客户端包括了9000多款车型，全国2万多家合作经销商，致力于为购车用户提供最全、最准确的报价，如图17-18所示。

微信公众号一定要做好内容定位，"汽车报价大全"在自身定位以及瞄准客户等方面可谓经营有道，正对目标群体的消息推送有内容、有价值，因此很受欢迎，成功地将自身打造为一个非常专业的旅游爱好者的首选微信账号。

企业希望推送的信息和用户想要的信息往往会有一定出入，商家应高度尊重订阅用户的意愿。以"汽车报价大全"为例，它采用和客户端一样的定位，就是为汽车爱好者提供服务的平台，微信公众号需要推送的内容一定是以高质量的原创或者转载率高的内容为主。

图 17-18　"汽车报价大全"营销解析

【案例 092】汽车之家：全心全意为有车族服务
——模式出奇制胜

"汽车之家"是中国值得信赖的汽车互联网服务平台，该互联网服务平台一直致力于以传媒和互联网的力量，整合汽车行业全产业链的内容与服务，提升汽车消费者的生活品质，改变中国人的汽车生活。同时也开始涉足移动互联网领域，引领汽车移动互联网传媒的发展。

【功能解析】

"汽车之家"微信公众平台功能如图 17-19 所示。

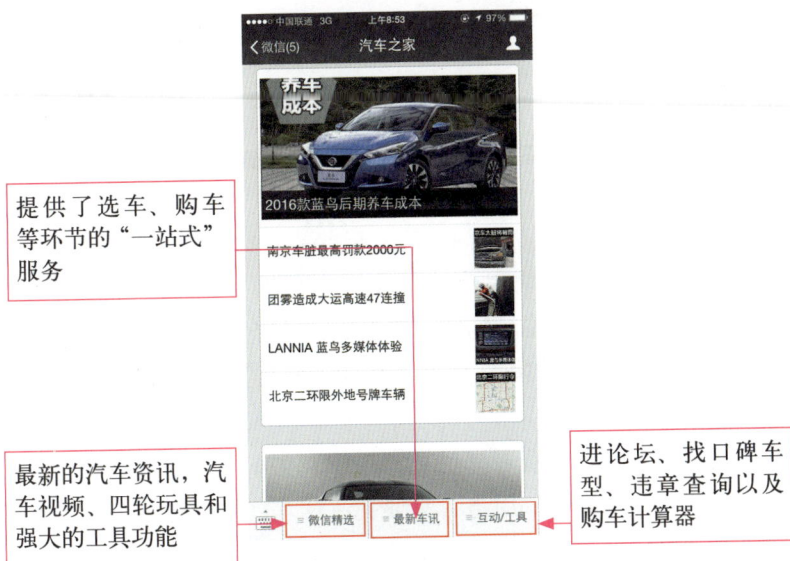

提供了选车、购车等环节的"一站式"服务

进论坛、找口碑车型、违章查询以及购车计算器

最新的汽车资讯，汽车视频、四轮玩具和强大的工具功能

图 17-19　"汽车之家"微信

【实施分析】

1. 最新车讯

关注"汽车之家"微信公众号后，点击"最新车讯"|"新闻资讯"菜单，就会弹出最新的车企新闻资讯页面，如图 17-20 所示。用户可以通过该菜单详细地了解当下最热门的汽车资讯。

图 17-20 "最新车讯"页面

2. 强大的工具箱功能

关注"汽车之家"微信公众号后，点击"互动 / 工具"菜单，就会弹出工具箱包含的信息列表，主要有论坛精选、找论坛、口碑、违章查询以及购车计算器。如果想要进行违章查询，只需要点击"互动 / 工具"|"违章查询"菜单即可，如图 17-21 所示。

"汽车之家"为汽车消费者提供贯穿选车、买车、用车、置换所有环节的全面、准确、快捷的"一站式"服务。只要关注该互联网服务平台提供的微信公众号，就可以通过自定义菜单查看每天最新热门信息，了解用车养车知识，观看精彩、真实的评测文章。

图 17-21 "违章查询"页面

与其他汽车微信公众号相比，"汽车之家"微信公众号更注重为汽车消费者提供服务，不仅提供了最新车讯功能，而且设置众多功能强大的工具，充分体现了微信营销中的快捷和便利，如图 17-22 所示。

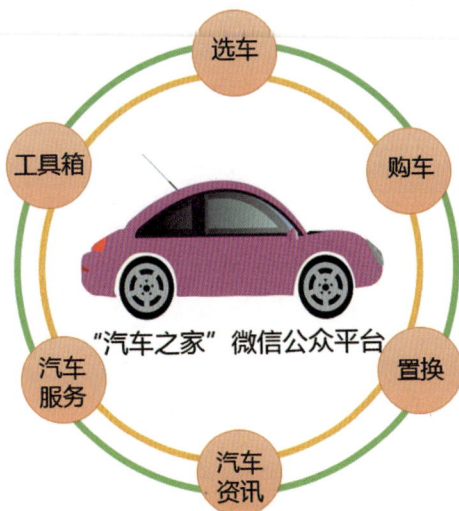

图 17-22 "汽车之家"服务解析

任何一家企业都要勇于创新，突破固有营销模式，将企业产品推出去。好产品并不意味着好销售率，企业的产品可能的确质量好、品质佳，但不一定就会人见人爱；实际上，在这个营销当道的时代，用户的选择有很多种，很难忠于某个固定品牌或只盯住一家企业。

第 18 章

母婴微信：
权威资讯，共建品牌

18.1　育儿网站

微信已经成为一个潮流，而且很实用，也给很多人带来方便。现在微信已经形成了自己的商圈，可以支付，可以交流。微信也开始商业化，进入每个领域，孕婴童行业自然也不能错过这个好渠道。

具有发展意识的企业与零售终端开始开通并使用微信进行营销，重视微信的传播。但是对于发展期的孕婴童行业与渠道终端而言，微信营销仍然处于初级阶段。

【案例093】宝宝树：权威的宝宝孕育资讯网站 ——引导社会关注

【平台简介】

宝宝树是国内专业的育儿社区平台，旨在为备孕、孕期及 0 ~ 6 岁婴幼儿父母提供高质量、多类型育儿服务，先后开发宝宝树孕育和宝宝树时光两款手机应用，让父母进行有价值的经验分享及育儿学习。

【功能解析】

"宝宝树孕育"微信公众平台功能如图 18-1 所示。

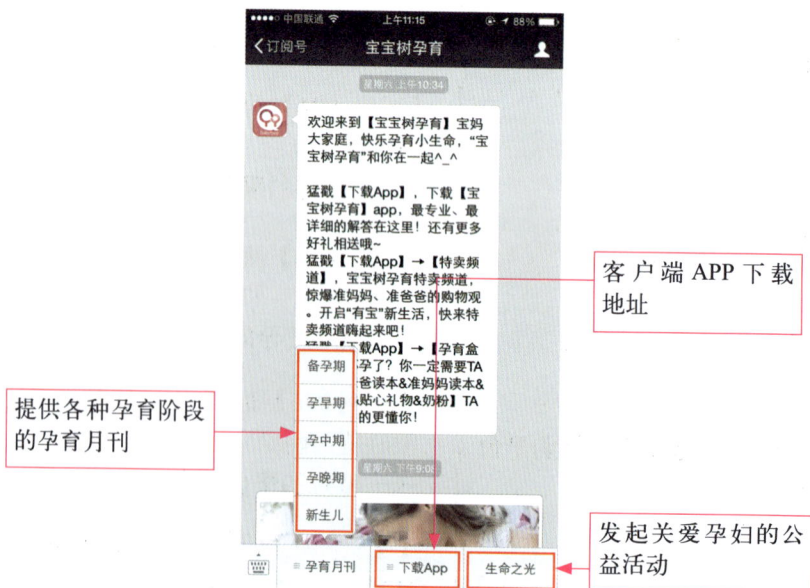

图 18-1　"宝宝树孕育"微信

【实施分析】

1. 孕育月刊

用户在关注宝宝树微信公众账号 (babytree_pregnancy) 后，点击"孕育月刊"菜单，用户可以看到"备孕期""孕早期""孕中期""孕晚期""新生儿"几个阶段。

用户根据自己的需要选择不同的阶段，如备孕期，点击"孕育月刊"|"备孕期"菜单，在弹出的备孕期信息框内点击"阅读全文"即可，如图 18-2 所示。

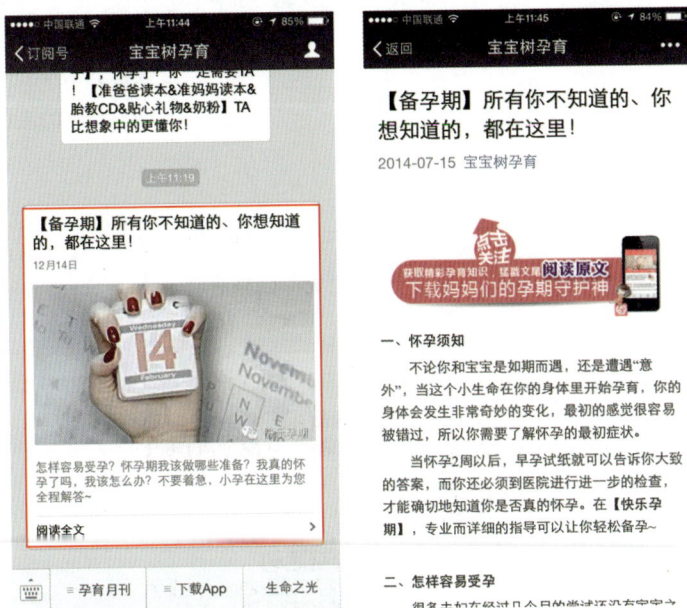

图 18-2　孕育月刊

2. 公益活动

"生命之光"公益活动是由中国儿童少年基金会和宝宝树联合发起的一项关爱孕妇的公益活动。用户可通过下载手机客户端 APP 来领取"生命之光"孕妇标识，从而得到社会更多的对孕妇的关注，如图 18-3 所示。

"宝宝树孕育"微信公众平台以孕育月刊和公益活动为切入点，孕育月刊和"生命之光"公益活动都从社会的角度出发，关注、关爱孕妇。还不仅满足了用户的需要，也体现出企业的社会责任感，如图 18-4 所示。

免费获取"生命之光"
孕妇标识的流程

图 18-3　"生命之光"公益活动

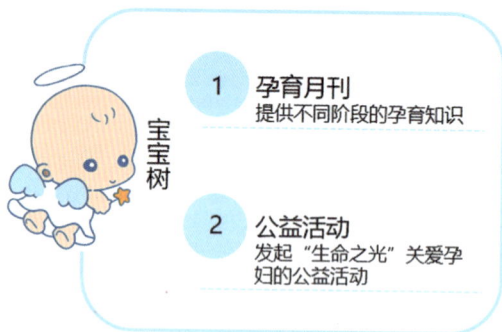

图 18-4　"宝宝树孕育"服务解析

【案例 094】萌宝派：中国妈妈的掌中育儿世界
　　　　　　——全面化的服务

【平台简介】

　　萌宝派隶属于上海至臻文化传媒股份有限公司，成立于 2007 年，是一家集媒体发布、多媒体整合营销、广告策划、设计、制作、印刷及大型活动策划举办等专业为一体的广告代理公司。

【功能解析】

"萌宝派"微信公众平台功能如图 18-5 所示。

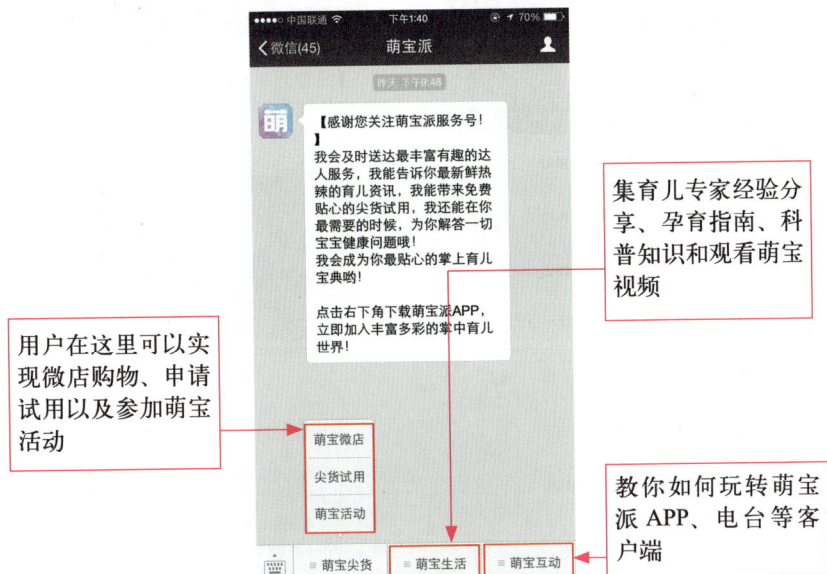

用户在这里可以实现微店购物、申请试用以及参加萌宝活动

集育儿专家经验分享、孕育指南、科普知识和观看萌宝视频

教你如何玩转萌宝派 APP、电台等客户端

图 18-5　"萌宝派"微信

【实施分析】

1. 经验分享

用户在关注"萌宝派"微信公众号 (mengbaopai) 后，点击"萌宝生活"|"畅聊话题"菜单，就会弹出关于育儿话题的经验分享，如图 18-6 所示。用户可以在该信息列表中，浏览关于宝宝从饮食到疾病预防等话题。如点击"宝宝饮食问题大作战"就会跳转至该页面，如图 18-7 所示。

2. 孕育指南

用户可以点击"萌宝生活"|"孕育指南"菜单，从跳转页面，了解正确的育儿健康知识、建议等，帮助用户解决育儿生活中常见的问题和烦恼，如图 18-8 所示。

3. 萌宝活动

点击"萌宝尖货"|"萌宝活动"菜单，微信公众号就会弹出关于"萌宝活动"

的信息框，在该信息框内，不仅有育儿观点大PK还有妈妈讲堂。如点击"妈妈讲堂"进入该页面即可阅读全文，如图 18-9 所示。

图 18-6　"经验分享"信息列表

图 18-7　宝宝饮食问题页面

图 18-8　"孕育指南"页面

图 18-9　"萌宝活动"页面

在"萌宝派"微信公众平台中，用户可以和千万辣妈酷爸们随心交流，分享宝宝成长的有关知识，还可以有尖货试用以及与专家畅聊育儿知识，如图 18-10 所示。

图 18-10　"萌宝派"服务解析

18.2　母婴商品导购平台

随着移动互联网时代来临，智能手机、平板电脑的普及引发消费者购物习惯的革命性变革。中国孕婴童行业领先的全国连锁零售企业利用自身经营多年的全国母婴直营连锁及网络资源优势，在电商平台改变规则之际，强势推出"线下店 + 网上商城 +APP+ 二维码商城 + 微商城"线上线下全渠道的一体化解决方案。

【案例 095】辣妈汇：母婴商品限时特卖网站
——微商城导向

【平台简介】

辣妈汇是一家专注高性价比商品的母婴特卖网站，由青年创业家刘晖于 2014 年 7 月创立，致力于为妈妈们创造简单、可信赖的母婴产品购物体验。辣妈汇主要以全国三、四线城市的妈妈群体为主，由专业的买手团队选款、砍价，并实物验货。

【功能解析】

"辣妈汇"微信公众平台功能如图 18-11 所示。

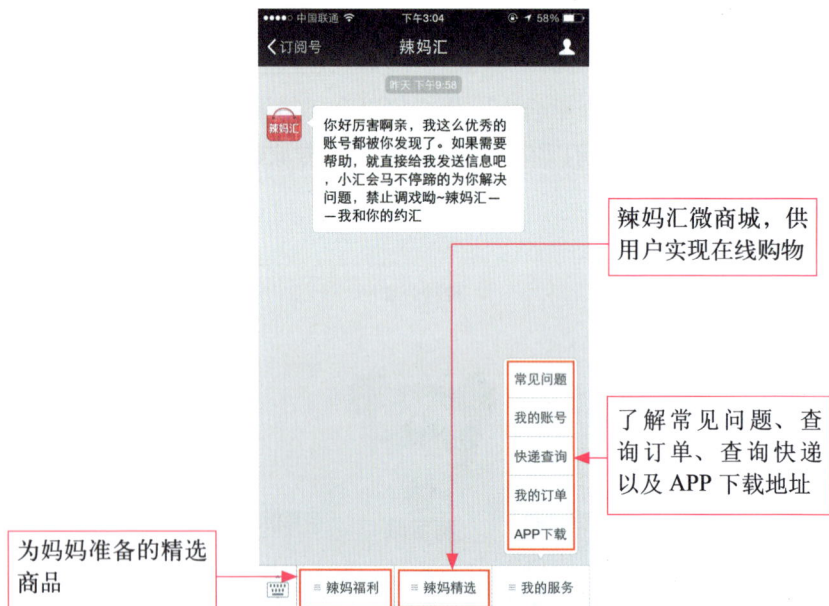

图 18-11　"辣妈汇"微信

【实施分析】

用户通过添加"辣妈汇"微信公众号 (lamahui01) 后，点击"辣妈福利"|"辣

妈汇商城"菜单，将会跳转至"辣妈汇 - 专业母婴用品网上特卖商城"页面，如图 18-12 所示。用户不仅可以在商城里购买奶粉、纸尿裤等母婴商品，还可以购买适合妈妈们用的护肤产品、适合儿童的读物等。

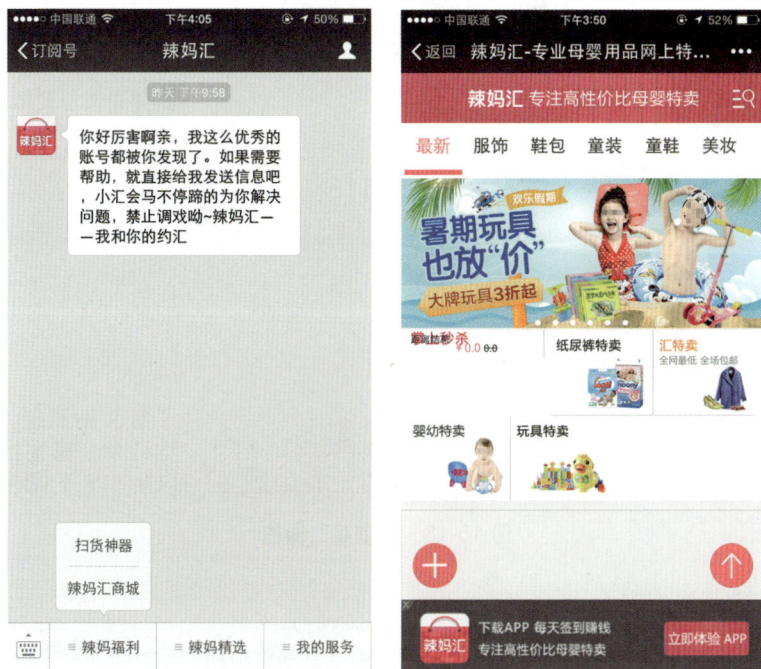

图 18-12　辣妈汇商城

"辣妈汇"微信公众平台本身就是一个微商城，一个专注母婴用品的平台。

【案例 096】蜜芽：进口母婴品牌商品限时特卖网站
——特殊的平台定位

【平台简介】

蜜芽是中国首家进口母婴品牌限时特卖商城，由全职妈妈刘楠于 2011 年创立，希望创造简单、放心、有趣的母婴用品购物体验。

【功能解析】

"蜜芽"微信公众平台功能如图 18-13 所示。

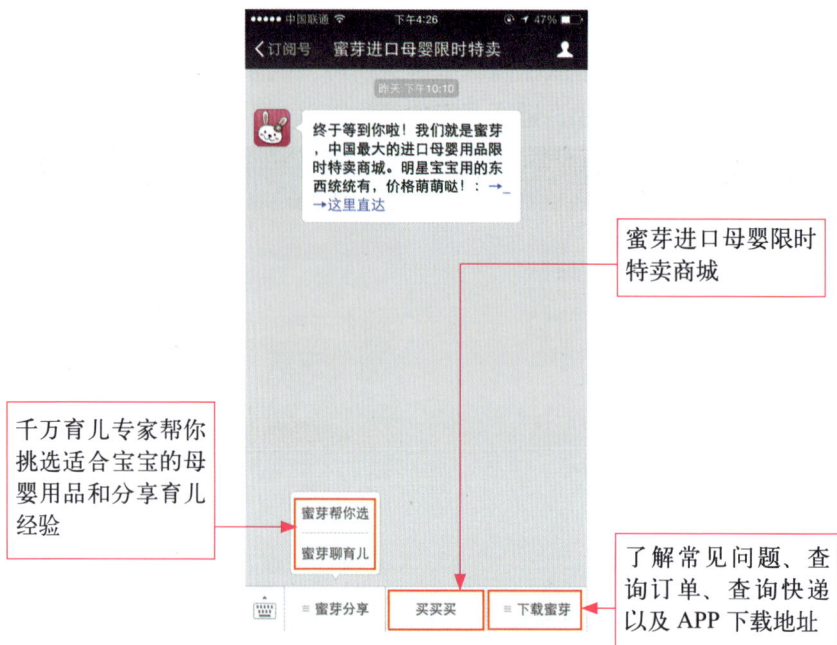

蜜芽进口母婴限时特卖商城

千万育儿专家帮你挑选适合宝宝的母婴用品和分享育儿经验

了解常见问题、查询订单、查询快递以及 APP 下载地址

图 18-13　"蜜芽"微信

【实施分析】

1. 蜜芽帮你选

用户在关注蜜芽微信公众账号 (miyabaobei2014) 后，点击"蜜芽分享"|"蜜芽帮你选"菜单，该微信公众号就会弹出"蜜芽帮你选"的信息列表，如图 18-14 所示。如想了解宝宝睡袋，点击进入即可，如图 18-15 所示。用户可以在打开的页面了解不同类型的宝宝睡袋，区别各个国家、各种功能的睡袋，然后选择适合自己宝宝的睡袋。

2. 蜜芽聊育儿

点击"蜜芽分享"|"蜜芽聊育儿"菜单，该微信公众账号就会弹出"蜜芽聊育儿"的信息列表。在该列表中，有专家科普育儿常识，如图 18-16 所示。

3. 蜜芽商城

"母婴品牌限时特卖"是指每天在网站推荐热门的进口母婴品牌，以低于市场价的折扣力度，在 72 小时内限量出售。用户点击屏幕下方的"买买买"菜单，就会进入"母婴限时特卖商城"页面，如图 18-17 所示。

图 18-14 "蜜芽帮你选"信息列表

图 18-15 宝宝睡袋页面详情

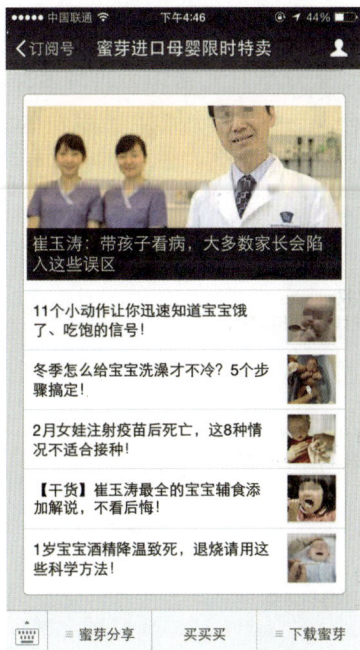

图 18-16 "蜜芽聊育儿"

图 18-17　蜜芽商城

从帮用户挑选、比对母婴用品到儿科专家分享育儿常识，再到蜜芽商城的限时特卖，可以说，"蜜芽"微信公众平台从一开始就抓住了用户的需要，如图 18-18 所示。

蜜芽微信公众平台

图 18-18　"蜜芽"服务解析

【案例097】妈淘网：母婴用品购物分享平台
——用户导向

【平台简介】

北京集英天汉科技发展有限公司是一家中国互联网公司，成立于2010年8月，公司位于北京西城。北京集英天汉科技发展有限公司旗下有两个网站：健康宝贝网和妈淘网。健康宝贝网是一个以健康育儿为主的平台；妈淘网属于母婴导购平台。

【功能解析】

"妈淘网"微信公众平台功能如图18-19所示。

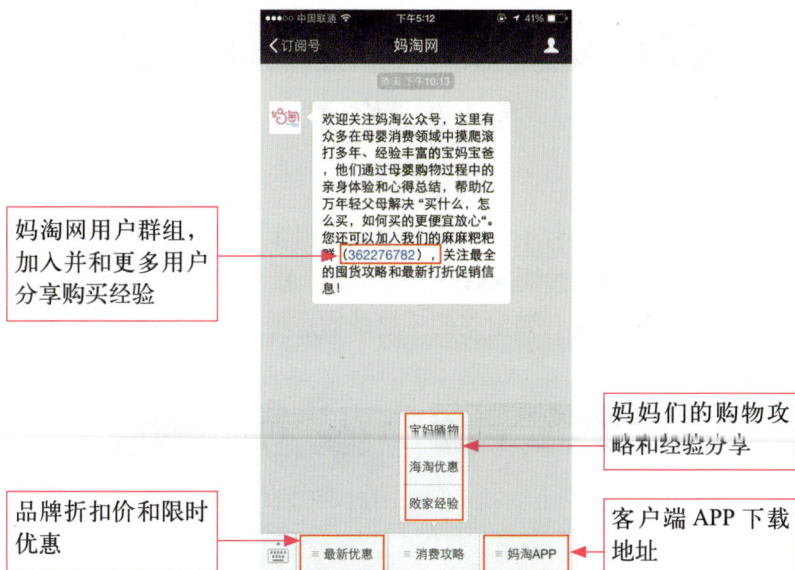

妈淘网用户群组，加入并和更多用户分享购买经验

妈妈们的购物攻略和经验分享

品牌折扣价和限时优惠

客户端APP下载地址

图18-19 妈淘网微信

【实施分析】

1. 最新优惠

用户添加"妈淘网"微信公众号(mataoclub)后，点击"最新优惠"菜单将弹出子菜单"9.9元""19.9元""超级低价"和"品牌折扣"。每个子菜单都会有相对应的商品，如图18-20所示。

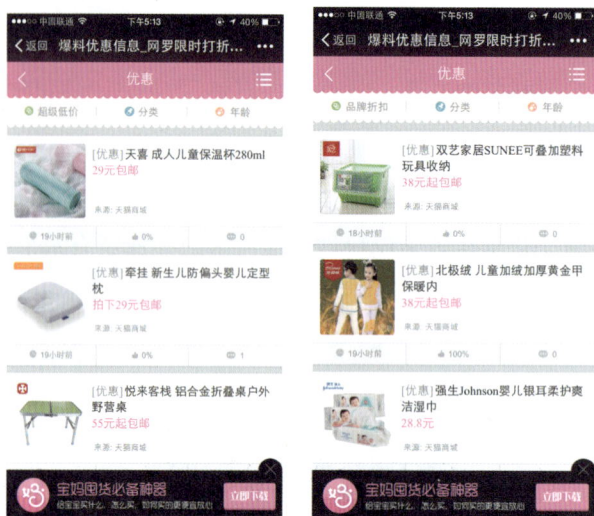

图 18-20　最新优惠

2. 消费攻略

"妈淘网"微信公众平台不仅给用户提供了很多商品折扣，还整理了很多用户的真实消费攻略，让新用户快速解决"买什么、怎么买、如何买得便宜放心"。用户点击"消费攻略"菜单，弹出来的子菜单都是关于用户推荐的或者是买手清单，如图 18-21 所示。

图 18-21　消费攻略

关于"妈淘网"微信公众平台的解析，如图 18-22 所示。

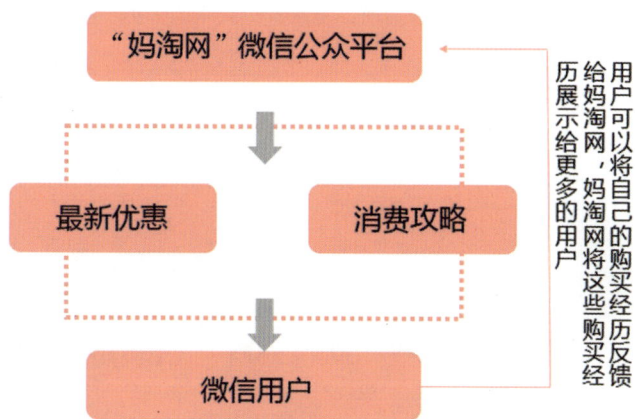

图 18-22   "妈淘网"服务解析

第 19 章

金融微信：
玩转金融，皆在平台

金融微信：玩转金融，皆在平台

⟹ 银行业

【案例 098】招商银行：首家微信银行
—— 功能齐全

【案例 099】交通银行信用卡 | 买单吧
—— **诱导客户消费**

【案例 100】中国工商银行：手机银行
—— 利用 **APP** 平台

⟹ 典当业

【案例 101】创业典微当助手：微信助你合同审批
—— **微信简化流程**

【案例 102】华夏典当行：各类资产典当
—— **整合线上资源**

19.1　银行业

随着移动互联网的发展，特别是微信的出现，使得中国银行业改革创新取得了显著的成绩，整个银行业发生了历史性变化。商业银行、基金公司等金融机构也纷纷加快改革，尝试借助微信平台分享移动互联网金融一杯羹。于是"微信银行""微信理财""微信支付"等名词纷纷面世。

微信银行之所以会受到欢迎，在于其具有庞大的客户群、人性化的沟通、较强的营销延展性、较低的营销成本、良好的用户体验和长时间的用户停留。

【案例 098】招商银行：首家微信银行
——功能齐全

【平台简介】

招商银行，是中国第一家完全由企业法人持股的股份制商业银行，简称招行。招商银行成立于 1987 年 4 月 8 日，由香港招商局集团有限公司创办，是中国内地规模第六大的银行、香港中资金融股的八行五保之一。

【功能解析】

"招商银行"微信公众平台功能如图 19-1 所示。

介绍理财产品以及周边银行网点

微信用户只需要与微信银行预约无卡取款，就可以到ATM网点进行各种业务操作

余额查询、账单查询、办卡、贷款、购汇、结汇等业务

图 19-1　"招商银行"微信

【实施分析】

1. 绑定银行卡

"招商银行"微信公众号比较特殊，首先需要到招行柜台办理"一卡通"银行卡，然后在"招商银行"微信公众平台里绑定该银行卡，才能成为它的微会员。虽然过程比较复杂，但是可以随时随地进行银行业务，再也不需到银行柜台去排队。

关注"招商银行"微信公众账号后，点击"我"｜"一卡通余额查询"菜单，就会弹出通知信息，于消息内容中点击"点击这里，立刻查询"超级链接，就会进入"关联一卡通"页面。在"关联一卡通"页面中输入相关信息最后点击"登录"即可进行关联。

"招商银行"微信公众号的微会员注册功能之所以复杂，主要在于金融行业中的银行业务的具体特殊性。招行所有业务都是基于该行所推出的"一卡通"，因此如果要在微信上实现这些操作，也必须基于"一卡通"，必须实现绑定"一卡通"的微会员。

2. 微信银行

招行客户之所以于微信中绑定"一卡通"，就在于"招商银行"微信公众平台提供了微信银行功能，避免了用户到招行排队办理业务的麻烦。微信银行的主要功能包括余额查询、同行转账、生活缴费等。

"招商银行"微信公众号的微信银行，对于招行来说，不仅提高了服务质量，而且降低了成本，再也不会因为银行营业网点和柜台人员少的问题而流失客户。

3. 无卡取款

随着时代的发展，为了方便银行客户，同时降低成本，招行建立了许多ATM柜台。为了与ATM网点并入，"招商银行"微信公众号提供了无卡取款功能。即微信用户只需要与微信银行预约无卡取款，就可以到ATM网点进行各种业务操作。

在微信营销中，公众账号所发送的功能一定要从微信关注者的角度去考虑。只要对微信关注者有用，就是功能再简单也要发送。对于招商客户来说，即使忘记带"一卡通"也可以通过ATM取款，不过前提是要通过"招商银行"微信公众号的无卡取款预约。具体案例解析，如图19-2所示。

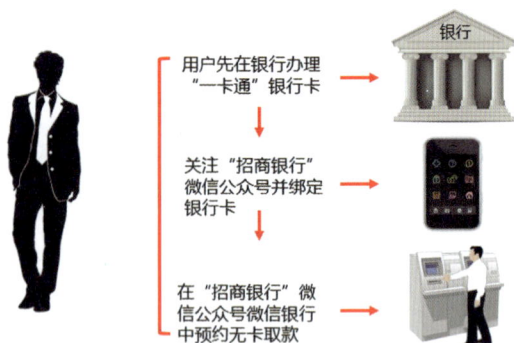

图 19-2　"招商银行"服务解析

【案例 099】交通银行信用卡｜买单吧
——诱导客户消费

【平台简介】

交通银行太平洋信用卡是交通银行引入汇丰先进技术与管理，倾力打造的信用卡产品。它汇集了全球与本土双重优势，以"中国人的环球卡"为主旨，倡导一种全新的消费文化和用卡体验，提供了遍及全球的优惠礼遇和贴心服务。

【功能解析】

"交通银行信用卡｜买单吧"微信公众平台功能如图 19-3 所示。

主要是查询账单、额度、积分、刷卡金、办卡进度

微信用户通过点击这里可以快速绑定信用卡

用户资料等个人信息

用户可以查看交通银行信用卡积分商城、办卡和推荐办卡等功能

图 19-3　"交行信用卡｜买单吧"微信

【实施分析】

1. 申请信用卡

提交申请交通银行信用卡信息后，"交通银行信用卡|买单吧"微信公众平台的关注用户，可以随时查询交通银行信用卡的申请进度。点击"方便用"|"激活/办卡进度"菜单，就会弹出"信用卡审批进度"提示信息。在信息中点击"点击这里"超级链接就会进入"办卡进度查询"页面，如图19-4所示。输入相关信息后，点击"查询"按钮就会显示办卡进度。

图 19-4　办卡进度查询

2．微激活信用卡

申请交通银行信用卡成功后，发卡银行就会通过信件寄回信用卡。当用户收到信用卡后，需要先激活和修改信用卡的信息。点击"方便用"|"激活/办卡进度"菜单，就会弹出"卡片激活"提示信息。在信息页面点击"点击这里"就会进入卡片激活页面，如图19-5所示。

3. 信用卡还款

对于信用卡客户来说，最常见的操作为每月刷卡进行消费，到月底规定日期进行还款。点击"方便用"|"边花边赚/还款"菜单，就会弹出"还款"提示信息，如图19-6所示。在提示信息中，点击"立即还款，方便快捷"超级链接就会登录信用卡移动官网查询账单和实现还款。

图 19-5　"卡片激活"页面　　　　图 19-6　"提示还款"信息

4. 查询和兑换积分

"交通银行信用卡｜买单吧"微信公众平台制定了非常完善的积分制度，同时为了提高积分的吸引力，专门开发了兑换积分商品在线平台——"积分乐园"。

"积分乐园移动版"页面中，不仅可以查看兑换商品的详细信息，而且集成了兑换功能。只要积分够多，随时随地都可以兑换自己中意的商品。交通银行信用卡之所以在积分上投入精力，就在于紧紧抓住了信用卡用户需求，只要信用卡用户兑换过一次商品，就会成为该微信公众号的"终身关注者"。

5. 优惠活动

为了刺激微信客户尽可能地使用"交通银行信用卡｜买单吧"进行消费，同时为了达到巩固微信老客户、吸引微信新客户的目的，还专门提供了虚拟特色服务，例如"周周刷"服务，用户只要在规定时间内刷卡记录达到要求，就可获得相应的奖励。

交通银行信用卡所提供的 3 种活动，效果都非常明显。对于"周周刷"活动，非常实用的奖品（电压力锅、扫地机器人、照片打印机等）会吸引用卡客户不错过任何一次刷卡消费机会。推荐办卡活动对于维护"交通银行信用卡｜买单吧"的微信关注者人数有很大的帮助。刷卡金的奖励，可以获得信用卡客户的持续青睐和关注，为其微信营销做出了巨大的贡献。具体活动解析如图 19-7 所示。

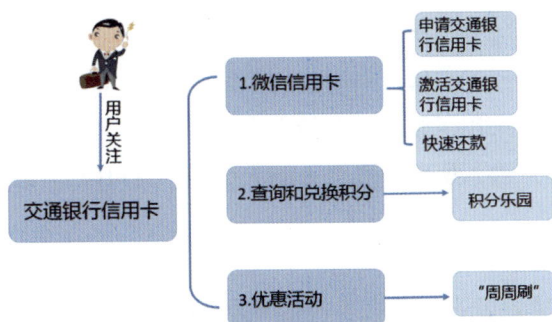

图 19-7   "交通银行信用卡 | 买单吧"服务解析

【案例 100】中国工商银行：手机银行
——利用 APP 平台

【平台简介】

中国工商银行(全称为中国工商银行股份有限公司，Industrial and Commercial Bank of China，ICBC)，成立于 1984 年，是中国五大银行之首，世界五百强企业之一，拥有中国最大的客户群，是中国最大的商业银行。

【功能解析】

"中国工商银行电子银行"微信公众平台功能如图 19-8 所示。

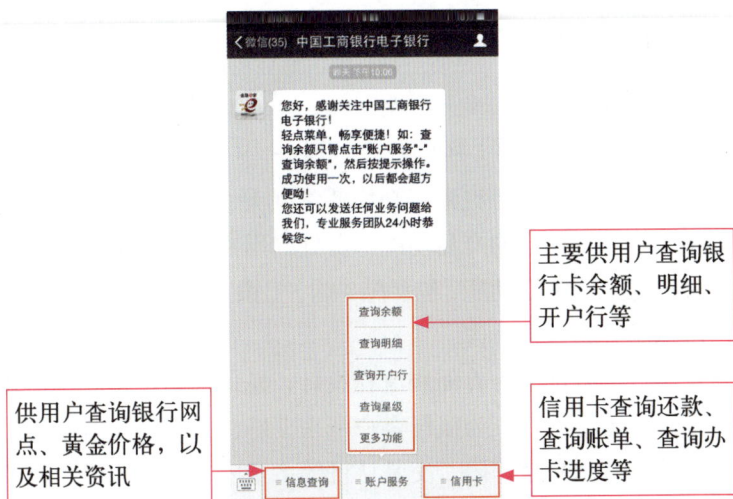

主要供用户查询银行卡余额、明细、开户行等

信用卡查询还款、查询账单、查询办卡进度等

供用户查询银行网点、黄金价格，以及相关资讯

图 19-8   中国工商银行微信

【实施分析】

与招行相比，中国工商银行所推出的"微信银行"功能更齐全，同时通过手机办理这些功能时，采用了聊天式营销方式。即在"微信银行"后台设置了必要的关键字，微信用户输入所要办理业务的关键字，就可以直接办理这些业务，非常简单、人性化。

中国工商银行所提供的"手机银行"在安全性方面首屈一指，点击"信用卡"|"手机银行"菜单就进入手机客户端下载页面，如图 19-9 所示。在该页面中，点击相应的客户端软件下载链接。安装完手机银行后，打开后的界面如图 19-10 所示。

图 19-9　工行手机银行下载页面　　图 19-10　工行手机银行界面

中国工商银行所推出的手机银行功能非常强大，是为客户量身定做的金融产品，它具备三大特征：丰富的产品功能、良好的用户体验和完备的安全控制。

工行手机银行中的常用功能，包含融e购、工银e支付、工银信使、工银钱包、自助注册、网点服务和重要公告。

工行手机银行具有优秀的界面和流程设计，总体风格稳重和可信赖的同时，充分融合了手机的操作特点，为银行客户带来良好、流畅的全新体验。

工行手机银行采用登录密码、交易认证等多重安全认证方式，以及银行客户操作超时退出机制；在涉及资金支付的交易中，手机银行强制银行客户只用业界领先的工银电子密码器或口令卡认证。在保障资金安全的前提下，银行客户还可在一定限额内设置免签交易。具体案例分析，如图19-11所示。

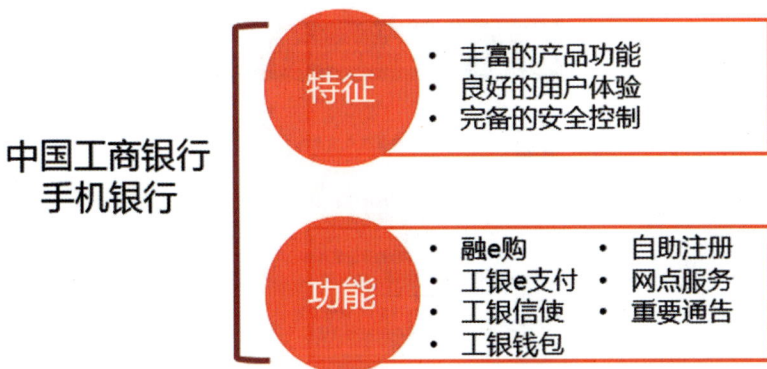

图 19-11　中国工商银行解析

19.2　典当业

对于我国典当行业发展现状，有行业分析师指出：改革开放以来，随着市场经济的进一步发展，国有银行的私贷业务远远不能满足日益增长的融资需求。在这种情况下，典当作为一定程度上开展私贷业务的金融机构，就理所当然地具备了重新问世的客观条件。

微信公众平台、QQ群、企业邮箱等网络即时通信工具毫无疑问又是典当行内部沟通和宣传的重要渠道和空间，因此，对典当行微信公众平台、企业网站、QQ群、企业邮箱等都需要明确和提倡公司人人参与、专人管理的精细化管理方式，并且在管理上形成长期化、常态化、生活化、细节化，在内容上要做到专业性、连续性、及时性、新闻性等原则。

【案例101】创业典当微助手：微信助你合同审批
　　　　　　　　——微信简化流程

【平台简介】

西安创业典当有限公司成立于2006年7月，是一家经国家商务部批准、公安部备案的，以质押抵押典当形式给各界人士提供贷款的专业融资机构，公司注册资金4800万元；它是陕西省典当行业协会会长单位，全国典当专业委员会理事单位。

【功能解析】

"创业典当微助手"微信公众平台的功能如图 19-12 所示。

身份信息认证并绑定微信号

创业典当公司简介、营业时间和具体位置、房产典当、汽车典当、民品典当、中小企业业务流程以及微信功能说明

用户进行业务查询

合同审批、典当审批、身份认证

图 19-12　"创业典当微助手"微信

【实施分析】

1. 业务查询

关注"创业典当微助手"微信公众号 (cygx87612345) 后，点击"业务介绍"菜单，就会弹出"业务介绍"信息列表，如图 19-13 所示。其中不仅介绍了该公司所接收的业务，而且还详细地介绍了各个业务的业务流程。典当用户需要用手指点击所需办理的业务（如房产典当），即可了解该业务的办理流程，如图 19-14 所示。

2. 微信助审批

在典当公司中办理任何一项典当业务，都会存在合同审批这个环节。该环节比较特殊，需要典当用户的参与。为了节省典当用户的时间，"典当创业微助手"微信公众号专门提供了合同审批功能。典当用户不需要亲自送交合同资料给创业典当工作人员，通过微信就可以随时随地与工作人员进行沟通，实现合同资料的审核。

图 19-13 "业务介绍"信息列表

图 19-14 房产典当业务流程

典当行业与银行业、保险业相比，具有许多不确定性。第一，各个典当公司所受理的业务不尽相同；第二，同一种业务，各个典当公司办理的流程也不尽相同；第二，典当业务流程复杂，办理时间较长。"典当创业微助手"通过"业务查询"和"合同审批"很好地解决了上述问题，如图 19-15 所示。

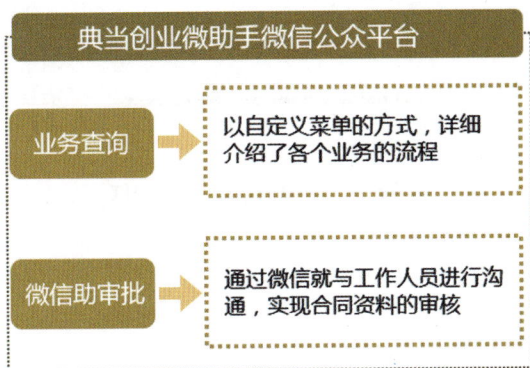

图 19-15 "创业典当微助手"解析

【平台简介】

北京市华夏典当行有限责任公司成立于 1993 年初，是北京市最早成立的典当行，也是全国规模最大的典当行之一。华夏典当行作为全国典当专业委员会副会长单位、北京典当行业协会会长单位及北京中小企业协会副会长单位，已成为具有全国影响力的中小企业及个人融资机构，在全行业具有良好的口碑。

【功能解析】

"华夏典当行"微信公众平台功能如图 19-16 所示。

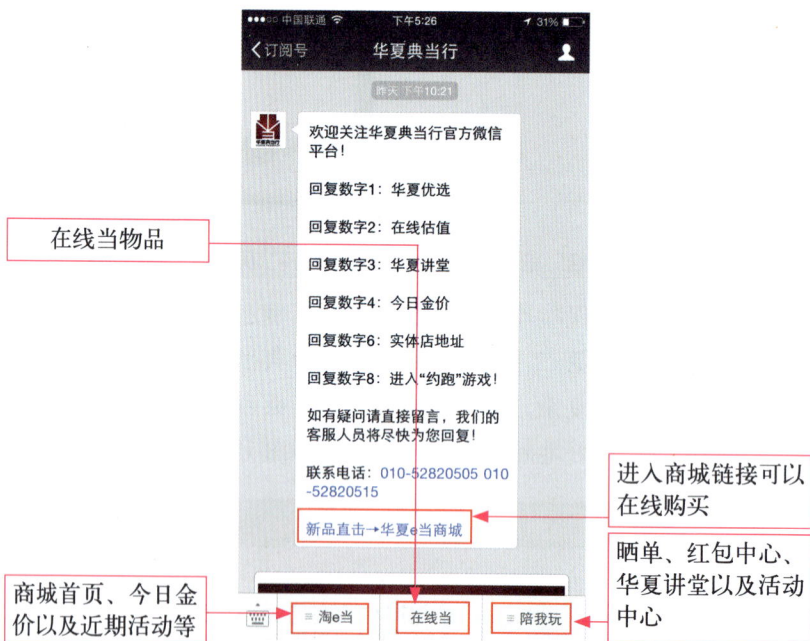

图 19-16　"华夏典当行"微信

【实施分析】

华夏典当行微信公众平台

为了扩大华夏典当行的品牌宣传，华夏典当行整合了所有资源于微信公众平台里。关注"华夏典当行"微信公众号 (hxepawn) 后，于首次关注的回复信息里提供了华夏典当行华夏 e 商城的入口，点击就会跳转至"华夏 e 商城"页面，如图 19-17 所示。

图 19-17　"华夏 e 当商城"页面

在微信营销中，为了快速提升所销售商品的口碑，特别是品牌的宣传，可以将微信公众平台与已经存在的网络资源整合在一起，例如门户网站、社区、手机客户端等，通过扩展营销的渠道达到快速聚集人气的目的。"华夏典当行"的营销特点就是整合了该公司已经存在的在线网上平台，如图 19-18 所示。

图 19-18　"华夏典当行"营销解析

第 20 章

自媒体微信：
魅力征服，自成一家

20.1　视频自媒体

从自媒体诞生、发展、成熟的过程来看，它与报纸、电台、电视、新闻网站等几大媒体从点到面的传播方式截然不同，自主、交叉、互播的特点形成了它独有的传播理念、传播价值、传播渠道、传播时效等。从传播向互播转变，这是自媒体时代的显著特征。

【案例103】淮秀帮：华人网络第一支创意配音团队——创意微信

【平台简介】

淮秀帮，创意配音团队，2010年创造性地改编《新白娘子传奇》等经典影视剧中的经典桥段，以酷似原音的对白配音，诙谐地运用网络熟词、流行熟语对时下热点进行调侃回应，因而风靡一时，为广大网友熟知。

【功能解析】

"淮秀帮"微信公众平台功能如图20-1所示。

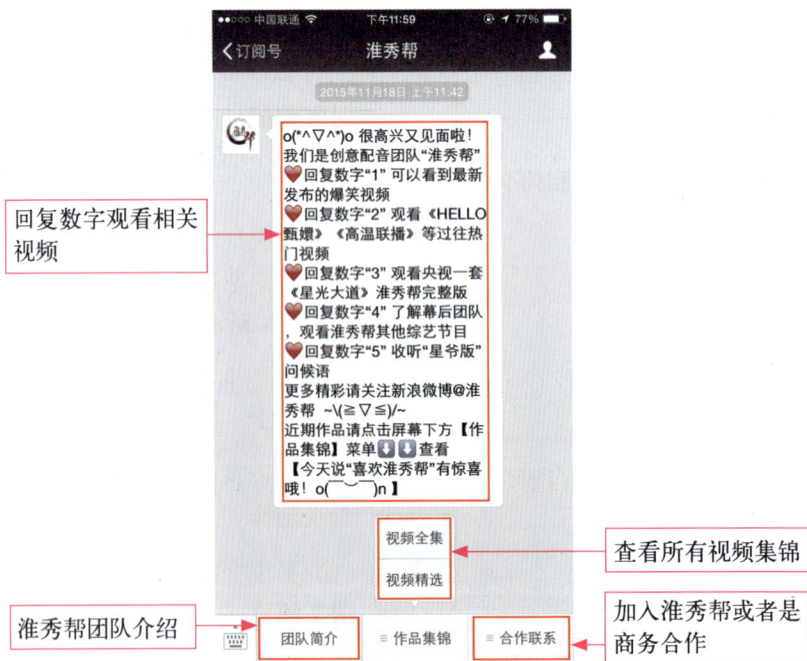

图 20-1　"淮秀帮"微信

【实施分析】

1. 视频精选

用户在关注"淮秀帮"微信公众号 (huaixiubang) 后，点击"作品锦集"|"视频精选"菜单，将会跳转至视频精选页面，如图 20-2 所示。在该页面，用户可以在线观看"创意配音"和"综艺节目"两个栏目模块，如点击"创意配音"列表中的第一支视频，即可在线观看，如图 20-3 所示。

图 20-2 "视频精选"页面　　　图 20-3 "创意配音"页面

2. 淮秀招聘

在淮秀帮惟妙惟肖的角色声音的背后，是一个由"80 后""90 后"年轻人组建起来的团队。他们利用业余时间，选择当下的社会热点，用善意而欢乐的吐槽方式表达自己的观点。而现在淮秀帮也通过微信公众平台向社会招募喜爱原创配音的爱好者，点击"合作联系"|"加入我们"菜单，浏览淮秀帮的招聘信息即可，如图 20-4 所示。

淮秀帮是第一个在优酷网、土豆网、腾讯网等各大网站建立专辑的"创意配音团队"，在众多高校类视频专辑中以 9.7 分（满分为 10 分）成为评分最高的团队，可见网友对它的喜爱和支持。而"淮秀帮"微信公众平台的开通更是让淮秀帮聚拢了更多的人气。

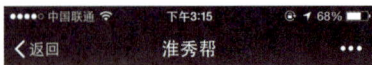

图 20-4　"淮秀帮"招聘页面

【案例 104】小咖秀："人生如戏，全靠演技"
——明星效应

【平台简介】

"小咖秀"是一款自带搞笑功能的视频拍摄应用，用户可以创作搞怪视频，同时"小咖秀"还支持视频同步分享到微博、微信朋友圈、QQ，和更多好友分享视频。

【功能解析】

"小咖秀"微信公众平台功能如图 20-5 所示。

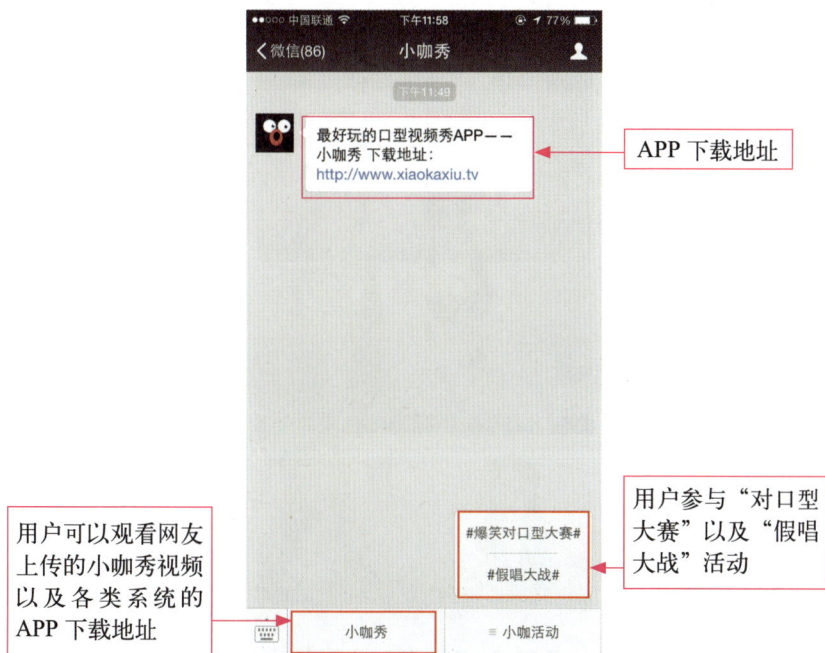

APP 下载地址

用户参与"对口型大赛"以及"假唱大战"活动

用户可以观看网友上传的小咖秀视频以及各类系统的APP 下载地址

图 20-5　"小咖秀"微信

【实施分析】

1. 搞怪神器

用户可以配合"小咖秀"提供的音频字幕像唱KTV一样创作搞怪视频，"小咖秀"上线一周即吸引广大视频创意达人拍摄体验，视频分享到视频网站后更是被推送到热门推荐。

尤其是在王珞丹、蒋欣等明星的"橙汁儿"事件后，"小咖秀"更是受到很多网民的欢迎与关注，大家纷纷效仿，如图 20-6 所示。

2. 操作简单

"小咖秀"在产品设计上可以说是相当简洁，用户可以直接选择喜欢的音频进行视频创作。为了使录制出的视频没有违和感，"小咖秀"很人性地提供了字幕功能，让用户更容易跟上节奏，如图 20-7 所示。

图 20-6　网友参与对嘴视频

图 20-7　小咖秀操作流程

除此之外，"小咖秀"内置了很多经典的音乐和影视桥段供拍摄者使用。同时，为了满足不同用户的需求，还提供了在线音频库大量精选音频可以下载使用，让用户有更多的选择空间。

【案例 105】唱吧：手机上的 KTV
——全民 PK 活动

【平台简介】

唱吧是一款免费的社交 K 歌手机应用。这款应用内置混响和回声效果，可以将声音进行修饰美化。应用中提供伴奏以及伴奏对应的歌词，K 歌时可以同步显示，并且能够像 KTV 一样可以精确到每个字。此外，唱吧中还提供了有趣的智能打分系统，所得评分可以分享给好友 PK。

【功能解析】

"唱吧"微信公众平台功能如图 20-8 所示。

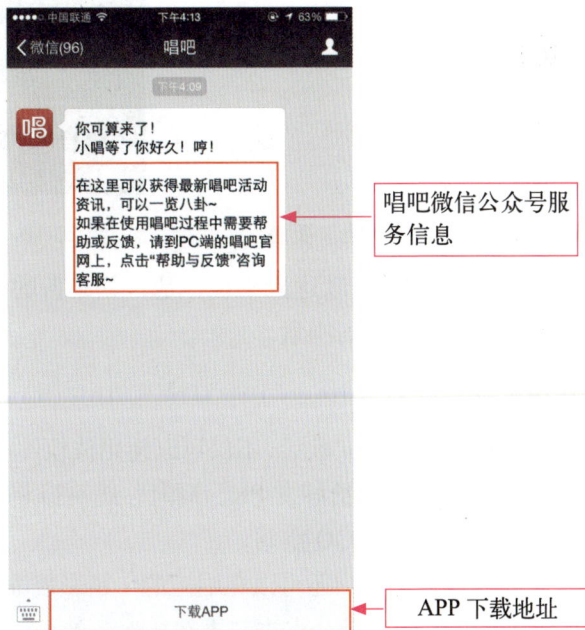

图 20-8　"唱吧"微信

【实施分析】

1. 想唱就唱

用户在安装唱吧手机应用后，点击"唱歌"菜单，就会进入"点歌台"页面，如图 20-9 所示。在该页面中完成唱歌功能，分为两个步骤。首先查找自己想唱的歌曲。点击"演唱"按钮，就会进入"演唱"界面进行唱歌，如图 20-10 所示。

图 20-9　"点歌台"页面

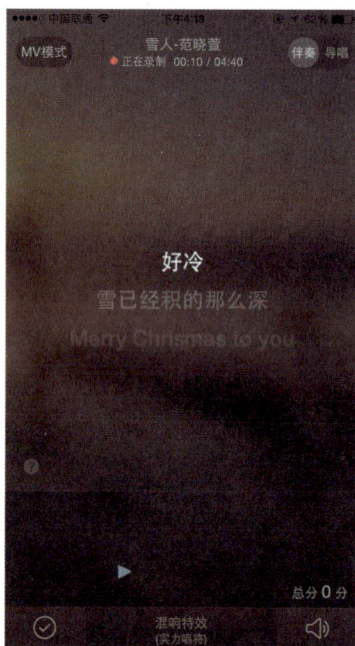

图 20-10　"演唱"界面

唱吧手机应用对于 K 歌达人来说，是一款必备的手机客户端 APP。只要安装该手机软件，就可以进行唱歌。

2. 分享

K 歌达人通过唱吧唱完歌后，不仅可以使用该软件有趣的智能打分系统打分，而且可以将所得评分分享给好友 PK。同时，还可以将唱歌录音上传到唱吧并同步分享至微信、微博以及 QQ 空间。

除了上述功能外，用户还可以在唱吧的"精彩表演"菜单里，查看其他人的演唱视频，如图 20-11 所示。点击"人在旅途"就可以查看该视频，同时还可以对该作品进行"送礼物""评论"或"转发"功能，如图 20-12 所示。

在微信营销中，经常会用到微信好友分享和朋友圈分享功能，用户在浏览商品信息时，可以将当前信息通过微信发送给自己的好友。通过这种传播方式分享商户的信息，从而实现商家品牌更为广泛的传播。

如果好友也喜欢此商家，还可以把商家的信息分享做二次传播，以此类推，唱吧就是通过转发功能向更多的用户传播信息。

图 20-11 "精彩表演"页面 图 20-12 "转发"功能

20.2 人气自媒体

　　自媒体往往站在用户的角度进行点对点的传播，这种传播方式越来越多地赢得用户的信赖，增加了用户的主动性。此外，随着人们的网络使用时间越来越碎片化，对媒体方便、快捷的要求也越来越高，自媒体正适应了这一点，增强了用户的自主选择权，扩大了自主性。

【案例 106】糗事百科：全宇宙最糗
####　　　　　　——分享至上

【平台简介】

　　糗事百科，是以糗友真实糗事为主题的笑话网站，话题轻松休闲，在年轻人中十分流行。在糗事百科中可以查看他人发布的糗事并与网友分享自己亲身经历或听说到的各类情形的生活糗事，并且可以左右排名。

【功能解析】

"糗事百科"微信公众平台功能如图 20-13 所示。

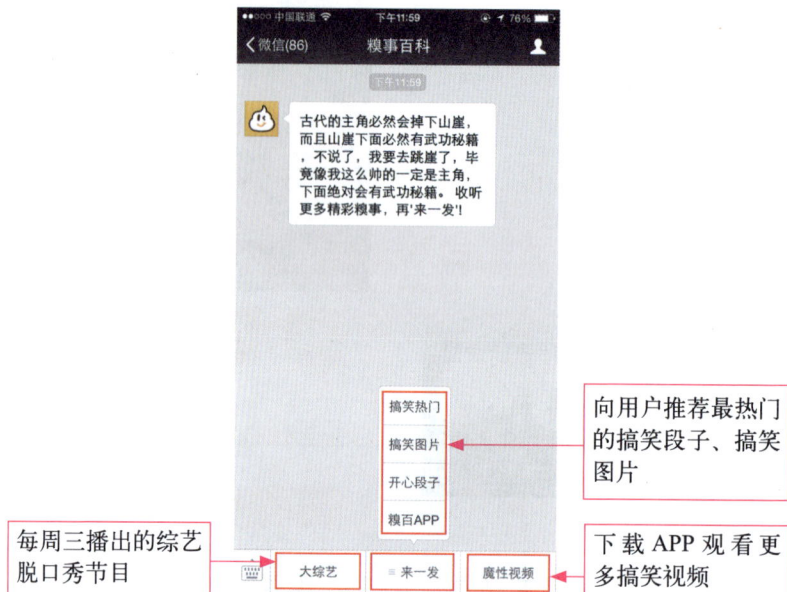

图 20-13　"糗事百科"微信

【平台简介】

1. 综艺脱口秀

用户在关注"糗事百科"微信公众号(qiubai2005)后，点击屏幕左下方的"大综艺"菜单，即将进入"小鸡炖蘑菇"页面，如图 20-14 所示。在该页面，用户不仅可以观看有糗事百科出品的一档周播综艺脱口秀节目，还可以对脱口秀发表评论，如图 20-15 所示。

2. 糗事锦集

用户在关注"糗事百科"微信公众平台后，在系统自动回复的信息框内，会推荐出当日糗事精选，这些糗事都是糗事百科的用户在社区发表，由糗事百科微信公众平台整理推荐给用户，如图 20-16 所示。

图 20-14　"小鸡炖蘑菇"页面

图 20-15　发表评论

图 20-16　糗事百科

　　"糗事百科"微信公众平台向用户推荐最热门的糗事以及笑话精选，不仅让用户在紧张的生活节奏中放松心情，还可以与更多糗友们分享身边的糗事。

【案例107】冷笑话精选：搞笑大咖
——二次创作

【平台简介】

冷笑话精选是集千万网友智慧，以每日精选笑话为内容的，网络上最火爆的快乐自媒体平台。该平台通过多个网络平台运作建立网络矩阵，现已成为最具网络影响力和商业价值的自媒体品牌。

【功能解析】

"冷笑话精选"微信公众平台功能如图20-17所示。

图20-17 "冷笑话精选"微信

【实施分析】

用户关注"冷笑话精选"微信公众号（lengiii）后，点击查看历史消息，即可进入"查看历史消息"页面，如图20-18所示。在该页面中，用户可以浏览很多精选笑话。很多笑话精选的配图是时下热门的影视剧截图，经过重新编配文字后，深受网友喜爱。

图 20-18　"历史信息"页面

　　"冷笑话精选"不仅仅只是搞笑内容的集合地，更是时下热点话题的风向标和制造者，该账号在微博上屡创佳绩，单条微博频登微博热门排行 TOP10，单条转发量最高可达十万。

　　"冷笑话精选"微信公众号每日为千万用户提供时下热门娱乐搞笑内容，平台内可提供用户参与投稿和互动。

【案例 108】果壳网：让科技有意思
——图文解读

【平台简介】

　　果壳网，作为一个开放、多元的泛科技兴趣社区，吸引了百万名有意思、爱知识、乐于分享的年轻人聚集在这里，用知识创造价值，为生活添加智趣。

　　这里可以关注感兴趣的人，阅读他们的推荐，也可以将有意思的内容分享给关注的人；依兴趣关注不同的小组，精准阅读喜欢的内容，并与网友交流；在"果壳问答"里提出困惑你的科技问题，或提供靠谱的答案。

【功能解析】

"果壳网"微信公众平台功能如图 20-19 所示。

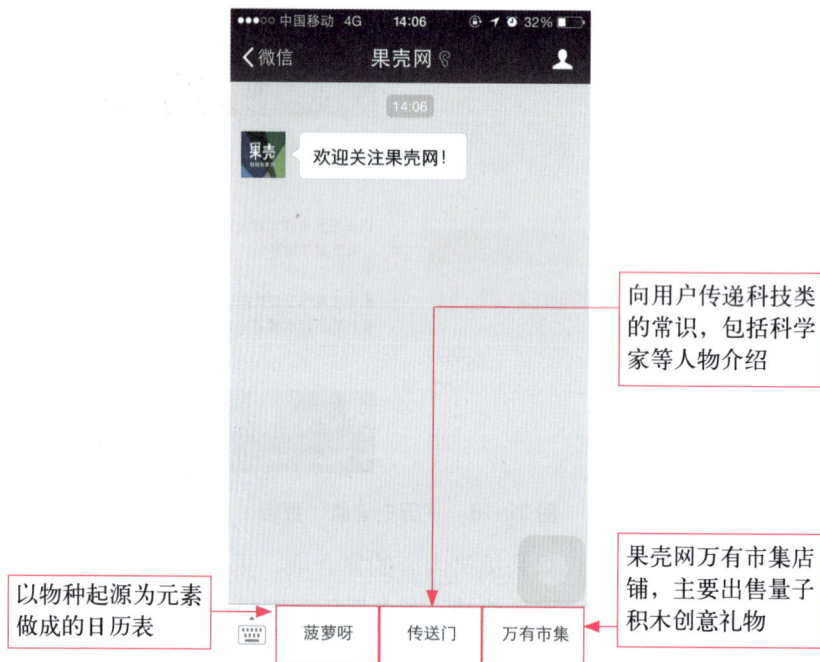

向用户传递科技类的常识，包括科学家等人物介绍

果壳网万有市集店铺，主要出售量子积木创意礼物

以物种起源为元素做成的日历表

图 20-19　"果壳网"微信

【实施分析】

用户在关注"果壳网"微信公众号(Guokr42)后，即收到该微信公众号推送的信息，可以看到关于科技的解说，用户只要点击"阅读全文"即可浏览所有信息，如图 20-20 所示。

与传统文章不同，果壳网讨论的话题千奇百怪，大多是与普通人的日常生活息息相关的泛科技话题，利用科学的解读分析，燃起人们对科学的兴趣。果壳网面向都市科技青年，主要产品有科学人、MOOC 学院、知性社区、研究生，并推出一系列线上线下的科学交流活动。

图 20-20　果壳网